스타벅스의 미래

스타벅스의 미래

THE FUTURE OF STARBUCKS

STARBUCKS

누가 혼란스러운 변화 속에 마켓리더가 될 것인가?

맹명관 지음

도서출판 새빛
SAEVIT

차례

3 팬데믹도 이긴 스타벅스의 디지털 트랜스포메이션 경쟁력

어떻게 스타벅스는 팬데믹을 극복하고 있는가?

4 스타벅스의 미래 가상 시나리오

5 'Next Starbucks Syndrome'을 말하다

"스타벅스의 판도라를 열었다.
기어코 미래의 끝자락을 보고 싶었다."

2005년 나는 무모한 꿈을 꾸고 해냈다

2005년 「스타벅스 100호점의 숨겨진 비밀」의 저자가 되었다. 지금 생각하니 무모한 시도였다. 등줄기에 진땀이 난다. 이 많은 오류와 객기를 누군가 질끈 눈감아주었을 테니까. 그런 업보業報로 스타벅스를 애써 외면해왔다.

누군가 상처의 딱지처럼 흔들어도 '아야'하고 외마디 한번 할 수 없었다. 주위에 커피 사업을 하는 지인들은 나를 만날 때마다 스타벅스를 이기겠노라고 맹세를 하곤 했다. 그땐 스타벅스가 만만해 보였나 보다. 기껏해야 100호점이었으니까. 그러나 그들은 틀렸다. 스타벅스가 옳았다.

달을 보라고 했더니 그들은 열심히 손끝을 보았다. 책을 쓰면서 먹지 못하는 에스프레소 커피를 한약 마시듯 마셨다. 그것은 내겐 고급스런 사치였다. 이 맛이 '스타벅스'였나 싶다. 그동안 나도 많이 성장했다.

IT융합박사 학위도 받았고 전략 경영이라는 학문의 위에 올라서서 세상을 조망하기도 하였다. 세상을 겪으면서 보이는 것들의 경험치가 쌓이면서 2005년 내가 저지른 오류를 잡고 싶었다. 2020년 코로나19가 몰아쳤다.

자꾸 스타벅스의 미래가 궁금했다. 그 끝은 어디일까? 어느새 1,500호점으로 커진 덩치만큼 또 그들은 어떤 큰 가치를 추구할까? 서재 책장에 꽂혀있는 2005년의 잔해를 꺼내 들었다. 과연 100호점과 1,500호점 사이에 놓인 비즈니스 방정식은 무엇일까?

코로나19, 2021년 스타벅스의 미래를 스케치하다

오랫동안 짝사랑해 왔다. 세월이 흐른 만큼 속 정情도 깊어졌다. 주위에 내 강의를 듣고 스타벅스의 형제, 자매들이 생겼다. 그들은 스타벅스의 입양아였다. 그래서 펜을 뽑았다. 아니 그간 육필肉筆의 창작을 버리고 독수리 타법으로 글을 쳐 내려갔다. 치유되었던 오십견이 아직 흔적을 남기고 있는 것인지, 오른팔이 욱신댔다. 챌린지노마드라는 기업의 젊은 창업자 신재환에게 손을 내밀었다. '스타벅스에 관한 자료는 다 긁어 와라. 내 갈증이 다

해소될 때까지.'

20명 언저리에 가까운 젊은 청춘들이 동원됐다. 2021년 「스타벅스의 미래」에는 이 청춘들의 몫이, 땀이 서려 있다. 우린 뜨겁게 토론하고 고민했다.

세상엔 희미한 목적이라도 모두를 던지는 바보가 있다. 우직한 바보가 되라는 스티브 잡스의 충고처럼.

1. 스타벅스에 대한 나의 속내, 그 스토리를 풀고 싶었다. 그것이 이 책을 쓴 목표였을 테니까.
2. 악어 떼가 넘치는 생태계에서 스타벅스는 어떻게 생존할 것인지 가상의 시나리오라도 보고 싶었다. 안개 속에서 으르렁거리는 스타벅스의 몸짓, 그것은 순진한 커피내음이 아니었다.
3. 한 인생이 살아온 여정이 그리 순탄치 않듯이 스타벅스의 장구한 위기 속에 헤쳐 나온 생존 경쟁력을 담고 싶었다. 이것은 단지 스타벅스 만의 사례가 아니라 롤러코스터를 타는 모든 기업의 경우이니까.
4. 조각난 내 지식을 메꾸기 보다는 고수들의 의견을 묻고 싶었다. 고맙게도 20여분 이상이 자신의 통찰력을 허심탄회하게 피력해 주셨다. 스타벅스의 미래를 점치는 이들은 마치 약속이나 하듯 동일한 답을 주셨다. 아는 사람은 다 안다고 해야 맞지 않을까.
5. 무조건 칭찬하고 격려하기 보다는 함께 아파하며 손잡아주는 친구가 되고 싶었다. 그래서 아프더라도, 설령 비난 받더라

도 쓴 소리 조금했다.

6. 될 수 있으면 숫자에 취하고 싶지 않았다. 숫자가 주는 착시 현상에 스페셜리스트의 자존감을 잃고 싶지 않았다.
7. 25년 동안 마케팅 강사 노릇을 무난히 해왔고 지금도 양보 않고 있는 이상 그간의 지식과 경험으로 무언가 매듭짓고 싶었다. 내겐 스타벅스만 한 좋은 파트너는 없었다. 스타벅스 관련 책을 쓴 작가로서, 마케팅 스페셜리스트로서 그간 치열하게 살아온 내게 훈장이 수여되듯… 난, 참 행복한 사람이다.
8. 미래에 대해 방점을 찍지 않았다. 그것은 내 몫이 아니다. 사실 그럴만한 능력은 아직 없다.
9. 나는 대중 앞에 서 온 강사다. 대략적으로 추산되는 제자 200만 명 앞에서 이것도 전설의 '라테는 말이야'가 될지도 모르겠다. 이제 해법은 단 하나. 'Die or Adopt.'(죽거나 적응하거나이다.)
10. 책을 쓰다 보니 여러 가정假定을 만난다. 스타벅스가 금융권으로 간다든지, 빅테크 기업이 된다든지, 제3의 커피 시장에서 밀려날 것이라든지… 이 가정假定이 기정사실화 되든지, 아님 상상의 반전을 맞든지… 그 끝이 어떻게 될지는 모른다.

이 책이 오로지 내 책이 될 수 없어 감사한 이름을 올린다

먼저 앞서 내 길을 인도하신 하나님께 모든 영광을 바친다. 집필하면서 이해할 수 없는 이끄심이 너무 많았다. 그리고 나를 낳아주신 부모님, 형제들, 평생 내 곁에서 빈 적금 통장 메꾸듯 헌신하는 아내 장애진, 내가 이 땅에 와서 아버지라는 명칭을 남기게 해준 나의 딸 주희, 사위 영진 그리고 사돈, 말씀으로 부족한 나를 세워주시는 강북 제일교회 황형택 목사님과 교우, 권창희 교수님, 올바른 스승의 길을 보여주신 고교 은사 김홍태 선생님. 토요일마다 줌으로 만나는 착한 우리 맹사부 클래스 제자들, 이 작업에 모든 것을 소리 없이 봉사한 애제자 챌린지노마드 신재환 대표, 이현국, 정서영 총괄디렉터, 넥스트 챌린지 김영록 대표, 박희광 대구 ING캠퍼스 대표, 김형환 교수, 자칭 나의 팔순잔치 위원장 나동환 월드클래스코리아 컨설팅그룹 대표, 신현정 SNB컨설팅 대표, 권영도 박사, 김정원 동아미래포럼 매니저, 이소은 이미지민 대표, AG브릿지 유장휴 대표, 원경희 한국세무사협회 회장, 휴먼앤휴먼 구병모 대표, 정유리 블루오렌지 커뮤니케이션즈 국장, 구자룡 박사, 김미경 교수, 양성운, 이동범 지니언스 대표 등등 이 외에도 지면상 미처 존함을 올리지 못한 분께 고개 숙여 감사를 올린다.

자료수집에 헌신한 챌린지노마드 연구원

챌린지노마드 대표: 신재환

총괄 디렉터: 이현국, 정서영

연구원: 권한나, 김채희, 백동재, 문은진, 송이슬, 조승훈, 배우미, 양지은, 이재은, 이영은, 김정민, 서다영, 문희찬, 양영석, 박병찬, 류영일, 이현재, 최은지

1

우리에게 '스타벅스'는 어떤 의미인가?

"고객들은 스타벅스의 커피와 사람들,
그리고 스타벅스에서만 느낄 수 있는 경험 때문에 스타벅스를 선택한다."

<Pour Your Heart Into It, Howard Schultz>

★

1

스타벅스, 그리고 스토리

'1971 스타벅스'가 '2021 스타벅스'에게 묻다

지난 2월 스타벅스 리워드 회원이 700만이라는 기사를 봤다. 매장 수는 이미 1,500개에 달하고 있으며, 매출 또한 유니콘 기업을 훌쩍 뛰어 넘었다. (2020년 결제금액은 2조 679억원-와이즈앱. 와이즈리테일) 마케팅 스페셜리스트로 수십 년을 가르치고 일해 왔지만 가끔 이성적으로 이해 안 되는 일을 대할 때가 있다. 이 기업이 그렇다. 아무리 코로나가 극성스러워도 버디(buddy: 친구)들은 아랑곳하지 않는다. 일단 새벽부터 줄서는 것은 기본이다. 이것을 팬덤 문화라고 비아냥대기에는 뭔가 복잡한 속내가 있어 보인다.

한 지인은 방 한 가득 굿즈로 채운 것은 물론, 그 내력까지 꿰뚫고 있다. 매장에서는 진동 벨 없이 고객들의 소음 속에서 이름을 불러도 큰 불만이 없다. 스마트폰 내에서는 주문과 결제가 다

이루어지는, 마치 2002년 영화 '마이너리티 리포트'처럼 꽤 신기하게 보았던 일들이 재현된다.

최근 젊은 경영인으로부터 스타벅스 e-card 하나를 선물 받은 덕분에 나는 졸지에 스타벅스 회원이 되었다. 그 카드 안에는 한국 디지털 팀이 개발해 하워드 슐츠로부터 "환상적"이라는 찬사를 받은 사이렌 오더와 e-coupon, 신메뉴, 그리고 친구들에게 선물까지 할 수 있는 기능이 떡하니 자리하고 있었다. 현재 진행 중인 이벤트 확인도 터치 하나면 충분했다. 또 하나 재미난 것은 결제와 더불어 잔액이 숫자로 찍히고, 카드 잔액이 소진될 때쯤이면 고객들에게 자동적으로 재충전 의사를 묻는다는 것이다. 스타벅스, 이곳에서는 화폐가 오가지 않는다.

스타벅스를 알거나 이미 스타벅스의 문화가 생활화되어 계신 분들이 읽으면 나의 이런 나열이 조금은 촌스러워 보일지 모른다. (그래도 나름대로 2005년 「스타벅스 100호점의 숨겨진 비밀」 베스트셀러 작가였다는 나름의 변명을 덧붙여본다.)

지금부터 나는 카피라이터이자 작가였던 전직의 기능을 되살려 스타벅스에 대한 얘기를 풀어가려 한다. 물론 속내는 흔히 경제 경영서의 딱딱한 분위기를 풀어보는 마사지 목적도 있다.

최근 나는 사람들이 흔히 표준어라고 착각하는 게임 은어 두 개를 알게 되었다. '신박하다'와 '고인물'이다. 전자는 게임에서 '새롭고 신기하다'라는 뜻이고 후자는 고인물이 썩는다는 속담처럼 '한 집단에 오래되다'라는 의미이다.

지금부터 내가 풀어가려는 이야기는 신박하지 않다. 기껏해야 고인물 정도다. 이미 20년이 흘렀다. 내가 「스타벅스 100호점의 숨겨진 비밀」로 주가를 올릴 때 스타벅스 코리아는 6살 정도의 젖먹이에 불과했으니까. 족보를 들춰보면 하워드 슐츠가 스타벅스를 인수하고 18년 뒤에 내 책이 나온 것이다. 사실 밀레니엄이자 20세기 마지막 해 바로 즈음에 한국에 입성했으니 그들을 잊으려야 잊을 수 없다.

되짚어 보면 커피와의 인연은 내 기억으로 보아 별로 신박하지 않다. 커피의 경험은 당시 멋쟁이셨던 아버지로부터 비롯되었다. 아버지는 시네마 천국에 나오는 영사기사 알프레도와 같은 직업을 가지셨다. 머리엔 어른 냄새 같은(글로는 표현이 안 되는) 포마드 기름을 바르고 아침이면 평소 맡을 수 없었던 향의 커피를 습관처럼 마셨다.

그 커피는 동네 양키 물건(그때 미제 물품을 그렇게 불렀다)을 취급하는 옆집 영식이 엄마가 대주었는데 아버지는 풍각쟁이처럼 멋진 폼을 다 재가며 음미하듯 마셨다. 어린 내 기억으로는 미군들의 전투 식량에서 사용된 물품 중 은밀하게 거래되었던 것 같다.

*흔히 'C레이션'이라 불리는 미군 전투 식량은 두 개의 통조림 깡통과 한 개의 액세서리 팩으로 구성되어 있는데 통조림 하나에는 조리 육류 혹은 육류와 야채가 뒤섞인 주식이 들어 있었고 다른 통조림에는 건빵과 인스턴트커피가 들어 있었다.

그러니까 우리가 아는 커피는 원두를 볶고 갈고 다시 물에 침 출시키는 요즘 커피보다는 뜨거운 물만 부으면 바로 마실 수 있는 인스턴트 커피였다. 그 후 우리가 커피를 마실 수 있는 곳은 다방이었다. 기록을 보니 1950년 한국전쟁이 벌어지기 전 서울에 100여 곳 남짓하던 다방은 1959년 800여 곳, 1969년에는 5,000여 곳으로 크게 늘어났다. 이때 인스턴트 커피에 노른자를 동동 띄워주던 모닝커피가 70년대 말까지 다방에서 고급 메뉴로 각광을 받았고, 내 젊은 청춘의 기록에도 다방커피는 어제 일처럼 지워지지 않는다.

우리나라 사람들의 커피 사랑은 멀리 구한말 고종으로 올라가 그 먼지 나는 역사를 뒤져야겠지만 내가 굳이 말하고자 하는 것은 1999년 이대 스타벅스 1호점의 등장이 인스턴트 커피의 시대를 내리고 진정 커피문화를 즐기는 변곡점이 되었다는 것을 말하려는 것이다.

20년 전 서울 대현동 이화여대 앞에 문을 연 스타벅스 1호점은 출발이 그리 썩 좋은 편은 아니었다. 2005년, 「스타벅스 100호점의 숨겨진 비밀」 집필 시 스타벅스 담당자는 젊은 여성을 주 타깃으로 한 것이 당시 사회분위기에 적합하지 않았다고 어려움을 토로했었다. 밥보다 더 비싼 가격의 커피를 마시는 젊은 여성을 상대로 비아냥대듯 '된장녀'라는 혐오 표현이 난무했기 때문이다. 여기에 일본과 미국 현지 대비 한국의 커피 가격이 유독 비쌌던 것도 문제로 제기되었다.

*일부 식자층들은 '스타벅스 커피가 비싸도 한국에서 팔리는 것은

최저 임금이 1,400원이었던 1997년 당시, 일부 언론은 스타벅스 아메리카노 한 잔 가격이 2,500원인 것을 비교하며 임금 대비 약 1.8배 이상의 커피를 마시는 것이 얼마나 불합리하냐는 논조로 질타하기도 했다.

된장녀들이 스타벅스 커피를 마셔야 세련된 것으로 생각하기 때문'이라는 내용의 글을 올리며 비난했다. 당시 고가라고 인식되었던 프랜차이즈인 스타벅스에 대한 비난이 여성혐오와 함께 맞물려 기업 이미지에 큰 타격을 입었다.

기업의 입장에서 사회에 부정적인 반향을 일으키는 것은 별로 바람직하지 않은 현상이다. 그러나 이것은 오히려 스타벅스가 '고급 브랜드'로 자리매김하는 데 큰 역할을 했다. 아무나 마실 수 없기에, 스타벅스 로고가 달린 커피를 마신다는 것 자체가 하나의 프리미엄으로 자리잡은 것이다. 이것을 성장통으로 여긴 스타벅스는 고급스런 분위기, 그리고 그들의 가치인 커피 문화를 일관성 있게 견지해갔다.

내가 처음 접했던 스타벅스는 종로의 어느 한 매장이었다. 그때 당시 미국의 커피 전문점이었던 스타벅스는 내게 그야말로 새로운 세계였다. 나의 이전 글에서 이미 밝혔지만 스타벅스에 대한 첫 인상은 일단 독특한 심볼에 있었다. 녹색마크 속 세이렌, 그리고 자유롭고 편안한 주문과 분위기가 색달랐다. 가격은 비싸다고 느꼈지만 기존 지하다방에 익숙한 나로서는 문화적인 충격이었다. 기존 지하 다방처럼 음습하거나 유치한 인테리어, 경박한 서비스는 눈을 씻고 보아도 찾을 수 없었다. 나중에 나는 그곳이 커피만 파는 곳이 아니라 사람들이 커피를 마시면서 즐겁고 친밀한 분위기를 느낄 수 있는 감성적 문화를 체험하는 현장임을 알았다.

"우리는 어느 곳에서나 고객들을 위해 최상의 커피를 제공합니다. 우리 모두는 그런 사명감을 가지고 있습니다. 또한 언제나 가고 싶은 매장 분위기를 만들어 바쁜 일상에 지친 고객들에게 환상적이고 낭만적인 커피 로맨스를 전달하려는 비전을 가지고 있습니다. 우리는 '성장하는 기업'보다 '존경받는 기업'이 되고자 하는 이상을 가지고 있습니다."

실제로 스타벅스는 2020년 포춘지에서 사람들이 '존경하는 기업'으로 선정되었다. 그의 20여 년 전 이상理想이 이뤄진 것이다.

그날 이후 나는 아침이면 〈You've Got Mail〉의 맥 라이언처럼 스타벅스에 들렀다. 그곳에서 작가 이효석이 낙엽을 태우면서 맛보았다는 커피 볶는 냄새를 몸 한가득 안았고 두런두런 고객과 대화를 나누는 바리스타의 발걸음 소리, 에스프레소 기계의 '쉬' 소리를 음악처럼 들었다.

내가 방문했던 그 매장에는 언제나 감미로운 음악이 강물처럼 흐르고 있었다. 그곳은 음악적 감수성이 조금 높았던 내게 일종의 파라다이스였다. 아마 이것이 그들이 늘 주장해왔던 제3의 공간이 아니었나 싶다. 2000년대 초반까지도 커피 시장에서는 인스턴트 커피의 비중이 90% 이상이었다. 이미 1998년 문을 연 할리스도 있었지만 아무리 브랜드 파워가 있다 하더라도 스타벅스와 같은 롱런을 점치기에는 여러 상황이 열악했다. 그러나 광고 효과도 기대하지 못하는 상황에서 스타벅스의 커피 문화와 경영 철학, 그리고 고객가치는 입에서 입으로 전해졌다.

*구전 마케팅은 수용자 1인에게 정보를 유입시켜 집단과 사람에게 확산 시키는 방법이다. 구전 마케팅의 파급 효과에 대한 대표적인 코카콜라사의 연구에 의하면, 구전 마케팅을 통해 접한 브랜드에 대해 만족한 고객은 자신 주변의 4~5명에게, 불만족한 고객은 9~10명에게 자신의 체험을 전한다고 한다.

드디어 내게 행운이 다가왔다. 뜻이 있는 곳에 길이 있다 했던가? 그동안 짝사랑해 온 애인에게 연서를 보낼 기회가 왔다. 스타벅스에 근무하던 고교동창생의 도움으로 「스타벅스 100호점의 숨겨진 비밀」 집필 작업을 하게 되었다. 이제 본격적으로 스타벅스의 속내를 들여다보게 되었다는 사실에 나는 흥분했다. 그러나 당시 론칭한 지 5년 조금 넘은 신생 기업의 철학과 비전은 알면 알수록 성공과는 거리가 멀어 보였다.

매장의 분위기는 그렇다고 쳐도 고객이 스타벅스를 마시면서 느끼는 우월감을 어떻게 측정할 것이며, 경쟁자가 그토록 많은 커피 시장에서 과연 어떻게 포지셔닝 할 것인지 걱정되었다. 게다가 파트너라고 불리는 바리스타들의 대우와 교육은 일관성 있게 집행될 것인지 고민되었다. 느낌표 보다 물음표가 많아지는 냉혹한 현실. 그 가운데 흔들리지 않고 자신들의 길을 뚜벅 뚜벅 걸어가는 스타벅스를 보고 내 선택이 옳았다는 생각을 하게 되었다.

커피다운 커피를 마시고 싶다는 욕망을 그제야 알 듯했다. 커피 하나로 전 세계인의 맛을 사로잡으려던 그들의 욕망 말이다. 그 사이 스타벅스의 매장은 무서울 정도로 혁신을 거듭했다. 2016년 크라우스 슈밥 회장이 '4차 산업 혁명'을 선포하기 무려 8년 전 이들은 세상의 변화를 읽기 시작했던 게 아닐까.

본질적인 것에 타협하지 않고 시대를 앞서가는 스타벅스 만의 내공이 발휘된 것이다. 세상은 많이 바뀌었다. 스타벅스는 매장에서 모든 것을 해결하려 하지 않았다. 디지털 세대는 디지털로 타협하고 적응했다. 그리고 무료로 매장의 와이파이를 설치해 누군가 꿈꾸었던 제3의 공간을 만들어 놓았다. 그리고 그들과 연결하고 대화하기 위해 복귀한 CEO는 트위터, 페이스북 등 온라인 커뮤니티를 운영하기 시작했다. 그들의 디지털 혁신은 여기에 그치지 않았다. 혁신은 한 여름 지나쳐 가는 소나기가 아니라 공기처럼 은은히 존재해야 한다는 것을 알아야 한다.

드라이브 스루, 사이렌 오더, 마이 스타벅스 리뷰까지. 실리콘 밸리의 스페셜리스트들이 투입된 후 스타벅스는 경천동지驚天動地할 정도로 변모했다. 어린 갓난쟁이에서 스무 살 혈기왕성한, 그리고 능력 있는 청년으로 성장했다.

코로나19 이후 스타벅스의 디지털 트랜스포메이션은 모든 기업의 표준이 되었다. 그러나 디지털의 편리함과 스타벅스가 가지고 있는 정체성과 가치는 그대로 안고 갔으면 좋겠다는 생각을 한다.

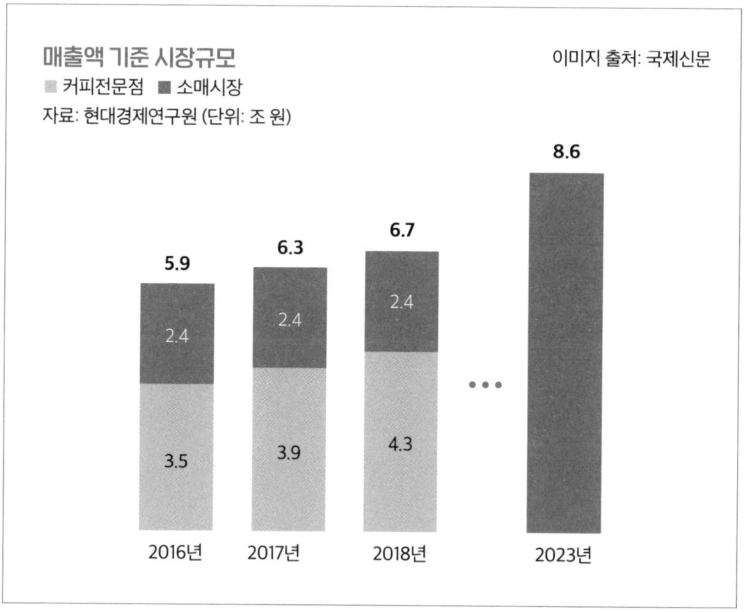

국내 커피산업 성장전망

영원한 승자도, 독식도 없다는 것을 '생존 경쟁력'의 흥망사를 쓰면서 나는 보았다. 아무리 생각해도 망할 것 같지 않은, 탄탄한 회사였음에도 타이타닉 호처럼 역사 속으로 사라진 기업을 보았다. 물론 역사와 마찬가지로 경쟁은 끊임없이 이어져야 하고 지속적으로 유지하기 위해 노력해야겠지만 때론 자력으로 통제할 수 없는 쓰나미 같은 위기가 몰아닥칠 수 있기 때문이다.

우리를 더욱 불안하게 만드는 것은 질병으로 인한 변수와 과거와 현재의 상황으로 추론할 수 없는 불안정이다. 그래서 열광했던 한 순간이 신기루처럼 사라지는 일들이 더 이상 있어서는 안 되기에 하는 말이다

다시 한 번 묻는다. 스타벅스는 우리에게 어떤 의미인가? 어떤 존재로 남을 것인가?

★ TEACHING NOTE ★

과시 소비와 가치 소비

초기 스타벅스가 국내에 도입되었을 때는 '사치스러운 커피숍'이라는 비난을 받았다. 그럼에도 젊은 세대에게 적극적으로 사랑을 받았던 이유는 무엇일까? 이 당시 젊은이들은 본인이 좋아하는 분야에 대해서만큼은 어느 정도 가격을 지불하고서라도 그것을

즐기고 자신을 위로하겠다는 의도가 있었다. 이는 불확실한 미래에 투자하기보다는 현재의 만족을 위해 소비하는 일종의 과시 소비적 성향을 띤다. 스타벅스의 커피 한 잔이 사회적 지위와 고급스런 사치로서 인식된 측면이 있는 것이다.

이후 소비자는 어떻게 변화했을까? 그들은 자아에 눈을 뜨게 되었고 소득 수준이 향상되어 생리적, 안전적 욕구를 충족하게 되었다. 뿐만 아니라 자아실현 욕구에 집중할 수 있었다. 거대한 중산층 소비자 그룹이 제각각 자아 추구적 소비를 수행하면서 하나의 소비 트렌드를 형성한 것도 주목할 사안이다. 이를 '가치소비'라 한다. 가치소비를 하는 이들은 자신이 가치를 부여하거나 본인의 만족도가 높은 소비재는 과감히 소비하고 지향하는 가치의 수준을 낮추지 않는다. 그 대신 가격, 만족도 등을 꼼꼼히 따져 합리적으로 소비한다. 이런 소비자를 가리켜 '포미For Me족'이라 한다. '건강For Health', '싱글족One', '여가Recreation', '편의More convenient', '고가Expensive'의 의미가 합성된 신조어이다. 이들은 개인적이고 자기만족적인 성향이 강하다. 초기 스타벅스의 고객이 고급스러운 이미지를 즐기는 사람들이었다면, 지금의 고객은 남과 나를 다른 존재로 구분하는 차별화에 초점을 맞추고 있다. 여기서 한 가지 주목할 것이 있다. 소비자들이 '원두의 풍미와 맛'으로 커피를 선택하는 커피 제3의 물결. 이를 가치소비자들이 주도하고 있다는 사실이다.

★

2

도대체 굿즈가 무엇이길래…

어쨌든 스타벅스라는 팬덤 문화의 허와 실

최근 스타벅스를 거론할 때 굿즈 열풍을 빼놓을 수 없다. 때론 과열된 소비자의 굿즈 전쟁은 마케팅에서 빼놓을 수 없는 코드가 되었음이 틀림없다.

★국내 굿즈의 역사는 1990년대 중·후반 아이돌 태동 무렵 팬클럽에 의해, 또 기획사에 의해 시작됐다. 단순히 팬덤에 의해 제작된 굿즈는 문화와 라이프 스타일 등 전 분야에서 각광 받고 있다. 참고로 스타벅스 코리아의 굿즈 매출은 전체 매출(연1조 8,000억원)의 10%를 차지한다. '스타벅스는 굿즈 마케팅 회사'라는 말이 틀린 말은 아닌 듯하다. 이들은 빅데이터에 근거해 상품을 기획하며 50여개 업체와 협업을 한다.

왜 굿즈는 명품시대를 넘어 팬덤 문화의 중심이 되었을까?

첫째, 소비자의 개성과 심리적 만족감이다. 여기에 2030 밀레니얼 세대(1980년대 초부터 2000년대 초 출생자)를 주목하지 않을 수 없다. 알바몬이 잡코리아와 함께 밀레니얼 세대 2,128명을 대상으로 한 〈굿즈 트렌드〉 결과를 보면 보다 명확해진다. 조사결과에 따르면 밀레니얼 세대 중 81.3%는 굿즈 트렌드를 긍정적으로 보고 있다. 그 이유로는 '소수의 한정판을 갖는다는 느낌이 들어서'(58.8%), '선호하는 브랜드/가수와 상품을 더 접할 수 있어서'(45.2%), '굿즈 수집이 재미있고 취미여서'(37.1%)등이 있다.

2016년 이후 '굿즈를 갖고 싶다'는 문장이 '명품을 갖고 싶다'를 넘어섰다고 하며, 그들은 '내가 좋아하는 것과 내가 만족하는 것'에는 거침없는 소비를 한다고 한다.

그렇다고 그들이 굿즈에 대해 무작정 충성하는 것은 아니다. 굿즈에 대한 부정적인 인식의 저변에는 대체로 비싸거나 효율적이지 못하다는 의견이 깔려있다. 브랜드의 소비조장 문화에 대해서는 반감을 표명하기도 하며, 줄서서 기다리는 시간과 비용에 대해 거부감을 표하기도 한다. 이 통계의 결과를 통해 굿즈 마케팅은 기업에게 득이 되기도, 독이 되기도 하는 양날의 칼일 수 있겠다는 생각이 든다.

둘째, 본품을 버리고 사은품만 얻는 뉴노멀적 소비의 영향이 두드러진다는 점이다. 이에 전문가들은 SNS가 불러온 자기과시형 소비와 리셀Resell 시장에 대한 두 가지 우려를 지적한다. 여의도 한 매장에서 스타벅스 고객이 300잔을 주문한 뒤 사은품을 챙기고 299잔을 두고 가는 웃지 못할 일이 벌어지기도 하고, 순수하게 사은의 의미로 판매하는 굿즈가 웃돈 받고 되파는 리셀러들의 매매행위로 이어지고 있어 우려를 자아내고 있다.

기업의 입장에서는 '득템'에 성공한 이들이 굿즈에 습관적으로 열광하는 모습과, 더 비싼 프리미엄이 붙은 가격으로 파는 행위를 통해 충성도가 높아지는 상황을 긍정적으로 볼 수도 있다.

셋째, 게이미피케이션(gamification: 게임이 아닌 분야의 문제 해결에 게임적 사고와 과정을 적용하는 일)을 활용한 마케팅의 일환으로 굿즈는 무척 재미나고 매력적으로 보였을 것이다.

특히나 한정판은 존재 자체가 희소성과 충성도로 연결되어 '꼭 구매해야 하는 물건'으로 인식된다는 것이 전문가들의 진단이다. 더구나 이것을 구매했을 때 느끼는 소확행(小確幸: 작지만 큰 행복)과 더불어 '스몰럭셔리'는 MZ세대에 큰 어필이 되었을 것이다. 특히 Z세대는 이미 게임을 통해 점수를 획득하고 보상 받는 재미에 익숙하므로 기업의 굿즈 마케팅이 MZ세대의 이러한 면모를 심층적으로 공략한 게 아닌지에 대한 의심의 눈초리를 받는 것도 사실이다.

과유불급過猶不及이었을까? 혹자는 굿즈 마케팅을 본말이 전도된 마케팅이라고 하고 소비자의 욕구를 겨냥한 영리한 상술이라고 비난하기도 한다. 최근 스타벅스가 출시한 한정판 상품 '스타벅스 에디션 플레이모빌 피규어-버디세트'로 경찰이 매장에 출동하는 사건이 벌어졌다. 서로 순서를 주장하다 논쟁으로 번진 것이다. 이 버디세트는 스타벅스가 플레이 모빌과의 협업으로 내

놓은 제품 중 하나인데 개당 1만 2,000원짜리가 중고 시장에서 6~7만원에 팔렸다. 더욱이 8종 풀세트는 판매가(96,000원)보다 5배나 비싼 50만원에 판매되기도 하였다.

소속 욕구를 자극해 브랜드 가치를 공유하고, 브랜드에 능동적으로 참여하는 일종의 팬덤 마케팅에 별 이의異意를 달 의사는 없지만 적어도 수요를 조절하거나 지금처럼 한정판을 무한정 기다리는 마케팅 전략은 재고할 필요가 있다고 여겨진다.

★ TEACHING NOTE ★

왜 팬덤 문화가 기업의 성패를 좌우할까?

우리는 동일한 관심사를 통해 연대감을 공유하는 커뮤니티나 그들의 문화 활동을 팬덤이라 부른다. 초기 엔터테인먼트에서 발아된 1세대 오빠 부대, 2세대 온라인 커뮤니티 그리고 SNS 계정을 팔로우하고 스타와 소통하는 3세대, 마지막으로 단순한 추종자의 입장에서 제품을 구매하고 만족하는 양태에서 벗어나 새로운 문화 창조자가 되어 기업과 적극적으로 소통하는 4세대까지 이르렀다.

소비자 팬덤 문화가 이렇게 발전되기까지 영향을 미친 것은 디지털미디어와 SNS 환경이 결정적 역할을 하였다. 따라서 이들은 강한 로열티를 가진 소비자가 아니라 경영과 정보 그리고 유통과정에서 직간접적으로 참여하는 매개자이자 콘텐츠 생산자로 인식되어야 한다. 이들은 과거와 같은 구매자의 수준에 머물러 있지 않고 생산자와 협업하고 전파력에 지대한 영향력을 미치므로 그들의 역할을 간과해서는 안 된다. 따라서 판매는 마케팅의 종착역이 아니라 고객과의 새로운 관계의 시작임을 명심해야 한다.

★

3

브랜드 페르소나,
이탈 고객을 잡아라

심리적인 용어로 페르소나는 '겉으로 드러난 외적 성격'을 가리키는 말로 유연하게 성격이 바뀌는 심리를 말하는데 쉽게 말하자면 '가면'을 의미한다. 종종 이탈하는 고객은 브랜드의 실체를 파악하거나 실망했을 때 소리 없이 이탈한다. 이것은 기업과 소비자와의 생태계에 엄연히 존재한다.

고객은 가망이 있어 보이거나 기존에 존재했거나 기업의 입장에서 신뢰하는 부류로 분류할 수 있다. (신규 고객이나 내부 고객인 직원도 다 이 범주에 있다.) 그렇다면 상품의 좋고 나쁨을 떠나 고객의 잠재 속에 있는 것은 무엇일까?

그것은 기업 브랜드의 가치로, 마케팅을 효율적으로 지원하는 기능을 가지고 있다. (실제로 미디어에서는 재무적 자산 가치를 금액으로 평가한 결과가 발표되고 있다.) 우리가 브랜드의 중요성을 강조하는 것은 기업에 대한 인식의 시대에 살고 있음을 말하며 마케팅도 어찌 보면 인식을 바꾸는 행위이다.

기업에서는 충성된 고객을 관리, 유지하거나 브랜드가치를 높여주기 위해 '페르소나 마케팅'을 진행하기도 한다. 이 마케팅은 지속적으로 실행하면 적은 비용으로 높은 효과를 볼 수 있다. 한 예로 'The Body shop'은 자연주의를 내세워 수익금 사회 환원, 동물 실험 금지, 포장용지 재활용 등을 통해서 '친환경 제품, 친환경 기업'을 내세워 확실하게 소비자 마음속에 자리 잡았다. 이렇게 되면 소비자들의 자발적인 호응으로 비싼 매체에 대한 의도적인 광고 소요 없이도 효율적인 매출을 늘릴 수 있다.

그렇다면 '브랜드 페르소나'를 효과적으로 관리하기 위해 어떤 노력을 기울여야 할까?

첫째, 차별화된 개성이 뛰어나야 한다. 현재 세계 시가총액 자동차 업계로 25위 내에 진입한 테슬라는 단순히 전기차를 제공하는 것이 아니라 신재생에너지 기업에서 영국의 버진 그룹, 아마존과 함께 민간 우주 기업으로 소비자들에게 강한 개성을 어필하고 있다. 따라서 테슬라의 신사업 도전은 고객에게 큰 기대감과 신뢰를 받고 있다. 이런 기업들의 차별화된 개성은 구호로 끝나지 않고 고객과의 모든 접점에서 실행력을 과시한다.

마케팅 전문가들은 공급 초과나 저성장 경제에서 생존할 수 있는 힘은 개성이라고 주장한다. 오스트리아 유전학자인 마르쿠스 헹스트슐레거는 자신의 저서 「개성의 힘」에서 미래의 불확실성이 커질수록 문제를 해결할 유일한 가능성은 개성이라 주장했으며, 끊임없이 변화하는 미지의 세상을 살아가려면 획일성을 버리라고 충고하고 있다.

따져보면 스타벅스의 오감마케팅은 스타벅스의 개성을 끌어올리는 견인차가 된다. 스타벅스 로고만 봐도 커피향이 느껴지는 것도 같은 맥락이다.

둘째, 실체와 일치되어야 한다. 장기적으로 브랜드 가치를 높여주기 위해서는 고객의 신뢰가 무엇보다 중요하다. 최근 잦은 화재로 고객의 불만을 증폭시켰던 BMW의 추락은 그들이 평소 주장해왔던 여러 가지 주장을 무색케 했다.

그들은 하루가 멀다 하고 차량에 화재가 났음에도 운전 관리 소홀이나 안전점검 실수, 원인미상을 이유로 둘러댔다. 결국 차체 결함으로 밝혀진 순간, 그들은 소비자의 외면을 받게 되었다. 단기적이고 일회성 광고캠페인보다 관리가 용이한 브랜드 페르소나 구축이 더 효율적이라는 사실을 잊어서는 안 된다.

*미국 광고인 데릭 리 암스트롱은 브랜드 페르소나를 5가지로 분류했다.

① 황제 페르소나: 산업을 대표하는 브랜드이미지

② 영웅 페르소나: 해당 산업을 이끄는 영웅의 이미지

③ 전문가 페르소나: 전문가로서의 신뢰를 구축하는 이미지

④ 친구 페르소나: 친절하고 공평한 태도로 고객에게 신뢰와 존경을 얻는 이미지

⑤ 카멜레온 페르소나: 상황에 맞는 적절한 말과 행동을 제시하는 이미지

애플이 스티브 잡스의 굴절 많은 일대기를 부각하며 혁신의 코드를 몰고 갔듯이 대부분의 기업들은 브랜드 이미지 관리와 신제품 개발 시 페르소나와 같은 가면을 쓴다. 이밖에 고객욕구와 시장 환경 예측, 실제 사용자 자료를 바탕으로 하나의 모델을 만들기도 한다.

스타벅스에도 브랜드 페르소나로 인해 이탈고객이 생긴 경험이 있다. 유대인인 하워드 슐츠가 스타벅스 수익금 일부를 이스라엘에 기증하면서 훈장까지 받았다는 루머가 돌면서 스타벅스가 팔레스타인을 핍박하는 이스라엘을 돕는다는 오명 아래 불매운동이 벌어졌으며 세계 곳곳에 있는 스타벅스 매장은 가벼운 테러를 입기도 했다. 그러나 이는 안티 이스라엘 블로거들에 의해 전파된 루머로 알려졌다.

쌓아온 브랜드 가치, 즉 브랜드 페르소나에 위해危害를 가하는 것은 관리 및 전략적인 측면에서 늘상 고려해야 하는 문제이다. 잘 만들어진 페르소나로 인해 이탈 고객을 막고 신규 고객을 유치하는 것도 최상의 마케팅전략이다.

★ **TEACHING NOTE** ★

"스포티파이는 어떻게 고객 이탈을 막았을까?"

음원계의 넷플릭스라 불리는 스포티파이는 전 세계 1위의 음원 스트리밍 기업으로 잘 알려져 있다. 현재 월간 이용자가 3억 명에 육박할 정도로 단기간에 비약적인 발전을 이룬 스포티파이. 그 비결은 무엇일까? 또 고객 이탈률을 줄인 방법은 무엇일까?

첫째, 초기 고객들에게 매력 있는 제품을 무료로 제공하여 차기 상품에 기꺼이 비용을 지불하게 하였다.(무료 회원에서 유료 회원 전환 비율 27%) 이는 사용자의 충성도를 장기간 시험하여 관계에서 수익을 창출하는 최적의 방법을 찾았다는 말로 해석된다.

둘째, 진입 장벽을 낮추고 접근성을 높여 호감 있는 첫인상을 남겼다. 특히 새 고객을 유치할 때는 제품에 대해 신속하게 정리하고 설명하며 구입하게 하였다.

셋째, 가격보다 훌륭한 가치를 제공하였다. 「현명한 투자자」의 저자 벤저민 그레이엄은 '고객은 가격을 지불하고 가치를 얻는다'라고 설명한 적이 있다. 이는 고객이 스스로 특별하다고 느끼거나 제품과 서비스에 기대치 이상을 요구한다는 것으로 기업도 고객이 특별하다고 느끼도록 노력해야 한다는 것이다. 결코 무료나 할인가격으로 가치를 떨어뜨려서는 안 된다고 강조한다.

★

4

스타벅스 현지화

실패의 경험으로 리프로덕션(reproduction)

| 그들은 문화의 차이를 너무 몰랐다-호주 |

전 세계에서 잘나가는 스타벅스도 흑역사를 가지고 있다는 사실을 아는가? 바로 호주의 사례가 그러하다. 매출부진에 적자가 누적되는 상황은 스타벅스로서는 상상도 하지 못하였을 테니까 말이다. 그에 대한 원인은 스타벅스가 호주의 커피 소비 문화를 너무 가볍게 보았다는 것이다.

호주에는 세계적인 바리스타 대회에서 우승한 바리스타를 내세운 프랜차이즈 브랜드도 있고, 손 내밀면 바로 닿을 수 있는 거리에 호주식 소규모 카페가 있다. 저렴하면서도 품질이 훌륭한 로컬 개인 커피숍이 호주 커피 문화를 꽉 잡고 있어 미국의 거대 기업이 비집고 들어오기에는 역부족인 상황으로, 초반부터 난항

이 예상되었다.

호주 커피문화는 1950년대 이탈리아와 그리스 등 유럽계 이주민에 의해 전파된 이탈리아식 에스프레소가 기본이다. 스타벅스 커피와는 다르게 더 진하고 강한 맛을 느낄 수 있다. 호주의 커피는 농도, 우유 종류, 거품의 양 등을 고려하는 맞춤형 커피였다. 그러나 2000년 호주에 진출한 스타벅스는 고객의 취향을 고려하지 않은 대중화된 미국식 메뉴를 강요했다.

프라푸치노, 마키아토, 블렌디드 등 혼합 커피를 주력으로 하는 스타벅스가 까다로운 입맛의 호주인을 사로잡기에는 한계가 있었다. 이를테면 호주인들이 즐겨 마시는 플랫 화이트(Flat White; 까페라테보다 부드럽고 미세하게 밀크폼이 에스프레소 위로 얇게 올라간 커피) 같은 메뉴는 아예 스타벅스에 없었다. 여기에 또 하나 스타벅스가 현지화 문제에 봉착하게 된 원인 중 하나는 커피 가격이었다. 보통 호주의 커피는 3.5~4.5 호주 달러(한화로 3,000원이나 4,000원 정도) 인데 반해, 스타벅스의 커피 한 잔 가격은 5.5 호주 달러(한화로 대략 5,000원)로 비교적 비싼 편이었다.

호주인들은 같은 가격이면 스페셜티 커피(Specialty Coffee: 친환경 유기농 커피브랜드)를 구매하는 것이 낫다고 판단했으며, 결국 스타벅스는 실패했다. 반면, 호주인들이 즐겨 찾는 에스프레소와 플랫 화이트 등 다양한 스페셜티 메뉴를 구성한 글로리아 진스는 해당 국가에서 뿌리를 내렸다.

| 해외 카페의 무덤, 예외는 없다-베트남 |

베트남은 세계 원두 수출국 2위답게(120만톤~150만톤) 다양하게 현지 카페가 발달되어 있다. 베트남 현지 전략에서 마케팅 전략과 메뉴 구성 등 다양한 문제가 있었지만 현지 카페와의 경쟁에서 밀리는 것은 '가격'과 '커피 맛'이었다.

2013년 스타벅스는 베트남 호치민에 1호점을 야심차게 오픈했으며 총 50개 이상의 매장을 열 계획이었다. 그러나 예상 밖으로 고전을 면치 못했으며, 당황한 스타벅스는 가격을 낮춰서 커피 한 잔 당 6만동(한화 약 3,000원)에 판매하기 시작했다. 한국의 아메리카노 톨사이즈가 4,100원인 것에 비하면 턱없이 저렴한 가격이었지만, 현지인들은 스타벅스를 외면했다. 베트남 브랜드 커피(하이랜드 커피, 더 커피 하우스, 콩카페 등)의 3만동 (1,500원) 저가 커피 정책에는 속수무책束手無策이었다.

베트남인들은 습한 날씨 때문에 저렴하고 시원한 음료를 자주 사먹는 편이라 가격에 예민할 수밖에 없었다. 연이어 호주계 커피 전문점인 '글로리아 진스Gloria Jean's Coffee'도 베트남 진출 10년째인 2017년 호치민 지점의 문을 닫는 것으로 완전히 철수했다. 저렴한 가격으로 승부를 걸려 했던 맥카페, 뉴욕 디저트 커피, 한국의 카페 베네, 할리스도 역시 같은 운명의 길을 걸었다.

또 하나 여기서 심각하게 짚고 넘어 갈 점은 베트남 현지인들의 커피 맛을 못 잡았다는 것이다. 베트남인들은 카페인 함량이 높고 쓴 맛이 강한 로부스타를 사용하였는데 아라비카 원두를 주로 사용하는 글로벌 브랜드는 말만 현지화일 뿐 자신들의 마케팅전략을 고수하려 했었다.

호주계 커피전문점 '글로리아 진스'는 베트남 대표커피인 '카페 쓰어농(연유를 넣은 따듯한 커피)'을 벤치마킹하려 하였지만 아라비카를 그대로 사용하는 우愚를 저질렀다.

| 커피에 대해 묘책이 없다 – 이탈리아 |

스타벅스에 있어 이탈리아는 특별한 영감靈感의 나라이다.

2018년 9월 스타벅스는 이탈리아에 첫 매장을 열었다. 세계적인 커피 기업으로 성장한 스타벅스로는 이탈리아가 넘을 수 없는 또 하나의 벽이었다. 일단 이탈리아인들은 누구나 순수하고 품질이 우수한 커피를 이용해야 한다고 믿는다. 이탈리아는 1900년대 초 에스프레소 머신을 세계 최초로 발명하여 전 세계에 보급했고 이후 이탈리아의 전통적인 에스프레소 제조법은 100년 전통으로 내려오고 있다. 이탈리아 어느 곳에서나 '테미타세'라는 이름의 작은 잔으로 에스프레소를 즐기는 풍경을 어렵지 않게 볼 수 있다.

이런 환경 속에 스타벅스의 진출은 이탈리아인들의 강한 반발에 직면한다. 자국민의 커피문화 자부심이 높은 상황에서 '아메리카노'라는 단어는 커피를 마실 줄 모르는 사람들의 미국식 커피로 오해 받기에 충분했다. 당시 이탈리아에서 외국 기업이 수행해야 할 일은 이미 존재하는 이탈리아 버전보다 더 나은 제품을 제공하거나 자신들의 제품을 원하는 새로운 잠재 고객을 찾는 일이었다.

이 변곡점에서 성공하느냐, 실패하느냐의 결과가 주어졌다. 스타벅스의 커피는 역시나 이탈리아에서도 다소 비싼 가격이었고, 스타벅스에서 사용하는 표기에 적응시키는 일도 결코 쉽지는 않았다. 저렴하지 않은 스타벅스를 마시기보다는 작은 로컬 카페의 좋은 원두를 활용한 에스프레소를 마시는 것이 소비자 입장에서는 훨씬 효율적이었고 자신의 경험에 무게를 두고 커피 한 잔을 마시더라도 친숙한 사람들과 교류하기를 원하는 문화적 패턴에 스타벅스는 어색한 이방인 같아 보였다.

자, 그럼 그 이후 스타벅스의 현지화는 실패로 돌아갔을까? 아니다. 그들의 실패는 전화위복轉禍爲福이 되었다. 스타벅스는 세계 어디를 가나 동일한 메뉴로 구성되어 있고 비슷한 가격이 적용된다. 세계적으로 표준화되어 세계 어디서나 적용되는 글로벌라이제이션globalization에서는 효율적일지 모르지만 독특한 소비문화가 있는 곳에서는 지역화localization가 이루어져야 했다. 호주나 베트남에서 고배 아닌 고배를 마신 경우가 그러했다.

그렇다면 스타벅스는 어떤 과정을 거쳤을까? 일단 최악의 원인으로 손꼽혔던 표준화, 즉 융통성 없이 자신의 브랜드 가치를 고수하려는 문화를 개선하려는 노력을 하였다. 이를 통해 현지인들에게 외면 받지 않기 위해 자신들의 일부를 양보한 것 같아 보인다.

기업 입장에서 양보할 수 있는 것과 양보할 수 없는 전략과 프로그램을 설정하여 부분적인 조율과 협상을 진행하였다. 아울러 현지화가 가능한 부분에 대해서는 변화의 필요성과 가능성을 철저히 따져야 했다.

브랜드 현지화에 있어 벤치마킹할 사례에는 어떤 것이 있을까. 애플의 경우 브랜드에 관해서는 일관성을 유지한다는 확고한 기업철학을 배울 수 있다.

어느 국가든 애플의 제품은 동일하고 어느 언어를 사용하든 웹사이트의 시각적인 콘텐츠는 변함이 없다. 그들은 고객들의 요구에 따라 서비스를 제공하지 않는다. 왜냐하면 소비자들은 애플의 제품을 구매하는 것이 아니라 브랜드 가치를 구매하기 때문이다.

그렇다고 꼭 일관성만 고집하지 않는다. 중국 진출 시 애플은 중국 시장 맞춤형 콘텐츠를 사용하였다. 일례로 개러지 밴드(Garage Band: 아이패드, 아이폰, 맥에서 사용할 수 있는 앱으로 직접 음악을 창작할 수 있는 앱)에 중국어 지원을 업데이트해서 얼후(우리나라 해금과 같은 현악기)와 파파와 같은 중국 전통 악기를 추가했다.

또한 현지화에서 문화적인 취향도 고려되어야 한다. 예를 들어 노란색은 미국과 영국에서는 밝고 긍정적인 컬러지만 프랑스에서는 질투, 배신, 약점 및 모순으로 인식한다. 10세기 프랑스인들은 반역자와 범죄자의 문을 노란색으로 칠하였다고 한다. 컬러에 대한 나라별 인식이 다르듯 그 나라의 문화를 알아야만 기업의 전략이 차별화된 지점으로 작용할 수 있다.

2013년과 2014년 코카콜라는 'Share a coke'라는 캠페인을 시작하여 각 나라 코카콜라 애호가들의 뜨거운 사랑을 받았다. 예를 들면 음료수병과 캔에 미국인의 이름을 새겨 놓은 제품을 론칭한 것이다. 미국에서는 미국 청소년들 사이에서 가장 인기 있는 이름 250개를 선정하였으며 사람들은 자기 이름이 적힌 콜라병을 찾아 SNS에 올리기도 하였다.

이미지 출처: Coca Cola, insidefmcg

이 이벤트의 취지는 개인적인 문구가 담긴 제품을 소비자 자신 뿐 아니라 친구와 가족, 연인을 위해 구매하자는 것이었다. 캠페인 성과로 111년 만에 4% 매출이 신장되었고 기존 고객보다 젊은 세대 고객층이 7% 증가했다.

이 캠페인은 곧 현지화 전략으로 바뀌어 각 나라에서 뜨거운 호응을 얻게 되었다. 일례로 아일랜드 캠페인에서는 그 나라에서 흔히 쓰이는 Aoife(이퍼)와 Oisin(어신)같은 이름이 추가되었고 중국에서는 사람의 이름을 언급하는 것이 예의가 없는 것으로 간주되어 이름 대신 '친한 친구'나 '동급생'인 용어를 사용하였다.

스타벅스는 현지화에 대한 문제점을 진단하고 여러 차례 전략을 수정한다. 스타벅스 이탈리아 1호점의 프리미엄 매장은 리저브 로스터리로 운영하고 이탈리아 문화가 적용된 인테리어를 적용했다.

아울러 커피바를 배치했으며 인기 있는 베이커리 프린치Princi에서 화덕에서 갓 구워 낸 피자나 다양한 베이커리를 판매하였다. 이는 스타벅스가 이탈리아의 커피문화를 존중한다는 의미로 받아들여져, 현지 언론 'The locla Italy'에서 실시한 설문조사에서 스타벅스에 대해 부정적이었던 응답률이 3개월 사이에 87%에서 45%로 떨어졌다고 한다.

이는 아마도 이탈리아 사람들의 라이프 스타일을 맞추기 위해 스타벅스가 더 업그레이드한 버전의 서비스와 상품을 개발하였기에 가능한 일인 것 같다. 결론은 현지화를 위해 열어두고 고수하는 지혜가 성공과 실패를 가르는 이정표라는 것이다.

★ **TEACHING NOTE** ★

현지화와 관련된 불편한 진실

현지화의 성공유무를 언급할 때 우선 거론되는 것은 역사, 문화, 관습, 기후, 사회 현상의 트렌드를 얼마나 적극적으로 적용했느냐에 달려있다고 해도 과언이 아니다. 이런 기초 상식 위에 차별화된 브랜드나 제품력, 가격 경쟁력, 유통 및 마케팅 노하우와 경험을 접목하는 것도 무엇보다 중요하다. 특히 시장의 특성에 따른 현지 고객의 기호와 시장 여건에 따른 커뮤니케이션 활동도 체크되어야 한다.

일례로 스타벅스의 실패 사례로 언급되고 있는 베트남 시장을 보자. 맥도날드도 스타벅스처럼 베트남 시장에 진출했다가 실패한 전력이 있다. 시장의 특성과 현지 고객의 기호를 간과한 맥도날드의 추락은 우리에게 현지화의 벽이 얼마나 높은지 깨닫게 한다. 맥도날드의 추락요인은 무엇일까. 베트남은 길거리 행상이나 식당에서 주문만 하면 3분 내에 쌀국수가 나온다. 한마디로 '패스트 로컬 푸드'가 '패스트푸드'를 제압한 꼴이었다. 빠르고 간단하게 먹을 수 있다는 햄버거의 강점은 베트남 안에서는 무용지물이다. 그리고 100년 전통의 바게트 샌드위치 '반미'가 있는데 햄버거는 이에 비하면 3배 이상 비싼 짝퉁에 불과하다. 도입기부터 맥도날드라는 브랜드의 위력과 차별화된 제품력, 더 나아가 가격 및 유통 구조도 베트남 소비자에겐 주목받지 못했다.

스타벅스의 경우는 어떠할까? 스타벅스가 핵심전략으로 쓰던 공간의 개념 또한 좌절될 수밖에 없었다. 베트남에서는 커피를 길거리나 골목길에서 작은 의자를 놓고 마신다. 게다가 베트남인들은 주로 신맛을 선호하는데, 스타벅스는 신맛을 내는 로부스터보다 맛의 균일화를 위해 아라비카 원두를 제공하였다. 이 역시 패착의 원인이었다. 스타벅스의 고가전략은 세계 제 2위의 커피 수출국이 베트남이라는 사실을 잊은 것처럼 보였다. 달달한티 음료나 그린티 라테를 선호하는 베트남 고객에게 스타벅스의 마케팅 노하우는 당분간 무력화 될 것 같다. 아무리 전 세계적으로 마케팅을 잘하는 기업이라 할지라도 말이다. 또한 글로벌 브랜드임에도 브랜드 아이덴티티를 버리고 현지인이 좋아하는 '닭'에 집중하여 성공한 KFC나 롯데리아의 선례는 현지에서 경험한 마케팅 노하우가 얼마나 신속히 적용되어야 하는지를 알려주는 모범적인 대안이다.

★

5

가상 대결, 식품 공룡 네슬레가 스타벅스를 공략한다면?

네슬레는 전 세계에서 가장 큰 식품 회사로 150년이 넘는 오랜 역사의 식품 업체이다. 최근 커피 업계의 네슬레의 동향을 예의 주시하는 두 가지 사건이 있다. 하나는 7조 7,000억 원을 주고 스타벅스 판매권을 거머쥔 사건, 또 다른 하나는 블루보틀 커피 지분의 68%를 우리 돈 5,000억 원에 인수한 사건이다. (이 거래를 감안해 보면 블루보틀의 가치는 6억 2,500만 달러 즉, 우리 돈으로 약 7,090억 원에 달하는 규모다.)

전자는 커피매장이나 공장을 인수하는 것이 아니라 스타벅스 브랜드를 단 커피와 차 제품에 대한 판매 유통 권리를 얻는 정도다. 외적으로는 점유율 회복이라는 외연 확장이다. 네슬레의 미국 내 점유율은 고작 2.2%에 불과하다. 스타벅스(12.8%)에 비하면 10% 차이가 난다.

네슬레가 인수한 품목은 '스타벅스', '스타벅스 비아', '스타벅스 리저브', '시애틀스 베스트 커피'와 같은 커피제품과 차 브랜드인 '티바나'이다. 네슬레는 세계 곳곳에 있는 스타벅스 매장을 제외하곤 마트나 편의점 등 매장 외부에서 이 제품에 대한 판매 권한을 갖는다. 이 계약은 재무적인 측면에서 유리한 면이 있다. 네슬레가 인수한 스타벅스 사업은 연간 20억 달러에 가까운 수익을 창출하고 있는데 이는 네슬레 그룹 매출의 약 2%에 가까운 수치다.

또 하나는 네슬레 자사 커피브랜드인 '네스프레소nespresso'와 '네스카페 돌체 구스토 Dolce' 커피머신에 스타벅스가 생산하는 커피와 캡슐이 들어간 것으로 알려졌다.

이는 돈은 많지만 경쟁력이 떨어지는 회사가 젊은 층의 입맛을 사로잡은 경쟁사의 일부분을 사들인 것이다. 네슬레는 전 세계 커피시장에서 굳건한 1위를 지키고 있지만 미국을 비롯한 북미 시장으로 눈을 돌리면 상황은 반전된다. 네슬레의 오랜 역사만큼 늙고 고리타분한 이미지가 지배적이기 때문이다.

워싱턴포스트WP는 '60세 미만이라면 누구든 네슬레가 지루하다고 느낀다'고 일침을 놓았다. 혹자는 미국 젊은이들 사이에서 커피 브랜드 인지도는 제로에 가깝다고 말할 정도다.

그렇다면 왜 스타벅스는 네슬레의 손을 잡았는가? 이제 스타벅스는 8조원을 손 안에 넣게 되었지만 매장 외에는 권한을 행사할 수 없게 되었다. 여기에는 스타벅스의 복안이 있다. 세계 190여개 국가의 유통망을 활용하겠다는 것이다. 스타벅스의 경우

'적토마에 붙어 천리 길을 가겠다'는 복안인데 다른 각도에서 보면 정체성을 지키기 위해 소매업을 넘기고 카페에 집중하겠다는 의도로 해석할 수 있다.

이제 블루보틀의 이야기를 해보자. 네슬레의 블루보틀 인수 전략은 보다 명확하다. 네스카페 브랜드와 네스프레소 캡슐 커피 등 인스턴트 시장에서는 최강자이지만(커피 전체시장에서 22.4%) 커피의 제3의 물결인 스페셜티 시장에서는 명함조차 못 내밀고 있다. 이미 스페셜티 커피브랜드가 미국시장에 진입하여 커피시장의 판도를 바꾸고 있는 것을 목도한 네슬레 측에서는 이 상황을 민감하게 지켜 볼 수밖에 없었을 것이다.

*미국 스페셜티 커피 협회에 따르면 블루보틀 등의 스페셜티 커피 브랜드가 미국 전체 커피 소비의 15~20%를 차지하고 있다고 한다.

여기에 또 하나의 변수가 생겼다. 약 2,400조원 규모의 커피시장을 선점하기 위해 주요기업들이 공격적인 인수합병M&A과 신시장 개척, 제품 다변화 등 소리 없는 전쟁을 시작한 것이다.

이 가운데 코카콜라의 커피 시장 진출은 이 시장의 판도를 예측 불가능한 상태로 만들어 버렸다. 코카콜라는 영국 코스타 커피Costa Coffee를 39억 파운드(약 5조 6,500억원)에 인수하면서 새로운 신흥거인으로 등장했다.

지난 1971년 설립된 코스타 커피는 영국을 비롯해 세계 32개국에서 3,800여개 매장을 운영해온 커피계의 메이저로 매장 수만 봐도 스타벅스에 이어 세계 2위이다. 바야흐로 가장 빠르게 성장하는 커피 시장에서 피아간에 구분할 수 없는 전쟁이 시작된 것이다.

이 상황을 두고 그럴듯한 미래 시나리오를 그려 보자. 기존 퍼스트 무버(first mover: 새로운 분야를 개척하는 선도자)들의 상상 시나리오는 어느새 현실로 다가 오고 있으니 말이다.

첫 번째 시나리오는 '스타벅스와 네슬레 간의 스페셜티 커피 시장에서의 전쟁'이다. 스타벅스의 입장에서 보면 블루보틀의 네슬레 인수는 썩 좋은 카드가 아니다.

지난 20여 년간 전 세계 매장에서 '동일한 맛과 서비스'로 승부해온 스타벅스에게 스페셜티 커피시장의 성장은 그리 반갑지 않은 현상일 것이다. 리서치기관인 유로모니터에 따르면 현재 230억 달러(약 26조 3,695억원)인 미국 스페셜티 커피시장은 5년 뒤 280억 달러(약 32조 1,020억원)로 성장할 것이라 내다보았다.

하워드 슐츠는 이에 대비하듯 '고급 커피바' 형태의 리저브 바 사업을 진두지휘하며 향후 수백 개의 리저브 매장을 내고, 미국과 중국 등에 플래그십 로스터리 매장을 낸다는 계획을 밝혔다.

졸지에 시장의 방향이 바뀌면 스페셜티 커피시장에 '커피계의 애플'인 블루보틀과 스타벅스는 총성 없는 고객유치 전쟁을 치러야한다. 블루보틀을 보면 스타벅스를 보는 듯한 데자뷰(deja vu; '본적 있다'라는 뜻)가 떠오른다. 블루보틀에는 스타벅스의 초기 장면이 그대로 들어가 있다. 느린 커피, 단순한 메뉴, 신선한 원두… 결국 제3의 물결에 네슬레의 역할이 애매모호해질지도 모른다.

두 번째 시나리오는 '넷플릭스와 스타벅스가 네트워크 된다면 어떨까'이다. 넷플릭스의 고객 특성상 영상을 시청하며 휴식과 함께 마실 수 있는 가정 내 캡슐 커피를 원할 가능성이 있다.

발 빠르게 스타벅스로부터 판권을 인수한 네슬레는 이미 스타벅스 특유의 커피 맛을 구현한 신제품 '스타벅스 앳 홈'을 출시했다. 전 세계 190개국에서 2억명 유료 회원을 바라보는 규모를 네슬레가 놓칠 확률은 없다. 마치 스타벅스가 네슬레의 190개국의 파급효과를 보고 결단하였듯이.

전쟁의 개념을 도입해 보면 코카콜라와 네슬레 두 공룡 기업이 부딪혔을 때 커피시장의 지각 변동과 합종연횡合縱連衡의 짝짓기도 상상할 수 있다. 현실적으로 보아 네슬레와 스타벅스의 동행은 그리 안정적이지 않아 보인다.

★ **TEACHING NOTE** ★

네슬레와 디스럽터Disruptor?

「스타벅스의 미래」를 집필하면서 저자의 뇌리에 사라지지 않는 것이 하나 있었다. 바로 네슬레와 블루보틀의 존재와 그들의 관계였다. 과연 이들은 스타벅스의 경쟁자이자 대항마가 될 수 있을까? 그러면 두 기업에 투자하고 있는 네슬레는 어떤 포지셔닝을 점하고 있을까? 예전에는 마케팅 전략을 수립함에 있어 시장 예측이 가능했고 시장의 참여자, 즉 플레이어의 정체성이 명확했다. 전략수립에 있어 차별화Differentiation, 혹은 비용우위Cost leadership는 비교적 무난한 도구Tool였다. 그러나 4차 산업 혁명 이후 창조혁신자가 시장을 한 번에 파괴하고 산업의 경계가 무너짐으로 인해 기존의 경쟁사 분석은 의미를 상실하게 되었다. 한마디로 하자면 전쟁 시 피아간의 경계가 불투명해진 것이다.

그렇다면 경계 없는 시대에 어떤 경쟁 포지셔닝을 확보할 수 있을까? 아직은 상상에 불과하다. 하지만 스타벅스와 블루보틀에 거대 투자를 한 네슬레의 미래 행보가 자못 궁금해진다. 아마존과 같이 커피 산업의 포식자로 포지셔닝하거나 커피 산업 외에 다른 경쟁요인을 도입하여 새로운 영역의 선도자가 될 것인지 말이다.

실리콘밸리에서 유래되었다는 디스럽터Disruptor는 편견과 선입견을 깨부수고 기존의 틀을 파괴하며 익숙한 시스템과 시장 질서를 교란시키는 조직이다. 우리가 아는 우버, 에어비앤비가 여기에 해당한다.

이런 측면에서 보면 테슬라도 완성차의 측면에서 디스럽터에 가깝다. 이미 전기차는 1990년 중반 GM의 'EV-1'이라는 이름으로 완성차가 시장 중심에 포지셔닝해 4년간 천대 이상의 매출을 올렸다. 그러나 당시 전기차의 수명은 거기까지였다. 디스럽터라

해서 모두 절대적 경쟁력을 가진 것은 아니었다. 테슬라는 처음부터 완성차와 경쟁구도를 만들지 않았다. 오히려 이들을 대상으로 전기차 특허를 개방하여 팔로우를 늘려 갔고 태양 에너지 기업을 함께 만들어 독자적인 생존이 가능한 비즈니스 포트폴리오를 구축해나갔다.

만일 스타벅스가 디스럽터의 개념으로 네슬레를 관망한다면 초기에는 싸워서 이기는 경쟁보다 지속가능한 동반성장 구도로 그림을 그려 나가겠지만 그 뒤에는 어떤 포지셔닝을 만들어갈지 예측하기 어렵다. 왜 마케팅이라는 용어가 현재 진행형일까. 그 생물학적 특징에 호기심이 높아간다.

★

6

미래에 스타벅스는 누구와 손을 잡을까?

2008년 CEO에 복귀한 하워드 슐츠는 스타벅스에 IT를 입히려 노력했다. 2012년 그 스스로가 모바일 결제업체 스퀘어에 2,500만 달러를 투자하고, 즉시 제휴를 맺어 미국 내 7,000개 매장에 스퀘어 결제시스템을 마련한 적이 있다.

★스퀘어square는 소셜 네트워킹 서비스 트위터의 창업 멤버인 잭 도시Jack Dorsey가 설립한 회사로 결제 시장에서 가장 주목 받는 스타트업이다. 2009년 모바일 기기에 결제 가능한 간단한 신용카드 판독기(결제 단말기)를 출시하면서 사업을 시작했다. 예를 들어 배달음식을 결제할 때 별도의 휴대용 카드 단말기를 갖고 다닐 필요 없이 스마트폰에 스퀘어의 판독기를 장착해 사용하면 된다.

과거 애플과 협력한 기억도 스타벅스는 가지고 있다. 애플의 비콘, 아이비콘을 통해 고객의 스마트폰에 스타벅스 앱을 잠금 화면에 실행하기도 하였다. 또한 스타벅스와 애플은 스타벅스 매장을 이용한 고객에 한하여 유료인 iOS어플을 무료로 다운로드 하도록 서비스하거나 스타벅스 매장에서 재생되고 있는 음악의 플레이리스트와 타이틀을 아이튠즈 상에서 바로 확인하여 즉시 구매할 수 있게 하였다.

이렇듯 스타벅스는 자유롭게 협업하는 것을 주저하지 않는다. 필자가 궁금했었던 것은 과연 스타벅스는 누구와 파트너가 되어야 효율적인 짝을 맞출 수 있느냐는 것이었다.

이번 '스타벅스의 미래'의 인터뷰에 응한 전문가 대부분이 스타벅스와 넷플릭스가 비즈니스모델을 공유하면 좋지 않겠냐는 의견을 나타냈다. 그렇다면 가상으로 스타벅스와 짝이 되기 위해서 어떤 점이 선결되어야 하고 어떤 점이 분리되고 접목되어야 하는지 살펴보자.

넷플릭스는 '실리콘밸리의 파괴자, 전체 산업의 논리를 뒤집은 신참 기업'으로 잘 알려져 있다. 이들의 발자취를 살펴보면 미션 수행을 통해 스스로를 적극적으로 개혁했다는 흥미로운 사실을 알 수 있다.

비디오 대여점에 불과했던 넷플릭스는 단순한 변화에서 출발했다. DVD를 우편으로 발송하고 연체료를 폐지함으로 시장의 원조 강자였던 블록버스터Blockbuster를 일거에 무너뜨렸다. 그들은 콘텐츠를 우편으로 발송하는 대신 영화와 TV 프로그램을 디지털로 스트리밍하는 방법으로 전환했다. 이때가 2007년이었는데 당시 스트리밍을 통해 영화, 드라마를 2,000편정도 서비스했다. 이런 과정을 거쳐 OTTOver The Top 플랫폼, 즉 인터넷으로 영화, 드라마 등 각종 영상을 제공하는 서비스가 등장하였다.

그렇다면 넷플릭스는 어떤 경영 전략으로 전 세계 2억 명의 유료 회원을 확보했을까?

| 다량의 콘텐츠 확보 |

영상 제작 업체들과 신상 콘텐츠를 확보하여 구독자들의 선택의 폭을 넓혔다. 저렴한 월정액제로 다양한 콘텐츠를 광고 없이 언제 어디서나 편하게 볼 수 있다는 것이 소비자의 호감도를 높이는 요인이 되었다.

| 스트리밍 테크놀로지로 사용자 경험 환경에 최적화된 맞춤형 서비스 제공 |

넷플릭스가 전 세계적으로 사랑받을 수 있었던 것은 '추천 알고리즘' 이었다. 이는 회원 개개인을 만족시켜주기에 충분했다. 아울러 회원이 어떤 TV프로그램을 좋아하고 싫어하는지, 각각의 에피소드를 얼마나 시청했는지, 새로운 시리즈를 얼마나 시청했는지 등 2억 명 가까이 되는 가입자의 시청 습관에 관한 방대한 데이터를 보유하고 있다.

| 브랜드 가치 관리를 위한 공격적인 투자 |

스타벅스와 넷플릭스가 네트워하면 어떤 결과가 나타날 수 있을까? 어떤 상황을 상상할 수 있을까?

① 빅데이터 공유를 통해 넷플릭스와 중복되는 고객을 세분화하며 공동 마케팅으로 스타벅스 PLCC의 경우처럼 보상(스타벅스는 별, 넷플릭스는 가격 인하)을 한다.

*초기 콘텐츠의 숫자가 절대적으로 부족했던 넷플릭스는 고객 만족도를 높이는 방법으로 빅데이터를 적극 활용했다. 즉, 빅데이터를 이용해 시청한 영상에 별점을 매기게 한 다음 이 자료를 분석하여 고객의 지인들에게 추천하게 했다.

② 코로나19 이후 장기적으로 가정에 머무는 고객이나, 카페 방문을 꺼려하는 고객에게 홈카페를 위한 각종 맞춤형 커피 상품을 공급한다.

③ 넷플릭스의 구독경제의 장점을 살려 스타벅스와 제휴한 패키지 상품을 기획한다.

④ 오랜 시청을 하는 고객들의 건강을 위한 비건 음료와 각종 건강 메뉴를 추천한다. 오랜 콘텐츠 시청에 지친 고객들을 위한 배달 서비스까지 접목된다면? 금상첨화다.

⑤ 넷플릭스에서 최신 콘텐츠를 론칭하기 전 스타벅스 리워드 회원에게 제공하고 댓글, 후기를 다는 이벤트를 통해 구전 마케팅을 실행한다.

스타벅스와 넷플릭스! 전 세계 3만 개 매장의 거대한 축과 2억 명의 유료 회원을 보유하고 있는 큰 플레이트가 만난다면? 당신은 상상이 되는가? 마케팅은 계속해서 진화하고 거대해진다. 그래서 마치 꿈틀대는 생물과 같다는 생각이 든다.

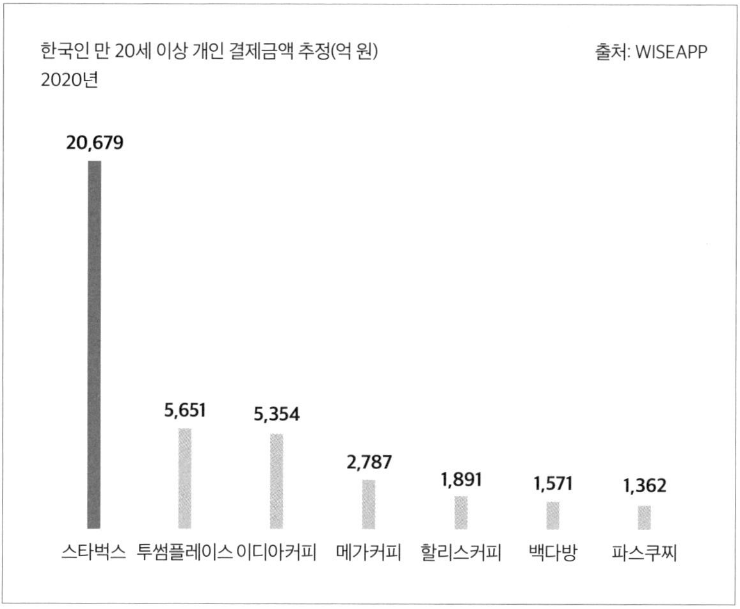

한국인이 가장 많이 결제한 커피 전문 브랜드

★ **TEACHING NOTE** ★

홀로 가기보다 함께 가는 전략적 제휴의 힘

두 개 이상의 기업이 협력관계를 구축하여 다른 기업에 대하여 경쟁적 우위를 확보하는 경영전략을 '전략적 제휴'라 한다. 위험을 분담하거나 자사가 해결할 수 없는 기술을 도입하고, 가지고 있는 역량을 활용하거나 경쟁을 제한할 목적으로 손을 잡는다. 업무, 기술, 생산, 마케팅, 영업업무, 공동조달 등의 형태로 진행되며 컨소시엄이나 지분참여, 주식 교환, 네트워크 구축 등이 해당된다. 물론 이런 전략적 제휴에는 파트너 간의 조화가 이루어져야 하며 제휴에 의한 보상과 힘의 불균형 등이 해결되어 서로 간의 이익이 충족되어야 한다. 시장에서 방어가 불가능할 신흥 거인이 나타나거나 고객의 충성도가 흔들릴 위기 국면에서 기업은 생존 차원의 합종연횡合縱連衡이나 이합집산離合集散의 짝짓기를 시도하기도 한다.

2

어떻게 커피 한 잔이 유니콘 기업을 앞서게 되었나?

신화인가? 실화인가?

"사람은 회사의 가장 중요한 자산이 아니다.
사람이 곧 회사다. 그 밖의 것들은 회사의 자산일 뿐이다."
<Starbucks Way, Howard Schultz>

★

1

스타벅스의 조직 문화는 남달랐다

"우리는 성장에만 집착한 나머지, 기업의 핵심가치를 점점 놓치고 있었다. 경영진의 결정에서, 각 매장에서, 그리고 고객들의 모습에서, 스타벅스의 설립기반이 되어준 고유의 특성들이 점차 사라져갔다. 우리가 만들어내는 것들이 우리 자신의 삶을 변화시키듯, 다른 사람들의 삶도 변화시켜야 하지 않겠는가? 지금껏 스타벅스는 커피 그 이상의 가치를 추구해왔다.

회사와 직원들을 생각할 때면 언제나 떠오르는 단어가 있다. 바로 Love, 사랑이다. 나는 진심으로 스타벅스와 파트너들을 사랑한다. 우리가 지금껏 노력해온 모든 과정에 사람에 대한 애정이 담겨있다. 2008년 다시 스타벅스의 CEO가 되었을 때, 나는 다시금 모든 사람들이 스타벅스와 사랑에 빠지길 간절히 바랐다.

오직 그 한 가지 바람으로 엄청난 타격을 예상하면서도 미국 전역의 매장을 일제히 닫기로 결심한 것이다.

나는 두려움을 떨쳐냈다. 그리고 그 자리에 마치 카드를 뒤집기 직전의 갬블러처럼 기대감과 희망을 채워 넣었다. 어떤 비평가들은 우리 스스로가 실패를 자인함으로써, 스타벅스 브랜드의 명성을 영원히 훼손시켰다는 등의 가혹한 논평을 서슴지 않았다.

그러나 나는 우리가 옳은 일을 했다고 확신했다. 우리 직원들에게 투자하는 것만큼 값진 일이 또 뭐가 있겠는가. 자기 자신에 대한 믿음과 옳다고 생각하는 것에 대한 신념이 있어야만, 모든 장애물을 뛰어넘고 멋진 삶을 펼칠 수 있다……."

출처: 온워드

2008년 하워드 슐츠 전 CEO는 금융위기와 던킨 같은 강력한 경쟁자가 있었음에도 양적 팽창에 몰두해 있던 임직원에게 위기감에 위와 같은 한 통의 편지를 보낸다. 경영사史에도 가정이 없지만 이 이후의 스타벅스는 타의 추종을 불허할 정도로 놀라운 변신을 한다. 가히 혁신이라고 말할 수 있을 정도이니 말이다.

스타벅스의 조직문화를 거론하기 전 그의 경영철학을 읽을 수 있는 편지 전문을 공개한다.

당시 도입한 트랜스포메이션 아젠다(agenda: 의제)의 일환으로 스타벅스는Nasdaq: SBUX-News 직원들에게 몇 가지 조직구조 변경 사항을 전달했다. 고객 경험 향상에 더욱 집중할 것이며, 하워드 슐츠 회장이 고객경험을 지속적으로 변화시킬 5가지 핵심 전략인 고객 대면 이니셔티브를 설명할 예정이라는 공지를 띄운다. 그 후 모든 스타벅스 파트너에게 다음과 같은 이메일을 보낸다.

"6주 전 CEO로 돌아온 이후, 우리는 고객경험에 대한 새로운 초점을 가지게 되었고 원래 우리의 핵심 가치였던 커피로 복귀하였습니다. 매우 짧은 기간 많은 변화를 경험했습니다.

2008년 회계연도 말까지 ① 미국 상점에서 아침 샌드위치 ② 2월 26일 미국 매장 파트너를 위한 전례 없는 'Art of Espresso' ③ 3시간 교육이 실시됩니다.

그리고 봄부터 파트너와 고객을 위한 무료 WIFI를 제공합니다. 이러한 변화를 긍정적으로 보시기 바랍니다. 우리는 함께 회사를 변화시킬 청사진을 만들었습니다. 이러한 변화는 스타벅스를 위해 매일 계속될 것이며, 여러분이 해주신 모든 것에 진심으로 감사드립니다.

저는 미국 비즈니스의 현 상태 개선과 고객과의 정서적 애착을 다시 불러일으키고, 비즈니스에 근본적인 변화를 일으키기 위해 여러분과 계속해서 소통할 것을 약속했습니다. 실제로 6번의 이메일을 통해 여러분과 소통을 했으며, 이것은 굉장히 어려운 과정이었습니다. 이전 대화(커뮤니케이션)에서 언급했듯, 회사에 활력을 불어넣으려면 회사 운영의 모든 부분을 지속적으로 검토하고 분석해야 합니다.

우리 사업에 대한 이러한 엄격한 기준은 스타벅스의 경험을 개선하기 위해 자원을 관리하고 최적화하는 데 도움을 줄 것입니다. 우리는 스타벅스에 대한 고객과 파트너의 매우 높은 기대

SECTIONS HOME SEARCH The New York Times

Amazon Proves Infertile Soil for Unions, So Far

2016 TV UPFRONTS
Trying to Pin Down the Mosaic of Millennial Tastes

Midday Report: Wall St. Rises, Buoyed Again by Oil Prices

Starbucks Takes a 3-Hour Coffee Break

By MICHAEL M. GRYNBAUM FEB. 27, 2008

A training session on Tuesday at a Starbucks on the Upper East Side of Manhattan, which focused on making the drinks. Jacob Silberberg for The New York Times

실제로 2008년 2월26일 오후 5시 30분부터 9시까지 미국 전역의 7,100개 매장 문을 닫고 13만 5천 명 바리스타를 대상으로 에스프레소 액설런스 트레이닝을 진행했다.

이미지 출처: The New York Times

를 만족시켜야 함을 알고 있습니다.

그리고 우리는 비즈니스가 발전함에 따라 전략적이고 민첩한 도전에 발을 내딛어야 합니다. 불행히도 우리는 고객에게 초점을 맞출 수 있는 조직을 갖추지 못했습니다. 지난 몇 주 동안 철저한 조직을 분석했는데, 마음처럼 되지 않았습니다.

하지만 책상에 앉아 회사의 유지와 발전 그리고 나와 다른 사람들에게 의존하는 17만 명이 넘는 파트너와 그 가족에 대한 책임을 생각하다 보니 장기적으로 회사의 성공을 보장할 책임이 나에게 있다는 것을 알았습니다. 이는 어려운 결정을 내려야 함을 의미했습니다. 개인적으로 나는 일부 파트너들이 얼마나 고통

스러울지 알기 때문에 결과에 계속 어려움을 겪었습니다. 그리고 모든 관계자들에 대한 세심한 배려와 존경심을 가지고 검토한 결과, 조직 변경을 결정하였습니다.

이러한 변화는 회사 재편으로 이어질 것입니다. 그 결과 직책과 파트너의 수는 약 600명 감소할 것입니다. 이 총계는 기존 직책과 채용 인원 축소는 물론 현재 인력의 감소도 포함됩니다. 이러한 맥락에서 약 220명의 파트너가 회사에서 분리되었습니다. 거의 모두가 비소매 지원 역할을 하는 미국 파트너였습니다. 우리는 떠나는 파트너가 기여한 것에 감사하고 자랑스럽게 생각하며 그들을 존경하고 존엄하게 대하기 위하여 최선을 다하고 있습니다.

오늘 우리는 미국 현장 운영에서 고객 서비스를 강화하고 기능적 우수성을 주도하기 위해 많은 기능을 중앙으로 집중하고 통합하기 위해 조직 구조를 다음과 같이 수정합니다.

| 미국 현장 운영 |

2월 25일 월요일부터 미국 현장 조직은 2개 부서에서 4개 부서로 전환하며 3월 24일까지 완전히 완료합니다. 새로운 부서는 서부/태평양, 북서/산, 남동/평원 및 동부/대서양입니다.

이러한 조직구조는 현장 팀을 위한 더 많은 역량을 창출할 뿐 아니라 리더들이 고객 및 파트너와 더 가깝게 있을 수 있도록 하려는 것입니다. 이를 통해 현장에서 파트너 개발, 코칭 및 책임에 대한 더 강력한 지원이 보장될 뿐 아니라 고객 중심의 현장 지원

조직으로 팀이 파트너와 고객 그리고 커피에 더욱 집중할 수 있습니다.

각 부서는 미국 대표에게 직접 보고하는 수석 부사장이 이끌 것입니다. 각 부서 내에서 매장 개발, 마케팅, 파트너 리소스 및 재무를 지원하는 파트너는 부서 수준의 결과에 대해 책임을 지는 동시에 해당 부서에 직접 보고합니다. (매트릭스 구조) 이러한 팀은 글로벌 범위, 기능 및 효율성을 갖춘 인프라를 만들기 위해 중앙 집중화되고 있습니다.

지원기능

- 미국 스토어 개발
- 미국 라이선스 스토어
- 미국 금융
- 파트너리소스
- 마케팅
- 매장 내 경험
- 글로벌 공급망
- 글로벌 커뮤니케이션
- 파트너 및 자산보호

이러한 조직 변경의 결과로 일부 파트너는 새로운 역할 또는 새로운 관리자를 보유할 수 있습니다.

| 파트너 관리 및 지원 |

이 커뮤니케이션의 앞부분에서 말씀드렸듯이 이런 결정은 비즈니스를 발전시키는데 필요했습니다. 하지만 이런 조치는 개별 파트너에게 미치는 개인적 및 직업적 영향을 충분히 인식하고 가능한 한 원활하게 전환시키기 위한 최선의 선택이었습니다.

"다시 한 번, 회사에 수없이 기여해 주신 헌신적이고 열정적인 파트너 모두에게 감사드립니다."

Starbucks Makes Organization Changes/INDUSTRY NEWS 2008. 02. 21.

스타벅스 조직문화의 지표는 크게 둘로 나눌 수 있는데 그 첫 번째가 카페직원들의 상호 일하는 방식이고, 두 번째는 고객과의 상호작용이라 말할 수 있다.

그렇다면 이들의 조직문화는 어떤 특성이 있을까?

먼저 직원들을 우선하는 섬김의 리더십(servant leadership: 인간 존중을 바탕으로 섬기고 봉사하는 자세로 구성원을 후원하고 지지함으로써 잠재력을 이끌어 내는 지도력)이다. 2008년 경영에 복귀한 하워드 슐츠가 제일 먼저 실행한 것은 미국 전역의 7,000여 개에 해당하는 매장의 문을 닫고 내부적인 문제와 교육을 통해 커피의 맛을 개선하는 일이었는데 이때 매출 손실은 무려 70억 원에 달한다. 그러자 내부 경영진의 반발이 이어졌다. 그 때 그는 이런 말로 항변하였다고 한다.

"스타벅스에서 가장 중요한 것은 고객이 아니라 직원입니다. 경영진이 직원을 우선시 한다면 직원은 당연히 고객을 우선시할 겁니다."

직원들의 건강보험료로 4,000억씩이나 드는 예산비를 감축하자는 의견에 그는 이렇게 대답했다고도 한다.

"여러분 좀 더 깊게 생각하세요. 4,000억은 다른 부분의 비효율을 줄임으로써 충분히 충당할 수 있습니다. 여러분의 직원을 위해 더 집중하지 않는다면 스타벅스 주식을 파십시오."

이 이야기를 들은 「경영의 이동」 저자 데이비드 버커스는 이렇게 말했다고 한다. "'우리는 고객은 항상 옳다'라는 말을 들어왔지만 사실 가장 중요한 것은 직원에 대한 관심이다."

또 하나는 관계중심의 접근이다. 스타벅스는 직원Employer들을 파트너Partner라 부르고 시간제 직원도 스톡옵션과 건강 보험을 보장한다. 이 모두는 원두를 가는 파트너와 계산대에서 결제업무를 하는 파트너에 대한 구분 없이 모두를 동업자처럼 대우하겠다는 것이다. 스타벅스는 관계중심의 이들이 협업 및 커뮤니케이션이 가능하도록 하기 위해 자신의 업무를 수행하고 둘 이상의 관리자에게 보고하는 독특한 매트릭스 구조를 가지고 있다.

매트릭스 조직Matrix Organization이란 기존의 기능부서 상태를 유지하면서 특별 프로젝트를 위해 서로 다른 부서의 인력과 함께 일하는 현대적인 조직설계방식으로 서로 다른 기능부서에 속해 있는 전문 인력들이 프로젝트 관리자가 이끄는 프로젝트에서 함께 일한다. 더불어 이 조직에 속한 개인은 두 명의 상급자(기능부서 관리자, 프로젝트 관리자)로부터 지시를 받고 보고를 하게 된다.

다음의 도표를 보면 제조 관리자, 영업 관리자, 재무 관리자 및 인사담당자는 수직계층구조로, 또한 프로젝트 A, B, C, D는

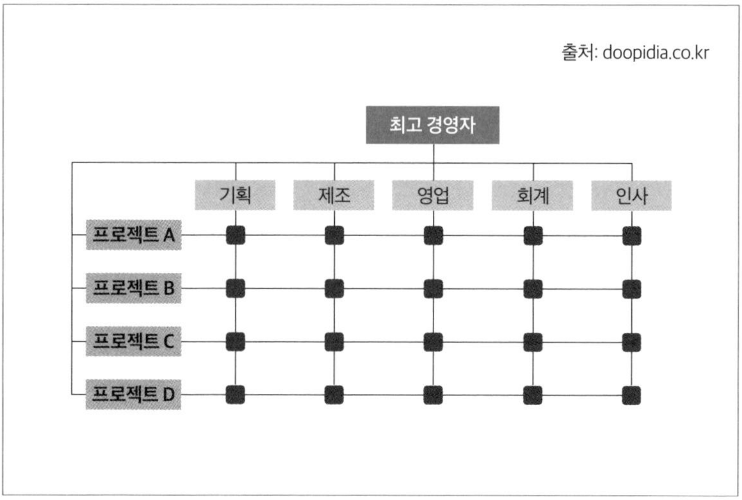

매트릭스 조직

수평구조로 적은 인력으로 많은 일을 수행해낸다. 또한 자유롭게 움직이고 집중적이며 효율적으로 업무를 향상 시킬 수 있다.

그리고 개방성, 포용성, 다양성을 강조하는데 스타벅스는 이들에 대한 차별금지 정책을 가지고 있다. 이를 테면 성별, 인종, 민족성, 성적취향, 종교, 나이, 문화적 배경, 삶의 경험, 생각까지 동등해야 한다고 생각한다.

트럼프 전 대통령이 반反 이민 행정 명령에 서명하자 반기를 들며 직원들에게 편지를 보내 "시민의식과 인권이 공격받고 있고 미국의 양심과 아메리카 드림에 대한 약속에 의문이 제기되는 전례 없는 시기"라고 맹비난하였다.

그러나 아일랜드의 매장 직원이 동양인을 비하하는 의미를 담은 찢어진 눈을 컵에 그린 사건처럼, 불쑥불쑥 등장하는 사건

사고에 스타벅스 글로벌은 예민하게 촉각을 곤두세울 수밖에 없다. (스타벅스는 홈페이지에 '글로벌 인권'과 '차별금지'라는 문구를 통해 내부정책을 강조하고 있다.)

이제 스타벅스는 존경받는 기업으로 존경받는 기업문화의 진정성을 보여 줄 때가 왔다. 이미지가 곧 생존과 연결되는 위기의 시대에 포지셔닝 되어있음도 알아야 한다.

★ **TEACHING NOTE** ★

"혁신을 이끌어 내는 세 가지 전략"

스타벅스의 디지털 전환에는 고객보다 우선한 조직 문화가 있었다. 또한 이들의 조직은 혁신을 이끌어 내는 경험과 학습에 의한 선순환의 창출이라 여겨진다. 그렇다면 조직은 어떻게 혁신을 이끌어 낼 수 있는가?

첫째, 자신의 준거집단을 재정의한다. 모든 기업구성원들은 자신이 속한 몇 개의 조직을 스스로의 의사결정과 행동의 타당성을 모색하기 위한 '준거집단'으로 설정한다. 준거집단이란 개인이 그 안에서 인정받고 싶어 하는 조직이나 집단을 말하며 이들의 변화는 조직이나 비공식적인 집단의 본질을 바꾸는 것이다. 창업자 하워드 슐츠는 미국 내 스타벅스 사업운영상태 개선과 고객의 정서적 유대 강화 그리고 경영기초의 장기적 변화를 위해 실리콘밸리 IT기업과 제휴했으며 전체운영관리를 총괄하는 COO(최고운영책임자)와 고객 경험과 디지털 마케팅을 총괄하는 CDO(최고디지털 책임자), 신기술 도입과 인프라스트럭처 구축을 총괄하는 CTO(최고기술책임자) 등 3개 조직과 책임자를 임명하여 디지털 전환과 개혁의 준거집단을 설정해 놓았다. 둘째, 새로운 발상과 가치관을 추구한다. 준거집단을 바꾸었을 때 조직구성원은 자신의 존재나 업무상의 목표를 정하는 프로세스에 대한 새로운 가치관을 반영한다. 구체적으로 사업계획에서 새로운 비즈니스 모델을 추구하거나 창의성 있는 기획을 하게 된다. 마지막으로 새로운 업무 환경을 제공하고 평가 및 피드백을 받는다.

디지털 전환 추진 시 미국 전역 매장에 하루 휴업을 결정하고 조직 내 모든 구성원과 소통한 것은 공감대 형성을 위한 위기감과 진정성의 발로였다. 그는 "진창에 두 손을 담급시다.Get in the mud"라고 호소하였고 임직원의 디지털역량 DT-Q™을 시행하여 디지털 지식수준 뿐 아니라 DT를 추진하는 조직원에 대한 구성원의 인식과 태도, 그리고 반응을 확인하였다. 당시 70%에 가까운 직원이 DT에 대한 이해도가 없었다. 이를테면 인공 챗봇 같은 시스템이 도입되면 고객 상담 센터 담당 인력이 축소될 것이라는 부정적인 인식이 대부분이었다.

★

2

어떻게 스타벅스는 발 빠르게 선두기업이 됐나?

스타벅스 파노라마

스타벅스를 두고 전문가들은 다음과 같은 질문을 한다.

'어떻게 커피 한 잔이 세상을 지배했는가?'

'커피회사에서 빅테크 기업으로, 더 나아가 금융권으로 나아갈 수 있는가?'

'그 통찰력은 어디서 오는 것이며, 향후 그 성장력의 끝은 어디인가?'

'커피산업의 제3의 물결에서 선방할 수 있는가?'

'글로벌 장수 기업으로 생존할 경쟁력은 있는가?'

'하워드 슐츠 이후 리더십에 대한 대안이 있는가?'

이 질문에 대한 명확한 정답은 없다. 그러나 스타벅스의 파노라마를 펼쳐보면 미래의 빅픽처를 볼 수 있다.

| 운명을 가르는 통찰력이 있었다 |

흔히들 이 순간을 '운명적 만남'이라 한다. 내가 의도하지 않았는데 만나게 되는 순간 말이다. 하워드 슐츠는 자신의 저서인 「온워드」에서도 '우연히'라고 표현했다.

"우연한 기회에 이탈리아로 출장을 갈 일이 생겼고, 그곳에서 뜻밖에도 커피에 대한 내 뜨거운 열정을 발견할 수 있었다. 그리고 그곳에서 커피 한 잔을 마주한 채 격의 없이 열정적으로 대화를 나누는 사람들의 모습을 보며 커피 한 잔이 품은 위대한 힘을 온몸으로 느꼈다. 커피는 단순한 음료가 아니라, 사람과 사람을 이어주고 유대감을 형성하는 매개체였다."

단순히 커피를 음료라고 생각하는 미국식 사고로는 이해할 수 없는 광경을 목격한 것이다. 이뿐 아니라 지금은 어색하지 않지만 과거에는 생소했던 직업인 바리스타를 처음 만난다. 그는 예상치 못하게도 커피에 대한 열정에 빠지게 된다.

"진정으로 커피의 신비를 발견하게 된 것은 그로부터 1년 뒤 이탈리아 밀라노로 출장을 갔을 때였다. 그 여행이야말로 오늘날 스타벅스라는 꽃을 활짝 피게 한 최초의 씨앗이었다. 밀라노에 있던 어느 날 아침, 나는 호텔에서 상품 박람회장까지 걸어가는 길에 아담한 커피바에 들렀다. 나는 그 자리에 앉아 그 친절한 남자를 유심히 관찰했다.

그는 정확하면서도 품위 있는 몸짓으로 원두를 갈고, 우유를 데우고, 에스프레소를 뽑아 카푸치노를 만들어내고 있었다. 그런데 그 모습은 마치 무용수가 우아한 몸짓으로 춤을 추는 것처럼 내 마음을 홀렸다.

그러면서 그는 커피바에 앉아 있는 손님들과 즐겁게 대화를 나누었다. '이것은 그에게 단순한 직업이 아니야. 열정 그 자체야.' 밀라노에는 커피바가 적어도 한 블록마다 하나씩은 있는 것 같았다. 능숙한 바리스타 한두 명이 손님이라기보다는 친구들처럼 보이는 사람들을 위해 에스프레소와 카푸치노, 그리고 아직 내가 맛보지 못한 음료들을 만들고 있었다. 가는 곳마다 활기차면서도 따뜻한 분위기가 느껴졌고, 에스프레소 한 잔으로 그들의 삶이 여유로워지고 있음을 느낄 수 있었다.

바리스타의 장인정신과 사람들 간의 유대감 그리고 갓 뽑은 커피의 포근한 향과 기운을 북돋아주는 맛이 한 데 어우러진 모습에 나는 크게 감동받았다. 내 가슴은 뜨겁게 뛰기 시작했다. 당시 스타벅스는 원두와 분쇄 커피를 봉투에 넣어 판매할 뿐 정작 추출한 커피는 팔고 있지 않았다. 나는 나 자신과 스타벅스의 새로운 미래를 그려보았다."

그는 운명적인 밀라노 출장에서 에스프레소와 카푸치노, 그리고 바리스타를 만났다. 운명은 여기서 그치지 않았다. 1971년 미국 시애틀에 작은 커피원두 매장이 열린다. 영어 교사였던 제리 볼드윈, 역사 교사였던 지브 시글, 프리랜서 작가인 고든 바우커였다.

이들 또한 커피는 좋아했으나 커피에 대해서는 문외한이었다. 당시 많이 쓰이던 강하고 씁쓸했던 '로부스타' 원두 대신 부드러운 '아라비카' 원두를 소개하기 위해 로스팅한 커피 원두를 파는 가게를 열었다. 이들에게 아라비카를 소개한 스승이 있었다. 운명의 장난이었을까? 그는 바로 네덜란드 커피 가문에서 태어나 커피 엘리트였던 알프레드 피트였다. (후일 그는 피츠 커피를 만들게 된다.) 1955년 미국에 정착하여 커피 생두 수입 회사에 다니면서 늘 이런 불만을 내뱉곤 했다고 한다.

"세상에서 제일 잘사는 나라에 왔는데 말이야. 근데 왜 사람들이 쓰레기 같은 커피를 마시지?"

당시 미국에선 싸구려 '로부스타'가 유행이었다. 품종 커피 생두를 살짝 볶아 파는 원두가 대세였던 것이다. 조금만 오래 볶으면 타버리는 품질 낮은 생두를 외면하고 알프레드 피트는 커피 역사가 오래된 '아라비카'를 팔았다.

결론적으로 알프레드 피트가 없었으면 스타벅스도 없었을 것이다. 앞서 얘기한 세 사람은 알프레드 피트에게 찾아가 인턴으로 일하며 커피를 배웠다. 말하자면 이들은 피츠커피에서 원두를 공급받아 시애틀에 고급 커피 원두를 판매하는 스타벅스 매장을 연 것이다. 피츠의 영향을 받아 매장 이름도 '스타벅스 커피, 차, 향신료'로 짓고 차와 향신료를 팔았다.

*하워드 슐츠는 「스타벅스, 커피 한잔에 담긴 성공신화」에서 스타벅스의 정신적 대부를 알프레드 피트라고 밝히고 있다.

| 상품보다 자신(신념과 꿈)을 팔다 |

하워드 슐츠는 탁월한 영업맨으로 드립 커피메이커를 팔고 있었다. 그런데 운명의 여신은 그를 놓지 않았다. 시애틀에 있는 스타벅스에서 대량으로 커피메이커를 주문하여 커피 역사상 위대한 만남이 벌어진다. 이들이 제시한 아라비카를 보고 그는 커피메이커가 아니라 자신을 팔았다.

"…(중략) 밀라노에서 미국으로 돌아온 뒤, 회사 경영진에게 내가 느끼고 경험한 것들을 전달하려고 애썼다. 하지만 깊이 존경해 마지않던 스타벅스 창립자들은 나의 꿈에 동조해주지 않았다. 참담한 심정이었다. 신념과 꿈을 버릴 수가 없던 나는 1986년 4월, 스타벅스를 떠나기로 결심했다. 그리고 지역 투자자들로부터 자금을 받아, 나만의 커피회사를 세웠다."

(하워드 슐츠는 242명의 투자자를 만났는데 217명으로부터 거절당했다.)

그때 직원들에게 첫 편지를 썼다. 편지에서 우리가 추구해야 할 사명과 목표, 그리고 그것을 이룰 방법을 제시했다. "나의 열정은 신념에 의해 뒷받침되고 있었으므로, 그 어떤 위기도 헤쳐 나갈 자신이 있었다. 그것은 내 작은 회사가 시작하려고 하는, 두렵지만 흥미로운 모험과 여정에 걸맞은 일종의 준비 명령이었다."

초기에 그는 '지오날레Giornale'라는 이탈리안 커피전문점을 창업하였다. 매장에는 이탈리아 오페라를 틀어 놓았고 종업원은 나비넥타이를 매도록 하였다. 그리고 서서 즐길 수 있는 바Bar만 준비되어 있을 뿐 의자는 전혀 없었다.

메뉴, 실내장식도 이태리식이었다. 시간이 흐른 후 시애틀에서는 이런 식의 커피숍이 맞지 않음을 알았다. 결국 이들은 고객의 니즈에 맞게 음악을 바꾸고 의자를 가져다 놓았으며 절대로 선보이지 않겠다던 무지방 커피도 서비스했다.

스타벅스의 질 좋은 원두를 가지고 커피를 판매하던 이곳은 창업 6개월 만에 매일 1,000명에 가까운 사람들이 방문할 정도로 성공한다. 그의 신념대로 3년 뒤 하워드 슐츠는 '스타벅스'를 인수한다.

*스타벅스는 초기 9개 매장에서 1994년 나스닥 상장 시 165개, 2020년 3만개 매장을 가지고 있는 글로벌 기업으로 성장했다.

| 올드한 브랜드가 아닌 트렌드 세터로… |

스타벅스의 변화는 커피문화의 변화였다. 드립방식의 커피가 에스프레소 방식으로 바뀌었고 주로 집에서 마시던 커피가 '제3의 공간'에서 함께 마시는 카페 문화가 되었다. 일단 스타벅스 매장에 들어서면 편안한 분위기가 느껴진다. (코로나19 이후 제한적으로 바뀌었지만…) 이들의 이미지는 특별하다.

커피에서 추출해낸 색상과 기조로 한 인테리어 디자인, 로고, 차별화된 음악, 파트너라 불리는 직원들의 친절함… 마지막으로 스타벅스 커피를 마시는 사람들은 특별하다는 '우월감'을 준다.

스타벅스의 마니아들은 스타벅스 이용을 개성을 표현하는 수단으로 여기며 나아가 자신의 고급스러운 라이프 스타일을 함축적으로 표현한다. 스타벅스 또한 이런 충성도를 팬덤 문화로 진화시켜 고객과 지속적으로 소통하고 있다.

| 발 빠른 순발력과 미래에 대한 적응력 |

'커피의 제3의 물결'로 접어들면서 공간보다는 커피의 본질인 맛과 바리스타를 필두로 진입한 새로운 경쟁자 '블루보틀Blue Bottle'에 대해 스타벅스는 고급 버전인 '리저브' 매장을 오픈했다.

더 이전에는 카드와 어플리케이션의 유행에 맞추어 전자 결제 내에서 스타벅스 메뉴 결제가 되는 시스템을 만들기도 하고(2011년 충전식 선불 카드), 디지털 경제에 고객경험을 반영한 디지털 휠, 환경문제를 의식한 종이 빨대 등의 마케팅으로 응수한다.

최근 코로나19에 격찬을 받았던 드라이브 스루, 사이렌 오더 등도 미래에 민감하게 대응하고 있다는 좋은 예시로 작용한다. 이렇듯 스타벅스는 거대 브랜드임에도 작은 이슈에 민감하게 반응하는 트렌드 세터의 본능을 잘 유지하고 있다는 평가를 받고 있다.

그럼에도 변하지 않는 것은 하나 있다. 바로 진동벨을 사용하지 않고 고객과 직접 대면한다는 것이다. 아무리 간편한 디지털 시대라 해도 고객을 직접 대면하여 부르는 아날로그 감성을 포기하지 않는 스타벅스의 일관성. 이는 추후 어떤 변화가 있다 하더라도 스타벅스의 변하지 않는 가치이자 신념으로 남아있을 것이다.

| 위기를 기회로 전환한다 |

2008년 레스토랑 체인의 최강자인 맥도날드가 커피 전문점 사업에 뛰어들었다. 서브프라임 모기지 사태 이전에 커피사업은 수직에 가까운 성장을 거듭하였고 매력적인 사업으로 인식되었다. 맥도날드는 자체조사를 통해 커피 사업에 진출할 시 10억 달러 이상의 추가 수익을 올릴 수 있다는 결론을 얻었다고 한다.

그 조사 결과는 이러하다.

① 미국인 5명 중 한명은 프리미엄 커피를 마시며 연 4%의 성장률을 보이고 있다.

② 맥도날드가 그간 쌓아온 신속성과 편의성이 커피 사업에서도 통할 것이다.

③ 커피 사업 진출 시 매장당 12만 5천 달러의 추가 매출이 이루어질 것이다.

이런 낙관적인 결론에 힘입어 맥도날드는 2008년 가을부터 1만 4천여 자사 매장 옆에 맥카페Mc CAFE라 불리는 커피 전문점을 열고 커피 전문가를 배치해 본격적으로 경쟁에 뛰어들었다.

당시 서브프라임 모기지 사태로 구매력이 떨어진 소비자들에게 저렴한 던킨도너츠나 맥도날드의 커피는 좋은 대안이 되었다. 맥도날드는 이런 소비자의 심리를 교묘히 파고들어 스타벅스를 공격했다.

엎친 데 덮친 격으로 2007년 컨슈머 리포트의 시음테스트에서 맥도날드 커피가 스타벅스보다 낫다는 평가가 나왔다. 이에 대해 스타벅스는 미 컨슈머리포트지의 평가결과와 커피 맛 평가에 격렬하게 논쟁을 시작했지만 결과는 끊임없는 주가 하락으로

4달러짜리 커피를 마시는 것은 바보 같은 짓이니 자사의 커피를 마시라는 맥도날드의 옥외 광고. 'Bucks'는 달러를 뜻하는 단어이지만 여기서는 스타벅스를 암시한다.

이미지 출처: Seattle PI

이어졌다. 더 이상 스타벅스에게 희망이 없어 보였다.

이때 복귀한 하워드 슐츠의 7대 혁신 전략은 스타벅스가 존재하는 한 황금률로 남을 것이다.

스타벅스의 7대 혁신 운동

① 논의의 여지가 없는 커피 권위자가 되자

② 우리의 파트너들을 고무시키고 참여 시키자

③ 고객들과 감정적 교감에 불을 지피자

④ 세계 시장에서 우리의 존재감을 확대 시키고 각 매장을 해당지역의 중심으로 만들자

⑤ 윤리적 방식의 원두 구매와 환경을 지키는 리더가 되자

⑥ 우리의 커피에 걸맞은 혁신적인 성장 기반을 구축하자

⑦ 지속 가능한 경제 모델을 제시하자

출처: 스타벅스 CEO 하워드 슐츠의 「온워드」

이를 같은 의미로 구체화하여 다시 정리하면 이러하다.

① 어떤 일이 있어도 커피 맛에 대해 양보하지 말라

② 스타벅스의 종업원은 가장 소중한 자산이다

③ 스타벅스 고객에게 실질적인 보상 프로그램을 만들자

④ 미국 내 뿐 아니라 빠르게 해외시장을 공략하자

⑤ 회사의 수익과 더불어 사회, 환경에 대해 최선의 노력을 다하자

⑥ 기존의 프라푸치노처럼 혁신적인 신제품을 통해 성장기반을 만들자

⑦ 신선한 원두의 안전한 공급과 소비자 니즈의 충족, 상생을 확대하자

그는 제품에서 마케팅까지 새로운 룰을 제공했다. 정체성을 잃어버린 임직원을 북돋우기 위해서였다. 그것은 단순히 경쟁사의 공격을 막는 수준이 아니라 중·장기적으로 나아갈 바를 제시하는 빅픽처였다. 이후 주가는 반등했고 매출은 지속적으로 성장했다.

이는 위기감을 인식하고, 명확한 방향을 설정하여 생존할 수 있는 체력을 보강한 것으로 보인다. 아울러 스타벅스는 본사의 일들을 재검토하고 변신에 시동을 걸었으며 새로운 핵심역량을

위한 적극적인 투자를 하였다. 특히 위기를 기회로 삼기 위해 미래에 대비한 여러 가치 요소(신상품, 환경, 사회적 책임)를 언급하였다는 데 놀라움이 크다.

기업 위기 시 CEO의 역할

위기 시 나타나는 현상	CEO의 역할
1. 방향과 구심점을 상실하고 의미 없는 일에 체력소모를 한다. 2. 모두들 위기를 이야기하면서 리스크 부담이 있는 행동은 기피한다. 3. 개인은 패배주의에 빠지고 조직 분위기도 침체된다. 4. 개인, 조직 단위로 살 길을 찾고 서로 불신한다.	1. 희망과 목표를 제시하고 구심점 역할을 수행한다. 2. 결단력을 발휘하고 행동을 구체화한다. 3. 자신감을 고취시키고 앞장서서 새로운 활로를 모색한다. 4. 고통 분담에 솔선하면서 조직 내 신뢰를 구축한다.

★ TEACHING NOTE ★

"시장선도자 전략의 강점"

시장 진입 시점은 전략적 선택의 문제이다. 스타벅스의 기업 경영 사史를 보면 그들의 힘은 한마디로 시장을 선도하는 '빠름'에 있는 것 같다. 위기에서 탈출한 디지털 트랜스포메이션도 그렇고 음원을 비롯한 문화적 접근과 팬덤 문화를 통한 굿즈 마케팅도 시장 선도자의 모습을 보인다. 과연 기업이 시장 선도자가 되면 어떤 혜택을 받을 수 있을까? 첫째, 생태계를 구축할 수 있다. 한 예로 애플은 아이튠즈를 통해 음원을 제공하는 사람들과 고객들로 이루어지는 생태계를 만들었으며 테슬라는 기술 공개로 전기 자동차 메이커들과 부품 제공업체 간의 생태계를 구축하였다. 둘째, 오피니언을 움직이는 인플루언서 중심으로 네트워크 효과를 확장할 수 있다. 셋째, 고객 선점 효과를 통해 후발주자에 대한 전환 비용으로 새로운 진입 장벽을 만들 수 있다. 마지막으로 인적 자원과 입지(스세권-'역세권'의 변형어로 스타벅스가 가까운 지역을 이르는 말), 유통 경로를 선점할 수 있다.

★

3

마케팅 근시안, 스타벅스는 생존의 역사를 쓰는 중

마케팅 근시안이라는 단어는 1960년대 하워드 비즈니스 리뷰 7/8월호에 발표된 테드 레빗Ted Levit의 소논문 제목에서 처음 등장했다. 이 단어의 의미는 기업은 제품개발이 아닌 고객에게 초점을 맞춰 고객 가치 만족을 극대화하는 마케팅을 우선시해야 한다는 것이다. 테드 레빗은 마케팅의 근시안에 대해 이렇게 규정한다. '업의 정의가 한정된 시각에서 출발된 것'.

1920년 철도업의 몰락이 그것이었다. 철도업은 왜 몰락했을까? 단순히 필요성이 줄어서? 아니면 다른 대체 운수 수단인 트럭, 자동차, 비행기 등으로 인하여? 아니다. 철도산업은 스스로 고객 지향점을 운수사업이 아닌 철도산업으로 정의했기에 쇠퇴의 길로 접어든 것이었다. 즉, 고객지향점이 아닌 생산자 위주의 제품 지향으로 잘못 포지셔닝하였기 때문이다. 따라서 다른 운송업 사람들이 그들로부터 고객을 빼앗아 가도록 내버려 두었다는 것이다.

일찌감치 신세계 그룹은 대형 마트의 경쟁사를 야구장이나 테마파크로 보았다. 따라서 스타필드를 라이프 스타일 복합 센터로 업의 개념을 확장 시켰다. 2021년 코로나19 이후는 어떤가? 여전히 일부 경영자와 마케터는 근시안으로 인한 착시현상에 빠져있다.

마케팅 원론으로 들어가 보자. 마케팅의 아버지 필립 코틀러의 말을 빌리면 마케팅이란, 기업이 고객을 위해 가치를 창출하고 강한 고객관계를 구축함으로써 고객들로부터 상응한 가치를 얻는 과정이라고 정의하였다.

그런데 왜 기업은 마케팅에 근시안적일까? 스타벅스가 초기 '우리는 커피가 아니라 사람을 대상으로 비즈니스 한다'라고 말한 것을 보자. 이는 스타벅스가 마케팅 근시안에서 벗어나려는 시도를 한 것이라 할 수 있다. 제품을 개선하기보다는 고객을 지향하는 방식으로 비즈니스 모델을 전환했어야 함에도 마케팅 근시에 빠져 실패한 기업사례는 심심찮게 찾아 볼 수 있다.

예를 들면 월마트와 까르푸의 사례가 그러하다. 한국인의 정서와 문화를 고려하지 않고 단순한 가격할인과 글로벌 브랜드라는 인지도만 믿고 진출했다가 낭패를 봤다. 단순한 포털 기능으로 진출했다가 한국인의 문화에 맞는 지식인, 카페 등의 플랫폼을 가진 네이버에게 자리를 물려준 야후코리아 역시 대표적인 마케팅 근시안의 예이다.

또 다른 예로 우리에게 세계 최대 규모의 커뮤니티 포털 사이트로 불리던 프리챌을 살펴보자. 2002년 프리챌의 하루 방문자 수는 싸이월드의 6배인 180만 명이었다. 이들은 누구 못지않은 네티즌의 사랑을 받았고 커뮤니티 서비스 또한 최강이었다. 그러나 2002년 10월, 회사의 운명을 바꿔 놓을 '위험한 도전'에 나선다. 110만개에 이르던 커뮤니티 주인들에게 '사용료를 내든지 아니면 방을 빼고 나가라'고 윽박지르며 홈페이지에 쌓인 '추억(글과 사진)'을 담보로 매달 3천원의 월세를 받겠다고 천명하였던 것이다.

프리챌의 유료화 선언은 포털업계 전체를 흥분시키기에 충분했다. 왜냐하면 서비스 유료화는 포털업체들이 언젠가 이뤄야 할 공통 관심사였기 때문이다. 총대를 진 프리챌이 성공하면 성공한대로, 실패하면 실패한대로 벤치마킹 할 좋은 예시가 될 것이었다.

커뮤니티 등 핵심서비스를 유료화하여 적극적인 수익창출을 통해 다시 서비스의 질을 높이는 선순환구조 형성이 프리챌의 목표였다. 이는 이윤 창출 시각에서 보면 당연한 일이었다. 커뮤니티 유저는 약 천만 명에 이르렀다.

그중에서 커뮤니티의 마스터 즉, 운영자를 타깃으로 삼은 프리챌은 이들이 자신들의 커뮤니티 서비스에 만족하고 있으며 이를 위해 월 3천원의 비용을 부담할 수 있을 뿐 아니라 더 강력한 커뮤니티 운영권을 원하는 것으로 예측했다. (당시 커뮤니티 마스터는 110만 명으로 추산된다.) 또한 인터넷 커뮤니티의 주사용 층인 10대 후반에서 20대 초반의 청소년들이 가장 큰 비중을 차지하며 그중 커뮤니티 운영기간이 오래되어 유료 전환 시 유료회원으로 가입할 가능성이 크다고 판단했다.

그러나 시간이 흐른 후의 결과는 어떻게 되었을까? 기업의 이미지는 실추되었고 네티즌들의 집단적 저항과 엑소더스가 발생했다. 문제는 커뮤니티가 프리첼만이 제공할 수 있는 독자적인 콘텐츠가 아니라는 것이었다. 결국 다른 곳에서도 이용할 수 있는 콘텐츠를 유료화 했다는 것. 이런 마케팅 근시안으로 인해 국내 1세대 인터넷 커뮤니티 사이트로 출발한 프리첼은 1999년 첫 출발을 한 지 15년 만에 서비스를 종료했다.

그렇다면 마케팅 근시안은 왜 일어나는 것인가?

첫째, 인구가 늘고 소득수준이 높아지면 시장이 저절로 확대된다는 기대감 때문이다. 사실 기업의 입장에서 이러한 시선은 위험하다. 고객니즈에 대해 본원적으로 고민하기 보다는 이전에 실행했던 것을 조금 향상시키는 것으로 경쟁사와 경쟁하려 한다. 최근의 마케팅 시장은 획일적이지 않고 개인의 라이프 스타일을 존중해야 하므로 복잡한 양상을 띤다. 그러므로 늘 유의해야 한다.

둘째, 대체할만한 제품이 없다는 자만감이다. 모든 제품에는 수명 주기가 있으며 어떤 기업이 자체의 연구개발로 대체품을 만들어 스스로 주기를 단축시키지 않으면 다른 기업의 수명 기간이 줄어들게 된다. 결국 영원한 제품은 없다.

셋째, 대량생산으로 이익이 극대화 된다는 착각이다. 제품이 잘 팔리고 생산이 늘어나면 오히려 생산 원가가 급감하나 이익만 볼 때 그 사이즈에 현혹되어 마케팅보다는 생산 활동에 모든 노력을 집중한다. 마케팅의 기본 사고인 풀pull 전략이 아니라 일단 대량생산을 하고 이를 밀어 내는 푸쉬push 전략에 몰두 한다.

마지막으로 더 나은 제품을 만들면 저절로 팔린다는 착각이다. 기업 활동은 근본적으로 어떤 제품이나 서비스를 생산하는 것이 아니라 고객의 니즈를 만족시키는 과정이다. 물론 연구개발을 통해 더 나은 제품을 개발하는 것은 판매에 필수적이지만 고객에게 불필요하거나 무관한 제품의 개발은 재고해야 한다.

스타벅스가 고려해야 할 마케팅 근시안

| 제3의 공간은 언제까지 스타벅스의 전유물인가? |

세계 최대 커피 프랜차이즈 스타벅스는 코로나19 팬데믹 이후를 대비하여 미국 내 대형 매장을 닫고 픽업 매장을 늘린다고 공표하였다. 이 픽업 매장은 우리가 아는 테이크아웃형 매장이 아니다. 일단 대면對面 주문이 불가능하고 스마트폰 스타벅스 모바일 앱을 통해서만 주문과 결제를 할 수 있다. 또한 픽업 매장 전환이 어려운 기존 교외 매장에는 실내로 들어오지 않더라도 도보로 간편하게 픽업할 수 있는 키오스크, 차를 타고 모바일 픽업주문을 받을 수 있는 코너, 그리고 추가 드라이브스루 레인을 설치하는 방안을 검토 중이라고 한다. 이밖에 우버 이츠Uber Eats와 파트너 십을 맺고 배달 서비스를 시작했다. 그렇다면 스타벅스는 이런 변화를 어떻게 설명할까? 그들이 늘 주장해왔던 고객경험consumer experience과는 동떨어진 이야기가 아닐까?

일부는 시국에 맞춘 어쩔 수 없는 불가피한 선택이라 말하지만 일부는 고객과의 커뮤니케이션을 고려했던 스타벅스의 원칙과 정체성을 훼손시키는 것이 아닐까 우려를 표명한다. 뉴욕 타임즈는NYT "스타벅스는 단순히 커피를 파는 것이 아닌 공간을 파는 곳으로 자사를 브랜드화 해 성공했고 이후에도 다른 테이크아웃 커피 전문점에서 살 수 없는 가치들을 소비자에게 제공하면서 성장해 왔다"고 이야기하였다.

코로나19 이후 가져올 수많은 변화의 핵심은 공간이다. 오피스가 '제3의 공간'으로 바뀌고 있다. 이제 더 이상 스타벅스의 전유물이 되어 있지 않다. 문제는 코로나19 이후 스타벅스가 그들의 정체성을 어떤 방식으로 회복할 것인가에 대한 문제이다.

미국 도시사회학자 레이 올든 버그는 1989년 발간한 「제3의 장소The Great Good Place」에서 집을 제1의 공간, 직장 또는 학교를 제2의 공간으로 규정했다. 인류의 삶을 떠받치고 있는 중요한 장소를 제3의 장소라고 했다. 집도 직장도 아닌 중간 지대, 비공식적 공공 생활이 이루어지고 누군가와 교류하려는 욕구를 채워주는 공간이다. 유럽의 커피하우스, 골목길의 펍, 미용실 등이 제3의 장소다.

'커피가 아니라 공간을 판다'는 스타벅스의 철학의 뿌리도 제

3의 장소다.

제3의 장소가 1980년대 도시 사회학의 연구 대상이 될 수 있었던 것은 집(제1의 장소)과 직장(제2의 장소)의 구분이 명확했기 때문이다. 가족과 직장, 틈새 공간이라는 세 개의 영역이 균형을 이룰 때 인간은 편안함을 느낀다. 그러나 지금은 집과 직장의 구분이 희미해졌다. 제1의 공간과 제2의 공간이 하나로 합쳐진다면, 올든 버그가 말한 제3의 공간의 의미도 달라져야 하지 않을까.

출처: 한국경제, '제3의 공간'이 된 오피스, 스타벅스와 경쟁하라 2020. 07. 03.

2021년 트렌드 중 '레이어드 홈Layered Home'이라는 트렌드를 보면 공간의 개념이 바뀌고 있음을 알 수 있다.

*2021 트렌드 키워드에 '집에서 할 수 없는 건 없다'는 레이어드 홈이 등장했다. 이는 집에 머무는 시간이 늘어나면서 집에 대한 관심이 폭발적으로 늘어나 마치 여러 벌의 옷을 겹쳐 입어 멋을 부리는 레이어드 룩 패션처럼, 집이라는 공간이 주거의 기본 기능에 새로운 기능을 덧대어 무궁무진한 변화의 양상을 보여준다는 의미이다.

여기에는 기존에 수행해 왔던 휴식처의 기능을 심화하는 층, 기본 레이어Basic Layer와 (집콕 효과로 생활가전과 TV 판매량 기대 이상) 원래는 밖에서 하던 일을 집에서 해결하고자 집에 새로운 기능을 추가하는 층, 응용 레이어Addition Layer가 있는데 여기에는 홈카페와 홈시어터, 홈캉스가 있다.

마지막으로 확장 레이어Expanding Layer는 집을 넘어 가까운 우리 동네까지 나만의 홈그라운드 영역으로 확장되는 것을 말한다. (슬세권: 슬리퍼로 생활 가능한 세력권의 줄인 말)

이밖에 최근 비대면 트렌드를 반영한 무인 카페도 간과할 수 없는 변화의 한 조각이다.

| 커피 체인저가 등장했다 |

국내 커피 시장이 성장하고 세분화됨에 따라 고급 스페셜티 커피를 제공하는 브랜드 매장이 확장되고 있다. 한마디로 커피 맛에 거대한 변화가 찾아 온 것이다. 그동안 한국인이 좋아하는 커피 맛은 생두를 오래 볶아(강배전) 쓴 맛을 강조한 것이 업계의 표준이었다.

생두를 조금만 볶은(중배전) 커피는 상대적으로 신맛(산미)이 강해 일본에서는 인기가 높았지만 한국에서는 외면 받았다. 과거 강하게 볶은 커피를 높은 압력으로 빠르게 추출하는 에스프레소 커피는 획일화된 맛을 주었는데(강배전, 중강배전) 이제 커피생두와 산지특성을 고려한 중배전의 고급커피는 원두고유의 맛을 찾는 고객에겐 최고의 상품이 되었다. (한 농장에서 생산된 고품질 원두만을 모아 한 잔의 커피를 만드는 '싱글 오리진'이 스페셜티 커피의 주가 된다.)

한마디로 생두의 맛과 향을 드러내기 위해 강한 불에 볶기보다 약하게 볶고, 고온 고압으로 빠르게 추출하기보다 천천히 손으로 한 잔 한 잔 내리는 것이 커피 문화의 주류가 되어 가고 있다.

아래의 고급 커피에 대한 인식조사는 스페셜티 커피가 국내 도입 초입에 실시한 결과이다. 60% 이상이 '커피 브랜드마다 커피 맛이 다르다'라고 응답한 것은 대중화된 입맛에서 세분화되어 가는 과정을 입증한 것이다.

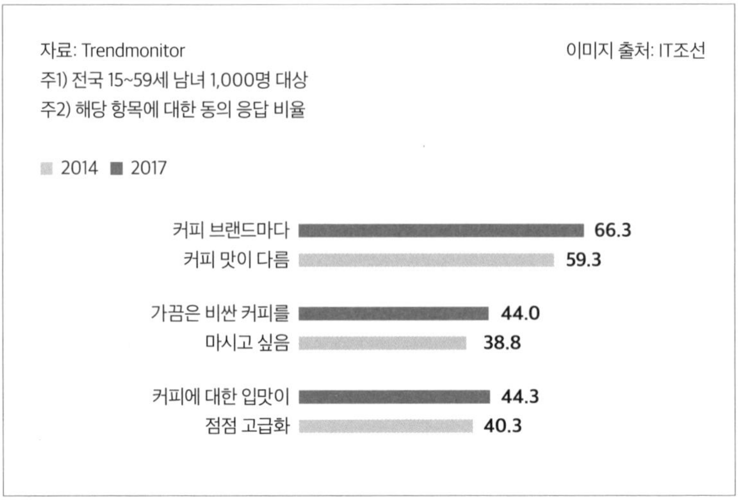

고급 커피에 대한 인식 조사

특히 '비싼 커피를 마신다' 혹은 '커피에 대한 입맛이 고급화된다'에 긍정적으로 응답한 것은 소위 말하는 커피의 제3의 물결이 몰아칠 전조 증상으로 예측된다.

출처: 현대경제 연구원 '커피 산업의 5가지 트렌드 변화와 전망'

| 게임 체인저, 블루보틀 |

커피의 제3의 물결을 거론하자면 커피계의 애플이라고 불리는 블루보틀을 스타벅스의 대항마로 꼽는다. 스타벅스 하워드 슐츠의 입지전적인 성공스토리에 비해 블루보틀 창업자 제임스 프리먼은 평범한 클라리넷 연주자였다. 공연을 갈 때마다 그는 직접 볶은 원두와 핸드밀, 프렌치프레스 등을 챙겨가는 지독한 커피 애호가였다. 심지어 그는 물 붓는 시간을 초 단위로 연구하기도 하였다. (블루보틀 CEO 브라이언 미한은 "커피의 품질에 대해 절대 타협하지 않는다. 스타벅스에 가는 고객이 편리함을 중요시한다면 블루보틀에 오는 고객은 커피 맛에 중점을 둔다"는 말로 그 차이를 강조한다.)

연주에 질린 탓도 있지만 취미 삼아 손수레에 커피를 팔았는데 입소문이 나면서 창고에 매장을 내었다. 오로지 장소와 상관없이 커피 맛에 승부를 걸겠다는 결기 그대로였다. 48시간 이내에 최상의 원두만 제공하겠다는 모토와 함께.

블루보틀은 전문 바리스타가 스페셜티 원두를 핸드드립으로 내려 주는 운영방식을 취한다. 주문을 받으면 바리스타는 그때서야 커피원두를 저울에 달고 그라인더로 갈기 시작한다. 핸드 드립이기에 머신보다 음료제조시간이 오래 걸리는데 바리스타는 이 시간 동안 고객과 자연스럽게 소통한다. 친근하고 섬세한 태도는 물론이다. 블루보틀의 메뉴를 보면 스타벅스와 다르게 우유, 설탕, 시럽 등이 주가 되는 메뉴는 찾아볼 수 없다. 에스프레소, 라테, 카푸치노 등 5~6가지 종류의 커피만을 고수하며 사이즈에 따라 원두의 양과 물의 양이 달라지지 않도록 늘 12온스의 규격화된 음료 사이즈를 유지한다. 더욱 중요한 것은 에스프레소를 일회용 컵에 담지 않는 것이다. 그리고 산지가 명확한 원두만 사용한 싱글오리진 드립 커피를 고집한다. 창업자의 철학처럼 원두의 양, 물의 온도, 심지어 물 붓는 방향과 높이까지 꼼꼼히 따진다.

아이스 메뉴는 오직 콜드브루 방식으로 내린 원두커피뿐이다. 블루보틀은 우유를 섞은 라테나 물 섞은 아메리카노는 취급하지 않는다. 창업자 제임스 프리먼은 자신의 커피철학을 이렇게 말한다.

"클래식 연주자라 하면 턱시도를 입고 무대에서 연주하고 있는 모습 밖에 떠오르지 않을 것이다. 하지만 그것은 아주 작은 일부에 불과하다. 그는 수백 번 수천 번 반복한다. 반복해야 완벽해질 수 있기 때문이다. 커피도 마찬가지다. 매일 더 좋은 커피를 만들어야 한다는 강박감이 나의 원동력이다."

정리해보면 블루보틀은 스타벅스에 비교하여 아래와 같은 경쟁력을 가진 커피시장의 게임체인저이다.

① 속도나 편의성 보다 '맛'에 주안점을 둔다.
② 와이파이나 콘센트가 없다. 본질 외에는 허용하지 않는다.
③ 고객의 선택을 명료하게 하고 만족도를 높이기 위해 제품군이 단순하다.
④ 엄격한 테스트를 통해 바리스타를 선발하고 의료 보험 등 각종 혜택을 지원한다. (산재보상)
⑤ 스타벅스가 공간을 빌려주고 커피를 파는 장소라면 블루보틀은 자본주의에 인간성을 부여한다.

과연 블루보틀은 명성과 함께 스타벅스의 대항마가 되었을까? 스페셜티 커피시장은 대형 프랜차이즈 브랜드의 독무대가 되었는가?

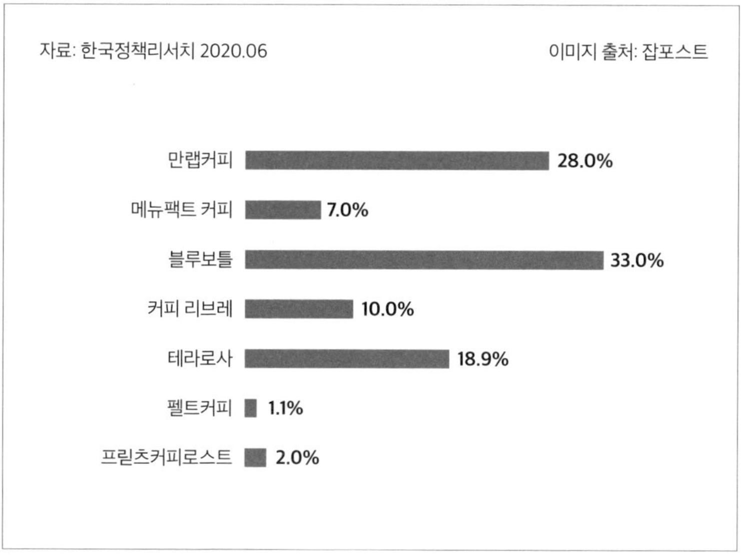

자주 이용하는 스페셜티 커피 전문점

이 질문에 반전의 결과를 유도할 흥미로운 통계가 있다. 통계의 결과치를 보면 소비자가 브랜드에 의존하지 않고 취향이 다변화되고 고급화되며 커피 관련제품에 대한 관여도가 높아지고 있다는 점을 알 수 있다.

말하자면 이 시점이 스타벅스가 마케팅 근시안에서 벗어나야 할 때라는 것이다. 물론 스타벅스가 중배전 시장 공략을 위해 '블론드 에스프레소'를 출시한 것은 이전에 스타벅스가 고객 충성도를 이끌어 낸 것처럼 파워풀하다.

그러나 스페셜티 시장은 춘추전국시대에 접어들었다는 것도 지나쳐서는 안 될 것이다. 누가 우리의 경쟁자인가? 우리의 브랜드는 어떻게 포지셔닝되어 있는가?

| 스타벅스가 하면 다 된다? |

국내 스타벅스 '더양평 DTR점' 2층을 가면 리저브바와 티바나 바를 볼 수 있는데 이는 스타벅스의 하이브리드 전략이라 볼 수 있는 여지가 있다.

*하이브리드 전략이란 제품과 서비스, 마케팅, 브랜딩 그리고 경영을 통틀어 자신의 가치를 대체불가, 모방불가, 측정불가의 경지에 올려놓는 전략을 말한다.

티바나Tevana는 스타벅스가 커피 일변도인 메뉴에서 다양한 선택의 폭을 주고자 출시한 차Tea 전문 브랜드로 스타벅스가 시어스몰에 입점하면서 만들어진 차 전문 카페였다. 그러나 확장성의 의도는 좋았지만 이미 몰mall은 집객력이 떨어지는 유통 채널이었고 몰의 고객들은 휴식이나 리프레시보다 맛이나 양 같은 1차원적 욕구에 길들여져 있었다. 스타벅스는 장소에 따라 소비자의 구매형태가 바뀐다는 것을 간과하였다.

불행하게도 티바나는 시어스몰에서 철수할 운명에 처했다. 스타벅스에는 야심차게 시도했다가 이름 없이 사라지는 메뉴나 또는 사업영역이 비일비재하였다. 그중에 대표적인 것이 '이브닝 서비스'였다. 이 서비스는 오후 4시부터 스타벅스 매장에서 맥주나 와인 그리고 간단한 식사와 디저트를 판매하는 시범사업이었다. 비교적 한산한 저녁시간에 매출을 늘리기 위해 미국 내 3, 4매장에서 한시적으로 시행되었다.

기획의 중심은 '제3의 공간'이었다. 그 공간에서 격식을 차리지 않고 편안하게 와인 한잔을 하면서 동료들과 이야기를 나눌 수 있다는 제안이 사업의 성공을 말해주는 것 같았다. (400개 매장에서 테스트를 거쳤다.)

나름 획기적이었던 이 사업은 불행하게도 6개월 만에 전면 중단되었다. 먼저 이 서비스를 기획한 담당자는 술과 커피가 보완재가 아니라는 사실을 간과했으며 커피를 마실 때와 술을 마실 때 소비자의 차이를 파악하지 못했다.

또 하나, 이를 진행하는 것이 서비스의 핵심인 바리스타와 고객에겐 매우 낯선 환경이라는 점을 알아야 했다. 이를테면 바리스타는 이브닝 서비스를 위해 서비스 테이블을 다시 세팅해야 했고, 고객들은 주류와 음식을 받기 위해 카운터로 가야 했다.

이후 단명한 이브닝 서비스와는 달리 티바나는 프리미엄 버전인 티바나 인퓨전Infusion을 선보이면서 하이앤드 행보를 보이고 있지만 이런 사례를 통해 확장성의 차원을 넘어 고객이 인지하고 있는 매력과 속성을 그들의 관점에서 지켜나가야 한다는 사실을 잊지 않고 숙지해야 할 것이다.

이제 커피시장과 고객의 라이프 스타일도 과거와 달리 엄청나게 변하고 있다. 코로나19와 디지털 경제의 혁신, MZ세대와 개인주의 경향… 마케팅 근시안에서 벗어나기 위해 세계경제포럼의 클라우스 슈밥 회장의 '큰 물고기가 될 것인가? 아니면 빠른 물고기가 될 것인가?'라는 질문에 스타벅스는 답해야 할 것이다.

*세계경제포럼WEF 클라우스 슈밥 회장은 "큰 물고기가 작은 물고기를 잡아먹는 시대에서 빠른 물고기가 느린 물고기를 잡아먹는 시대로 바뀌고 있다."고 했다. 여기서 빠르다는 것은 실행하는 속도가 아니라 방향을 바꾸는 속도를 의미한다.

★ TEACHING NOTE ★

"제품을 벗어나면 소비자가 원하는 가치가 보인다."

소니가 나이키를 경쟁사로 선정한 전설 같은 일화가 있다.

'소비자들이 집안에 머무르는 시간이 오래되면 당연히 우리 전자 제품으로 음악, 영화, 게임 등의 콘텐츠를 즐길 것이다. 그러나 앞으로 야외 활동이 많아진다면 그런 기회가 줄어들 것이다. 그리고 사람들이 밖에 나가면 어차피 이런 콘텐츠를 볼 수 없으니 나이키 제품을 사서 야외 활동을 많이 할 것이다.'

오직 고객에게 제공될 제품에만 주의를 기울여, 고객이 얻게 될 편익과 경험의 중요성을 소홀히 여기는 실수를 종종 마케터에게 볼 수 있다. 이를테면 커피 회사의 경우 제품에만 몰두하여 커피의 환경, 컵 디자인, 매장의 감성을 자극하는 마케팅, IT 등 고객이 원하는 필요를 간과하게 된다. 마케팅 근시안을 벗어나기 위해서는 본원적이고 구체적인 욕구와 수요, 마케팅 제공물, 가치 또는 만족, 교환 및 관계 더 나아가 시장까지 살펴야 한다.

★

4

스타벅스의 가치사슬(VC: Value Chain)을 말하다

기업은 늘 마켓과 경쟁사를 의식하여 자신들이 가지고 있는 내부역량을 분석하여 핵심역량을 개발하고 제한적인 자원을 효율적으로 사용하기 위하여 노력한다. 아울러 경쟁사와 비교분석을 통해 자신들의 강점과 약점을 파악하려 한다. '현대 전략분야의 아버지'라 불리는 마이클 포터 하버드대 교수는 1985년 이런 필요에 부응하는 일반 가치 모델을 만들어 기업이 수행하는 모든 활동(5가지 주 활동과 4가지 지원 활동)을 점검하고 이런 제반 활동들이 어떻게 상호적으로 작용하는지 체계적으로 정리할 수 있게 하였다.

일단 가치사슬 분석은 기업의 내부 활동을 분석하는데 사용되고 그 목표는 어떤 활동이 가장 가치 있는지 알아본다. 이것은 곧 원가 우위와 차별화의 원천이 되는데, 다시 말해 내부 활동

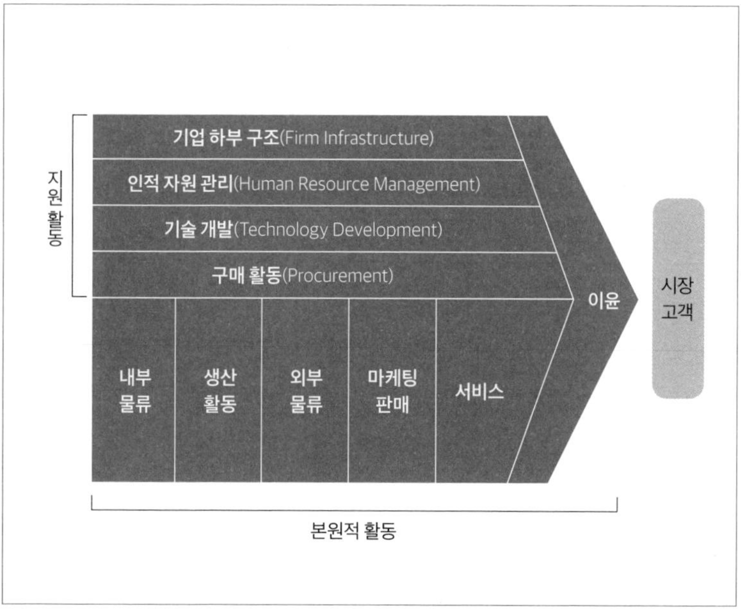

마이클 포터의 가치사슬

을 조사함으로써 기업의 경쟁우위나 단점을 탐색하고 분석하는 전략 도구라 말할 수 있다. 따라서 가치사슬은 최종 제품에 직접 가치를 추가하고 간접적으로 가치를 추가하는 활동을 지원하는 본원적 활동으로 구성된다. 이 구성 요소들은 독립 활동의 단순한 집합이 아닌 연계성을 가지고 있으며 회사가 추구하는 활동들이 어떻게 서로 반응하는지 체계적으로 살펴본다.

가치사슬은 크게 본원적 활동과 지원적 활동으로 나뉜다.

① 본원적 활동: 구매, 물류, 생산, 마케팅, 영업, 서비스

내부 물류: 원재료 및 부품의 품질 / 생산 활동: 무결점 제

품, 다양성 / 외부 물류: 신속한 배송, 효율적인 주문처리 / 마케팅 판매: 브랜드 평판 구축 / 서비스: 고객 지원 기술, 고객 신뢰

② 지원활동: 기업구조, 인적자원, 기술정도, 조달 및 구매
기업 하부 구조: 경영관리, 총무, 기획, 재무, 품질 관리 등 / 인적 자원 관리: 채용, 교육 훈련, 경력 개발, 배치, 보상, 승진 등과 관련된 행동 / 구매 활동: 가치사슬에서 사용되는 투입물을 구매하는 기능과 관련된 활동

'핵심 역량 개발과 제한된 자원을 효율적으로 사용하기 위한 내부 역량 분석'(가치사슬 분석),
출처: 비즈웹 코리아, 책길 2017. 06. 04.

레시피 개발	구매	생산	마케팅	판매	서비스
-R&D 센터 등 일부 전문개발 인력 의존	-본사 배송 -일괄구매 (제품 다량구매) -구매권한은 본사 중심	-반제품을 매뉴얼에 의한 기계 생산 -다량생산 -품질수준 낮음	-Mass 마케팅 중심, 본사 획일적 마케팅 의존, 대중적 홍보판촉 -점포는 고객 관리	-매장판매 -Take-out 판매	-임금 낮은 인력 (A/B의존) -전문성 낮음 -고객응대 미흡 (획일적) -셀프 서비스

맥도날드의 가치사슬(Value chain) 분석

일례로 맥도날드를 보면 좀 더 쉽게 가치사슬을 이해할 것이다. 그 기반에서 스타벅스의 가치사슬을 들여다보자.

맥도날드는 아래 도표처럼 레시피 개발-구매-생산-마케팅-판매-서비스 과정을 거친다. 신메뉴는 R&D센터에서 전문 인력을 통해 개발하고, 구매는 본사차원에서 일괄적으로 진행한다. 생산은 반제품 매뉴얼에 매장별 즉시 제조방식을 택하고 있다. 마케팅은 TV 등의 매스 미디어를 통해 본사에서 대중 홍보를 진행하고, 개별 매장은 판매와 고객 응대만 담당한다. 맥도날드 가치사슬 특징은 전국 어디를 가든지 동일한 맛과 서비스를 경험할 수 있도록 본사 중심으로 맛과 서비스를 통일했다는 점이다.

앞의 사례로 보면 결국 모든 비용은 대부분 각 활동 사이의 협업 비용이다. 이는 본원적 활동과 지원 활동에도 동일하게 적용되는데 이는 기업의 다원화전략과 연결되어 있다. 그럼 맥도날드의 본원적 활동과 지원 활동을 자세히 살펴보자.

| 맥도날드의 본원적 활동 |

가치사슬Value chain의 본원적 활동인 물류투입 활동은 신선한 유기농 제품, HACCP(식품위해요소 중점관리기준) 표준 기준 적용, 30가지의 엄격한 테스트를 거친 호주·뉴질랜드산 100% 순고기, 3번의 꼼꼼한 세척과 살균 공정을 거친 후 진공 포장으로 배달되는 야채, 국내외 유제품 제조업체의 치즈, 축산품질평가원의 최고급 평가를 받은 계란, 미국제빵협회로부터 최고의 점수를 받은 빵 사용, 엄격한 기준을 통과한 4가지 품종의 감자로 요약된다.

맥도날드의 생산방식은 고객이 매장에서 주문함과 동시에 만들기 시작해서 고객에게 더욱 신선하고 따뜻한 음식을 제공할 수 있도록 하는 주방 시스템인 '메이드 포 유Made For You'를 통해 더욱 빠르게 햄버거를 생산하고 있다. 또한, 슈퍼사이즈 메뉴를 정리하고 샐러드와 과일 등 건강한 메뉴 옵션을 추가하였다.

물류는 최우수 식자재 업체들과 유통망을 구축하여 높은 품질 수준을 유지하고 있다. 채소와 과일의 경우에는 신선하게 공급할 수 있도록 농장들과 계약재배 방식 등의 협약을 맺고 있다.

마케팅과 판매는 TV광고와 같은 매스미디어를 중심으로 본사에서 진행하고 있다. 매장은 인테리어 변화와 24시간 영업 매장 전환, 홈서비스 제공을 통해 이용 시간과 공간의 차이를 좁혀 나가고 있다.

서비스 활동은 빠르고 친절하다. 레스토랑의 크루(직원)들은 고객의 입장에서 생각하도록 교육을 받고, 그에 맞는 책임감과 권한을 부여하고 있다. 맥도날드의 서비스는 음식을 제공하는데 그치는 것이 아니라 고객의 행복과 즐거움이 되도록 노력한다.

| 맥도날드의 지원활동 |

본원적 활동이 원활히 이루어질 수 있도록 하는 보조 활동은 조달, 기술개발, 인적자원관리, 기업구조 등이 있다. 맥도날드 조달 활동의 특징은 좋은 식자재를 신선하게 공급한다는 것이다.

엄격한 테스트를 거친 고기, 꼼꼼한 세척과 살균 공정을 거친 야채를 중심으로 현지에서 조달해야 하는 빵, 베이컨, 계란, 크리스피 치킨 패티 등은 공급기업과 협약을 체결하여 조달하고 있다. 신메뉴 개발 등 끊임없는 기술개발도 하고 있다. 맥도날드는 고객에게 어떠한 서비스가 좋을지를 연구하고 실험한다.

이를 바탕으로 여러 가지 메뉴와 세트를 만들어낸다. 재료를 다양화하기도 하고, 각 국가에 맞도록 조리 방법을 변경하기도 한다. 맥도날드는 인적 자원 관리도 체계적으로 하고 있는데 대표적인 것이 햄버거 대학이다. 햄버거 대학에서는 매장 운영, 인사 관리, 경영 기술, 고객 서비스 등 다양한 분야의 교육이 이루어진다. 맥도날드는 전 세계에서 많은 업체와 협력하고 있고, 수만 명의 고용 창출에 기여하고 있다. 국내에서는 오뚜기, 매일유업과 같은 기업의 비즈니스를 지원하기도 했다.

물류관리와 서비스 관리의 경우 크루와 스윙 트레이너를 나누어 관리하고, 매장관리는 점장과 어시스턴트 매니저 체계를 갖고 있다.

출처: 핵심역량 개발과 제한된 자원을 효율적으로 사용하기 위한 내부 역량 분석(가치사슬 분석),
작성자 비즈웹 코리아, 책길

*가치사슬 분석은 기업의 단위 활동들을 강점과 약점으로 분석하고 경쟁 기업과 현재 혹은 미래의 차별화 원천을 파악하는데 도움을 준다. 가치사슬 분석은 조직 및 구성원 사이의 상호 관계를 파악하는데 유용하다. 물론 가치사슬 변화의 속도가 빠른 산업이나 제조 기업이 아닌 유통 및 서비스 기업의 경우에는 거기에 맞는 대응과 변경이 필요하다.

본론으로 돌아와서 스타벅스의 가치사슬은 어떤 구조로 되어 있는지 살펴보기로 하자.

| 기업구조 |

스타벅스의 사업구조는 크게 직영점과 라이선스 매장으로 구성되어 있다. 전자는 스타벅스 본사에서 직접 관리하고 후자는 스타벅스 본사가 직접 관리하지 않고 JV(joint venture: 복수의 기업이 공동으로 사업하기 위하여 세우는 기업) 형태로 관리하거나 상표 및 제품만 제공한다. (한국의 모든 스타벅스 매장은 라이센스 매장으로 본사와 50% 지분을 확보하고 있다.) 직영점이 전체 매출의 83%를 점유하고 있다.

중국의 1,477개 라이선스 매장을 2018년 모두 직영점으로 변경하였다는 사실은 핵심 전략 지역에 집중 투자하겠다는 복안으로 여겨진다.

아래는 최근 업데이트한 스타벅스 구조이다.

	Quarter Ended	
	Sep 27, 2020	Sep 29, 2019
Net revenues:		
Company-operated stores	$ 5,173.6	$ 5,480.1
Licensed stores	544.6	734.7
Other	484.9	532.2
Total net revenues	**6,203.1**	**6,747.0**

북미 외 지역 매장 형태 변경 추이: 핵심 전략 지역인 중국은 전체 매장을 직영점으로 변경하고 공격적인 점포 순증

연평균 매장수 증가(FY16~19)		매장 형태 변경
중국	20%	2018년 1,477개 라이선스 → 직영
독일	0%	2016년 144개 직영 → 라이선스
싱가폴	5%	2017년 133개 직영 → 라이선스
브라질	5%	2018년 112개 직영 → 라이선스
태국	13%	2019년 377개 직영 → 라이선스
네덜란드	13%	2019년 87개 직영 → 라이선스
프랑스	14%	

자료: Starbucks 출처: 삼성증권

스타벅스에는 남다른 가치가 있다.

첫째, 일단 스타벅스는 광고를 하지 않는다. 하워드 슐츠는 '스타벅스를 경험하기에 15초짜리 광고는 너무 짧다'고 손사래를 쳤다. 그러나 영원한 것은 없다. 영국 스타벅스 광고제작팀은 성정체성이 혼란스럽던 소녀가 스타벅스 매장에서 파트너가 불러주는 자기 이름을 통해 정체성을 확인한다는 내용을 광고한 적이 있다.

이는 제품 홍보 차원이라기보다는 기업의 신념을 보여주기 위함이었다. 스타벅스는 고객과 직접 소통하는 직원을 '파트너'라 부르고 직급을 없애고 서로 존중하는 문화를 만들었다. 또한 사내 커피 전문가 과정을 통해 체계적인 교육을 실시했고 복지 혜택을 통해 인재를 양성했다.

둘째, 현금 결제를 불가능하게 하여 오히려 고객 응대 시간을 늘리고 일의 능률을 높였다. 여기에 사이렌 오더로 디지털 편의를 높였고 진동 벨을 쓰는 대신 고객의 이름을 부름으로써 아날로그 정서인 감성적 접근을 시도했다.

셋째, 스타벅스의 매장은 획일화되지 않았다. 이들은 현지화를 통해 지역적 특성과 스토리를 매장 컨셉으로 삼았다. 아울러 직영점의 지배구조로 인해 의사결정이 빠른 프랜차이즈와 달리 500미터 거리제한 없이 출점이 가능해 어느 나라보다 많은 매장 개점이 가능했다.

또한 여러 통신사의 멤버십과 제휴할인을 적극적으로 적용한 점 역시 성공의 한 요소로 꼽힌다. 또한 매장 임대방식도 고정월세 방식에서 월매출에서 일부 수령하는 획기적인 전략으로 동일 상권의 간섭과 희소성을 극복해 나갔다.

| 연구개발 및 디자인 |

스타벅스는 주기적으로 신메뉴를 출시하고 있다. 주력 메뉴이자 판매율이 가장 높은 음료는 아메리카노와 카페라테와 같은 기본 메뉴임에도 계속해서 신 메뉴를 출시하는 이유는 고객의 재유입 효과 때문이다. 그리고 2008년 하워드 슐츠의 복귀를 통해 수익성보다 본질적인 문제에 접근한 인테리어와 로고, 폰트, 색상, 음료의 디자인까지 강화하였다.

*스타벅스의 로고는 어떻게 변했나?

1971년 초창기 로고는 커피색 원형 바탕에 그려진 신화 속 바다요정 세이렌의 일종인 멜루신(꼬리가 둘 달린 인어)

1987년 성장과 신선함의 상징인 초록색이었으나 선정적이라는 여론

이 있었음

1992년 검은 색 원에 상반신과 두 꼬리만 확대한 디자인으로 바뀜

1994년 차별화된 디자인 혁신을 촉진 '스타벅스다운 정체성 확립'

2011년 창업 40년을 맞아 스타벅스와 커피를 삭제하고 멜루신의 꼬리와 얼굴을 확대, 사업 다각화의 변화 모색

스타벅스 로고의 변천사

출처: 위키피디아

| 생산 |

스타벅스는 까다로운 원두 선택과 스타벅스만의 로스팅 방법에서 차별점을 두었다. 최고급 원두만을 취급하여 가격과는 상관없이 맛을 최우선으로 선정한다. 이렇게 선정된 원두는 최상의 상태로 볶아지며, 정확한 분류를 통해 신선한 상태로 판매까지 이어진다.

특히 에스프레소, 드립 커피 등에 대한 국제적인 기준을 마련해 놓고 기준에 맞지 않거나 오래된 원두들은 판매하지 않고 자선단체에 기부한다.

*스타벅스는 1998년 국제환경보호단체Conservation International와 협약을 통해 커피원두 구매 방식에 환경보호원칙을 결합시켰다. 스타벅스 자체의 윤리적 원두구매 프로그램 C.A.F.E Practice Coffee and Family Equity Practice를 만들었다. 스타벅스가 제공하는 제 3자 인증 윤리 구매 원두는 원두 품질, 거래 투명성, 사회적 책임, 환경 보호 등 4개 원칙의 200여 가지 절차를 진행하는 것이다. 2009년 한국을 비롯해 아시아 태평양 9개국에서 100% 친환경 재배 및 윤리적 거래 원두임을 제3자로부터 인증 받은 뒤 판매하고 있다. 스타벅스 코리아는 고객들이 가장 많이 찾는 커피 메뉴의 원두를 '윤리 구매 인증'을 통해 제공하고 있다.

출처: 미디어 SR (www.mediasr.co.kr)

원두의 종류와 로스팅 방법의 조합으로 만들어낸 스타벅스의 블랜딩은 차별화 우위를 선점하는 데 있어서 큰 이점이 되었다.

| 마케팅 |

코로나19 이후 스타벅스는 모바일 기반의 배달 서비스와 픽업 전용 매장, 드라이브 스루 매장 확대 그리고 고객 경험을 향상하고 충성 고객을 확보하기 위해 개인화 서비스를 통한 디지털 플라이휠Digital Flywheel 등 비대면 환경에 적극적으로 대응하고 있다. '마이 스타벅스 리워드MSR: My Starbucks Reward' 제도를 통해 매장의 성장을 이끄는 것과 함께 모바일 앱을 이용한 사이렌 오더 등을 통해 소비 선순환을 유도하는데 이는 중장기 성장 동력이 될 것으로 예상된다.

★지난 4년간 MSR 가입자 3배 이상 상승(약 800만 명)

이런 디지털 생태계 구축 외에도 식물성 대체 식품을 기반으로 한 메뉴 출시에 적극 대응(비건 및 채식 수요)하여 신규 고객층 유입을 기대하고 있다.

지금까지 언급한 가치사슬에 스타벅스 차별화의 전략은 어떻게 도식화할 수 있을까?

| 스타벅스 가치사슬 분석Value Chain |

최근 스타벅스에는 가치사슬을 흔드는 여러 악재가 노출되고 있다. 인종차별과 관련된 불매 운동과 매출 타격, 스타벅스의 정체성을 흔드는 코로나19, 티바나 전문 매장 축소, 중국과의 무역 전쟁 등이 그것이다.

따라서 가치사슬을 통해 강점을 보강하고 내부역량을 키워 핵심역량으로 전환하며 지켜야 할 것과 변해야 할 것을 구분하는 노력을 전사적으로 기울여야 할 것이다.

기업구조	**강점:** 프랜차이즈 방식 없이, 직영 매장만 운영 **약점:** 매장 당 출점 비용과 관리 비용이 높아짐
기업구조	**강점:** 바리스타를 직접 채용·교육·근무(고객 신뢰도 향상, 전문점 이미지 제고) **약점:** 인건비 부담이 높음, 교육 및 재교육 비용 발생
기업구조	**강점:** 디지털 생태계(디지털 휠, 사이렌 오더, 드라이브 스루 등) 조성 **약점:** 디지털 비즈니스에 대한 지속적인 비용 발생
기업구조	**강점:** 원두 생산자, 원두 가공자, 바리스타, 유통 및 판매를 모두 통합 운영 **약점:** 메뉴가 판매되지 않을 경우 재고비 부담이 높음

물류투입 (구매)	운영활동 (생산)	물류산출 (배송)	마케팅&영업	서비스
강점: 최상급 원두 생산 농가와 독점 계약 **약점:** 원두 다양화 제한적, 원두 매입 및 관리 비용 높음	**강점:** 커피에 엄격한 기준 적용(시간, 색깔, 냄새 등) **약점:** 본사 차원에서 신메뉴를 지속적으로 출시	**강점:** 계약 재배를 통한 직접 소싱, 직영 매장 형태로만 운영 **약점:** 배송 및 물류 일원화, 아웃소싱 등 운영 효율성 제한적	**강점:** 소셜미디어를 통한 바이럴 마케팅과 자연 친화적인 브랜드 전략 **약점:** 차별화의 간격을 줄인 신흥 경쟁사의 등장과 대응책에 대한 한계	**강점:** 사이렌 오더, 마이 스타벅스 리워드 등 강화된 개인화 서비스 **약점:** 고객 경험의 재설계 및 정체성 유지

이윤

스타벅스 가치사슬

★ **TEACHING NOTE** ★

"기업의 가치사슬 성공에는 정보기술과 조직의 역량이 중요하다"

기업이 가치사슬에 초점을 두는 것은 가치 활동에 의해 창출된 가치가 소요되는 비용을 초과할 때 이윤을 남기기 때문이다. 기업의 이익은 다음과 같이 정의 될 수 있다.

기업의 이익=기업이 창출하는 가치(고객이 지불하는 돈)-가치창출에 소요되는 비용.

그렇다고 가치사슬이 기업에게 수익을 보장하는 것은 아니다. 이를테면 가치사슬에는 모든 혁신과 전략적 의사결정의 주체인 기업가 활동이 배제되거나 조직의 최상위 수준에 적용하는데 한계가 있다. 아울러 변화의 속도가 매우 빠른 산업과 관련된 역동성을 이해하는데 약점이 노출되고, 가치사슬 활동에 활용되는 데이터 획득에 어려움이 있다.

기업의 가치 시스템을 성공시키기 위해서는 경쟁 우위를 강화하고 구축하는 가치 활동의 사슬을 이해해야 한다. 그리고 이를 지원할 정보 기술과 전체 가치 시스템상 최적화를 위해 공급측면이나 고객측면과 관계있는 조직들의 역량을 강화하는 것이 우선이다.

★

5

애프터 마켓에서 바라본 '스벅 락인 효과'

스타벅스의 성장 요인은 높은 브랜드 인지도와 두터운 충성 고객층을 확보하였다는데 있다. (2020년 스타벅스는 포춘지가 선정한 '2020년 세계에서 가장 존경 받는 기업' 6위에 선정되기도 하였다.)

스타벅스 코리아의 '마이 스타벅스 리워드' 회원 수는 700만 명을 넘어섰다. 이는 스타벅스의 선불식 충전 카드인 스타벅스 카드 사용자에게 다양한 혜택을 제공하는 로열티 프로그램으로, 2011년 도입하여 최근 언택트 소비문화가 확산되면서 시간당 평균 사용자가 100명을 넘는 등 확산 속도가 빨라지고 있다. (스타벅스 브랜드는 2020년 고객 감동 지수 1위에 올라 있다. 커피전문점 부문 7회 수상이다.)

아울러 스타벅스 리워드 회원이 사전 등록한 차량 정보를 통해 드라이브스루 주문 시 결제 수단을 제시하지 않고 자동 결제하는 'My DT Pass' 회원 수만 150만 명을 넘어섰다. 어떻게 이런 현상이 가능할까?

마케팅에서 이런 현상을 '락인 효과Lock-in effect'라고 하는데 이는 기존의 서비스보다 더 뛰어난 서비스가 나와도 이미 투자된 기회비용으로 인해 새로운 서비스로 옮기지 못하는 현상을 말한다.

우리가 경험하는 시장은 통상 1차 시장과 2차 시장으로 나뉘는데 1차 시장에서 상품을 구매하고 2차 시장에서 소모품과 애프터서비스를 받는다. 바로 애프터 마켓이라 불리는 2차 시장에서 락인 효과가 나타난다.

예를 들어 A사의 자동차와 B사의 자동차를 구성하는 부품 및 소모품은 십중팔구 상이하다. 결과적으로 A사의 자동차를 구입하고 나면 그 수명이 다하기까지 크든 작든 A사의 부품과 소모품 그리고 애프터서비스에 묶일 수밖에 없다. 만일 A사의 자물쇠를 풀기 원한다면 신차 구입이라는 전환 비용switching cost을 감수해야 한다. 이는 신차 구입을 위해 필요한 노력, 시간, 돈, 불편함을 의미한다.

이동 통신 시장에서도 쉽게 찾아 볼 수 있다. 이를테면 이용자는 최신 기종의 스마트폰을 저렴하게 구입하려고 한다. 이러한 성향을 잘 아는 이동 통신 사업자는 이용자에게 최신 단말기를 소비자가 원하는 싼 값에, 심지어는 무료로 제공하기도 한다. 단, 약정제를 통해 일정 기간 내에 다른 사업자로 이탈할 때는 이용자가 적지 않은 위약금을 물어야 한다.

소셜 네트워크 서비스SNS에서 락인 효과는 긍정적으로 나타난다. 이는 다른 사람들의 특정 재화(상품 또는 서비스) 이용이 그 재화에 대한 '나의 만족도'를 높이는 현상이다. 그 재화를 더 많은 사람들이 이용할수록, 그 재화를 이용하는 나의 즐거움도 커지게 된다. 통상 SNS 후기를 접하고 이를 통해 경험적 소비를 추구하고 희소성을 강화하면서 마니아층이 대폭 확충된다.

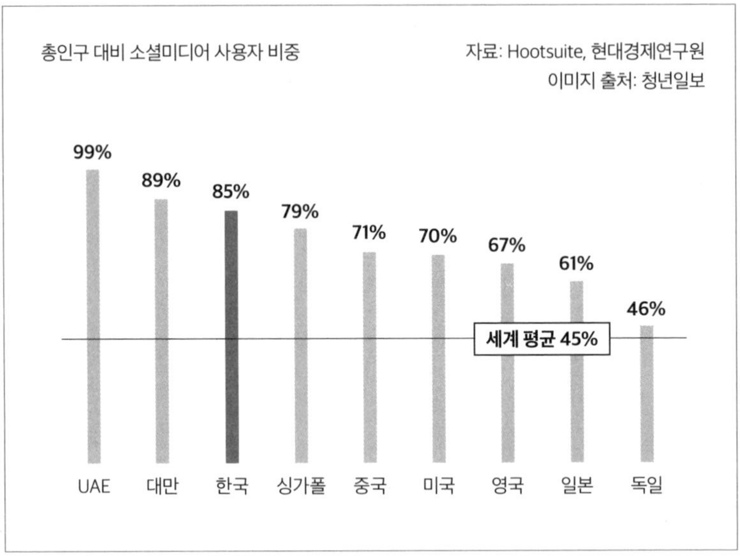

주요국 소셜미디어 침투율

*전 세계적으로 도표에서 보듯 페이스북, 트위터, 인스타그램 등 소셜 미디어 서비스를 활용하는 인구는 총인구 대비 약 45%에 달하며 한국은 세계에서 3번째로 많은 85% 수준이라 한다.

이밖에 글로벌 기업에서 활용하는 경품 마케팅에서도 종종 락인 효과를 만날 수 있다. 예를 들면 1차 시장의 제품을 무료 혹은 아주 저렴한 가격으로 판매하여 수요를 창출하고 2차 시장에서 이윤을 확보하는 비즈니스 전략의 경우이다. 이 전략을 최초 도입한 기업은 질레트다.

질레트 면도기를 싼값에 판매하고 소모품인 면도날을 계속 구매하게 하였는데 이를 '면도기-면도날 비즈니스모델Razor and blades business model'이라고도 한다. 후에 잉크젯 프린터 시장에서도 이를 벤치마킹한 사례가 나타나기도 하였다.

이미지 출처: 스타벅스 코리아 홈페이지

스타벅스는 최근 '플레이 모빌 버디' 캠페인, 굿즈 이벤트를 열었다. 단골고객(버디)과 스타벅스 직원의 모습을 담은 피규어가 특히 눈에 띄었는데 시작을 알리는 공고가 뜨자 코로나19의 상황에도 열기는 예전과 다를 바 없었다.

이런 이벤트는 스타벅스 마니아들이 빠져나갈 수 없는 락인 효과임이 틀림없다. 이미 스타벅스는 디지털 빅데이터 기반의 개인화 서비스를 실시하고 맞춤형 추천서비스까지 제공하면서 고객들이 타 브랜드로 전환하지 못하도록 한다.

적어도 스타벅스에 관심을 갖는 소비자라면 수시로 '마이 스타벅스 리뷰'에 참가하여 회원(골드, 그린)으로서의 혜택과 보상(별)을 받으려 한다. 최근 스타벅스와 현대카드는 PLCC(Private Label Credit Card: 상업자 표시 신용카드)를 출시하여 리워드 포인트 '별'을 카드 사용 시 적용하게 하였다.

이런 소비자 락인 전략이 커피 이상의 문화를 즐기는 경험과 만족으로 이어지고 있다. 앞으로도 무료 음료 리필, 커피 구독 서비스 등 보다 강화된 이벤트 경품을 통해 유대감과 소속감을 높여 나갈 것이다. 어찌 보면 스타벅스 마니아층들은 전환 비용보다 더한 이유가 있다 할지라도 이탈할 가능성이 낮아 보인다.

★ TEACHING NOTE ★

"락인 효과의 일거양득-一擧兩得"

최근 네이버와 티빙처럼 이커머스와 OTT 서비스(온라인 스트리밍 서비스) 산업 간의 연계가 늘어가고 있다. 일례로 OTT 서비스 티빙은 네이버와 연동하여 네이버플러스 멤버십 회원에게 별도 추가 비용 없이 영화를 제외한 드라마, 예능 콘텐츠를 제공했다. 특히 쇼핑 이용자에게 만족도가 높은 네이버플러스 멤버십은 월 4,900원을 내면 네이버 페이 결제액의 최대 5%를 적립한다. 웹툰, 영화, 오디오북 대여 할인 등의 구독서비스로 아마존 프라임이 대거 성공한 비즈니스 모델의 전철을 밟아 가는 느낌이다. (2019년말 기준 1억 5천만 명 가입자 확보)

이렇게 되면 락인 효과로 객단가가 상승한다. 싼 가격과 빠른 배송 등 기존 서비스 경쟁에 소요되는 한계를 극복할 수 있다. 아울러 해외 진출을 위한 마케팅 전략에도 유효하게 쓰인다. 오늘날 한국의 소비자는 11번가에서 물건을 사고 이어 아무렇지 않게 네이버와 쿠팡에서 물건을 구매한다. 그러나 OTT 등의 미디어 서비스는 소비자 이동을 막는 락인 효과를 제공한다. 그리고 콘텐츠 소비자가 온라인 쇼핑 소비자로 이어질 가능성이 있다.

★

6

스타벅스, 음악으로 고객을 만나다

스타벅스의 특이점을 말할 때 고객들은 음악을 주저하지 않고 꼽는다. 매장에는 시간대 별로 다른 음악이 흘러나온다. 아침엔 경쾌한 팝이나 보사노바가, 저녁에는 클래식 음악이 나오는 식이다. 이는 커피를 주문하는 고객의 기분을 띄워주거나 차분하게 해주기 위한 일종의 심리적 장치이다.

*커피 전문점의 서비스 스케이프가 고객 감정 반응 및 행동 의도에 미치는 영향 관계에 관한 연구-배경 음악의 조절 효과

출처: 정미화, 손은수, 이종호 2016년 논문

이 연구에서 심미적으로 잘 갖추어진 커피전문점 환경에서는

배경음악이 고객에게 긍정적인 역할을 한다는 결과를 시사했다. 이렇듯 음악은 수십 년 동안 스타벅스의 DNA의 일부가 되어 왔으며 전 세계 3만개 매장을 방문하는 고객들의 경험의 중심축이 되었다.

1999년 스타벅스는 Hear Music(콩코드 음악 그룹과 스타벅스 제휴로 2007년 설립된 음반사. 히어뮤직은 메사추세츠캠브리지에서 카달로그 회사로 시작한 뒤 스타벅스에 인수됐다.)을 인수하여 자체적인 Hear Music 브랜드 커피숍과 후에 레코드 레이블(record label: 음반회사, 또는 브랜드 및 상표)을 출시하였다.

이들은 2000년대 매장에서 CD를 팔았고 폴 매카트니처럼 유명하고 소닉 유스(Sonic Youth: 1981년 결성된 미국의 록밴드) 같은 멋진 아티스트의 노래가 담긴 자체 레이블을 내놓기도 하였다.

스타벅스 공식사이트에는 다음과 같은 질문이 담겨있다. 이를 정리하여 게재한다. (http://www.starbucks.com/promo/music-faq)

Q: 스타벅스 뮤직이란?

A: 스타벅스 뮤직은 휴대폰, 컴퓨터, 태블릿 등 모든 순간에 적합한 큐레이션(curation: 다른 사람들이 만들어 놓은 콘텐츠를 목적에 따라 분류하고 배포하는 일)된 음악이다. 선택된 음악들은 매주 우리가 직접 만든 플레이 리스트로 특별히 선별한 수백만 개의 트랙에서 비롯된다.

*스타벅스는 사내음악 큐레이터를 고용하여 20여 년간 컴파일 CD(Compile: 프로그램을 기계어로 번역하는 것)를 위한 노래를 직접 고르고 최근 스포티파이와 제휴하여 재생 목록을 선정해오고 있다.

특별한 날에 우리는 사랑하는 예술가부터 항상 새로운 음악을 찾게 된다. 그래서 운동을 하든, 파티를 준비하든, 휴식을 취하든 언제나 음악은 당신의 손 안에 있는 것이다.

Q: 스타벅스 앱을 이용해서 매장 내 무슨 일이 벌어지고 있는지 어떻게 알 수 있나?

A: iPhone이나 Android 기기에서 스타벅스 앱이 열리고 위치 서비스가 활성화 되면 음악링크나 각종 아이콘이 나타난다. 링크 배너 또는 아이콘을 누르면 재생 목록과 노래 세부 정보를 볼 수 있는 앱의 디지털 음악 체험으로 이동한다. Spotify 앱에서 재생 목록을 열 수 있다. 현재 스타벅스는 유명 스트리밍 음악 사이트인 스포티파이Spotify를 통해 음악 재생 목록을 공개하고 스트리밍을 관리하고 있다. 다만 스타벅스 코리아에서는 스포티파이가 지원되지 않아 한 달에 한 번 선정되는 재생 목록을 CD에 담아 전국 매장에 배포하고 있다. 이렇게 제작된 CD는 스타벅스 매장에 설치된 전용 플레이어를 통해서만 재생되고 있다. 일단 스타벅스의 선곡 원칙은 저작권에 저촉되지 않는 노래여야 한다는 점이다. 만약 방탄소년단과 트와이스 같은 K-Pop스타의 음악을 매장에서 듣기 위해서는 스타벅스 본사에서 스트리밍 저작권을 우선 해결하고 전 세계에 공통으로 배포해야 한다.

그렇지만 최근 이 원칙을 깨고 시애틀, 상하이, 밀라노, 뉴욕, 도쿄, 시카고 등 '스타벅스 리저브 로스터리Starbucks Reserve Roastery' 6개 매장에서 음악재생 목록에 방탄소년단의 '어 브랜드 뉴데이A

Brand New Day'가 선곡되었다고 한다.

스타벅스 음악은 대중적이지 않다. 그러나 섬세하고 세련되었으며 편안하다. 요즘 표현으로 '음악 맛집'이다. 스타벅스의 음악을 찾기 위해 굳이 매장을 방문하지 않아도 구글이나 유튜브, 네이버에서 충분히 즐길 수 있다. 이쯤 되면 커피 맛으로 승부하는 것은 전략적으로 효율적이지 않다.

편의시설, 인테리어, 서비스, 음악까지 세심히 관리한 스타벅스의 위력이 빛난다. 음악은 커피 비즈니스에서 변화에 기민하게 대처하는 브랜딩 전략이다. 하워드 슐츠 스타벅스 창업자는 "음악은 40년 넘게 우리 매장에서 중추적인 역할을 해왔고 우리는 그것을 어떻게 소매환경에 통합할 것인가를 앞장서 생각해 왔다"고 소회를 밝혔다.

아울러 스타벅스와 제휴를 맺은 음악 스트리밍 어플리케이션 스포티파이 CEO 대니얼 에크는 "스타벅스의 음악에 대한 열정과 고객들을 위한 최상의 개인화된 경험을 만들고자 하는 열망을 공유하며 아울러 독특하고 새로운 디지털 음악 경험을 창조하고 있다"고 포부를 밝혔다. 스타벅스는 오늘도 음악으로 매 시간 감성을 고객과 나누고 있는 제3의 공간이다.

★ **TEACHING NOTE** ★

"감성 마케팅이 음악을 소환하다"

예전에는 음악이 치료 목적이나 제품의 이미지나 콘셉트를 전달하는 부가적 요소로 쓰여 왔다. 하지만 최근에는 감성적 소비 시대가 도래하였다. 음악은 제품의 이미지나 판매를 직접적으로 향상시키는 수단으로 활용되고 있다. 그 이유는 무엇일까? 일반적으로 매장에 들어온 소비자 중 거의 절반 이상은 제품의 구매 결정을 내리지 않은 상태이다. 이 때 매장에서 어떤 활동을 하느냐에 따라 제품 구매에 결정적 영향을 미친다. 그런데 만약 여기서 매장 음악을 틀어주면 어떤 일이 일어날까? 음악은 수용자의 부담을 덜어줌과 동시에 선동적이다. 그리고 집단의식과 공동의식을 창출하는 강력한 위력을 갖고 있다. 아울러 쉽게 기억되고 전파성이 강하며, 반복 기능을 사용할 시 브랜드를 오랫동안 기억할 수 있다는 점이 특장점으로 꼽힌다. 즉각적인 효과를 발생할 수 있다는 것도 뮤직 마케팅의 미래를 밝게 해주고 있다.

★

7

전통은 고수하되, 전통에 도발하라

카푸치노, 라테, 블론드, 그리고 사이렌 오더

스타벅스의 조직문화는 창의성과 포용성에 초점을 맞추고 고객과 직원, 또 다른 이해 관계자까지 동등하게 대우한다. 하워드 슐츠는 이 조직의 특성을 가장 귀중한 자산이라 부른다. 더 나아가 '영혼이요, 심장'이라고도 말하는데 그의 이런 철학에서 성장 동력을 찾아볼 수 있기도 하다.

| "우리는 쉐이크를 절대 취급할 수 없어!"-프라푸치노의 도발 |

창업 초기 한 매니저로부터 제안된 프라푸치노는 스타벅스와 맞지 않는 논외의 아이디어였다. 특히 커피의 정통성을 고수해야 하는 본사의 입장은 완강했다. 강배전 커피와 우유를 미세한 얼음과 섞은 프라푸치노는 당시 커피의 정통성과 완전성을 고집하는 스타벅스로서는 받아들이기 쉽지 않은 사안이었다. 그러나 여기에는 비하인드 스토리가 있었다. 무더운 여름날 고객들은 스타벅스 매장에 와서 미세한 얼음이 가득 섞인 음료를 요구하다가 스타벅스에 그런 음료가 없음을 알고 다른 경쟁 스토어로 가버리곤 했다. 이를 디나 캠피온Dina Campion이라는 매니저가 목격하고 본사에 계속적으로 얼음이 혼합된 음료를 개발할 것을 요구하였다. 경영진들은 집요하게 요구하는 매니저의 아이디어를 패스트푸드 쉐이크로 평가 절하하였다.

그러나 디나는 그 아이디어를 실현하기 위해 얼음 혼합음료 개발을 계속했고 지금의 프라푸치노를 만들어 냈다. 스타벅스는 그 음료를 판매하기 위해 '차다'라는 뜻의 '프라페'와 '카푸치노'를 합쳐 프라푸치노라는 이름을 붙였다. 결국 프라푸치노는 1996년 매출 전체 품목 1위를 기록했고, 그해 말 비즈니스 위크지가 선정한 '올해 최고의 상품'에 올랐다.

아마 전통적 경영기법으로 운영되는 기업의 CEO였다면 그 같은 결과는 상상도 못했을 것이다. 도전적이고 혁신적인 아이디어, 이를 수용해 개발과 투자로 이어지게 한 경영진의 탄력성, 고객의 필요에 절대 부응하는 결단과 용기는 스타벅스의 오래 이어질 고유의 전통으로 남아 있다.

사실 하워드 슐츠 창업자에게도 비슷한 사례가 있었다. 초기 원두만 파는 가게에서 추후 합류하여 그가 먼저 경험한 것은 이탈리아의 카페 문화였다. 그는 커피 매장이 단순히 원두만 파는 것이 아니라 삶을 나누는 장소가 될 수 있다는 아이디어로 스팀

밀크를 넣은 라테 등의 커피음료를 도입한 것이다. 앞서 프라푸치노의 경우처럼 스타벅스는 원래 라테를 취급하지 않았다. 이런 원칙과 적용 속에 스타벅스의 포지셔닝은 기업과 고객들에게 강하게 각인되고 있다.

| "새로운 고객층을 잡기 위한 80번의 시도는 아름다운 여정이지"-스타벅스 블론드 |

스타벅스 리더들은 40% 정도의 많은 커피소비자들이 다크 로스트, 즉 강배전 커피보다 라이트 로스트인 약배전을 선호한다는 것을 알았다. 그러나 문제는 맛이었다. 가벼운 로스팅일수록 시큼하고 풋풋한, 일종의 풀냄새가 나고 다크 로스트에 비해 등급도 낮았다.

그러나 고객경험에 한 치의 양보도 하지 않는 스타벅스 경영진들은 어려운 환경에서도 실망하지 않았다. 그들은 무려 80번의 실험으로 결점을 보완한 블론드라는 라이트 로스트 개발에 성공한다.

| "Fantastic!", 고객경험에 디지털을 입히다-사이렌 오더 |

"Fantastic!" 사이렌 오더를 개발한 스타벅스 코리아의 최고경영자에게 보낸 하워드 슐츠의 간단명료한 메일 답변이었다. 모바일(앱) 응용프로그램을 통해 주문과 결제가 이루어지는 사이렌 오더의 지난해 말(2020년) 주문 누적 건수는 1억 8,000만 건을 돌파했다. 지난 1년간 전체 주문건수 중 25%를 차지했으며, 연말 한

달 동안 전체 스타벅스 리워드 회원 주문 건수 중 사이렌 오더 주문이 50%를 넘었다. 이 영향으로 스타벅스 리워드 회원 수는 700만 명을 기록했다.

*스타벅스 코리아 디지털 발전추이

선불 충전식 '스타벅스 카드' 도입(2011) - 드라이브 스루Drive Through 매장 오픈(2013) - 모바일 주문 및 결제 시스템 '사이렌 오더' 도입(2014) - 차량번호 등록으로 자동 결제하는 '마이 디티 패스My DT Pass' 도입(2018)

스타벅스 리워드 회원수 증가 추이

2011년 9월 론칭		
회원수	시점	100만명 단위 소요 기간
100만명	2014년 5월	33개월
200만명	2015년 12월	20개월
300만명	2017년 3월	16개월
400만명	2018년 5월	14개월
500만명	2019년 4월	11개월
600만명	2020년 3월	11개월
700만명	2021년 2월	11개월

연령대별 신규 회원 가입 비중

연령대	비율
20대 이하	25%
30대	38%
40대	26%
50대 이상	11%

이미지 출처: 스타벅스 코리아

회원 수 700만 명이 적립한 별의 개수는 누적으로 9억 2,000만개를 넘어섰으며 회원 전용 생일 음료 쿠폰을 비롯해 별 12개마다 제공하는 무료 음료 혜택이 8,500만 잔이 나간 것으로 기록된다.

연령대 별로 신규 회원 가입 비중은 30대가 38%, 20대 이하가 25%, 40대가 26%로 디지털로 선점한 스타벅스의 디지털 전략이 주효한 것으로 나타났다.

문제는 디지털 경제에서 얼마나 오래 진입장벽을 가져갈 수 있느냐는 것이다. 특히 비대면 문화에 혁신자(Rule Breaker: 특정사업의 모델이나 게임 룰을 파괴하여 자신 나름대로 독특한 모델을 만드는 기업)로 남을 것인지 아니면 선도자(Rule Maker: 처음 사업을 개척한 기업)로서 포지셔닝할지 결정할 시기가 다가왔다.

왜냐하면 모방자Rule Taker의 R&D를 통한 혁신이 급진적으로 이루어질 공산이 클 것으로 예상되기 때문이다. 따라서 스타벅스의 커피 비즈니스로의 전통을 지켜 나가되 그 기저에 조직문화에 내재된 도발적 아이디어를 발전적으로 끌고 갈 리더십이 필요하다.

★ **TEACHING NOTE** ★

"전통에 도발한 스타벅스 파트너에게는 고객 관점과 가치에 도전한 내적 역량이 있었다"

스타벅스의 초기 상품과 달리, 내부 경영진의 반대에도 불구하고 도전한 메뉴와 IT기술은 현장에서 근무한 파트너들의 고객관점과 가치에서 시작 되었다. 그들은 마케터가 아니라 일반 소비자들이 볼 수 있는 객관적이고 이성적인 시각을 가졌다. 그리고 자신의 상품을 가치 있게 차별화하는데 역점을 두었다.

고객가치는 어떤 가치를 추구하느냐에 따라 기능적 가치. 감성적 가치, 정신적 가치로 나뉜다. 기능적 가치의 경우 이성적으로 인지하고 판단하는 것을 말하며 감성적 가치는 디자인, 매장 분위기, 직원 서비스 등 고객 취향에 따라 판단 기준이 수시로 달라지는 주관적이면서도 감성적인 가치항목이라 할 수 있다. 본래 고객 가치를 개선한 스타벅스가 여기에 속한다. 마지막으로 정신적 가치는 추구하는 고객들의 가치를 판단할 기준이 상당히 까다로워 기능적이거나 감성적 만족을 넘어 그들만의 희소가치를 추구하고 그 가치를 신분상승으로 받아들이는 것을 말한다.

글로벌 기업들의 고객 가치는 다음과 같다.

① 아마존/제프베조스 "경쟁사에 신경 쓰지 말고 오로지 고객에 집착하라"

② 넷플릭스/리드헤이팅스 "고객과 회사를 위한 최선이 무엇인가 기준으로 행동하라"

③ 샤오미/레이쥔 "고객이 원하는 제품을 고객과 함께 만든다"

④ 구글/레리페이지 "사용자에게 초점을 맞추면 나머지는 따라온다"

⑤ 스타벅스/하워드슐츠 "한 분의 고객, 한 잔의 음료, 우리의 이웃에 정성을 다한다"

★

8

왜 하워드 슐츠는 금융위기에 폐점한 매장을 대량으로 재개장했을까?

스타벅스 창업자 하워드 슐츠는 2011년과 2012년 리먼 쇼크 영향으로 폐점한 매장을 대량으로 다시 재개장했다. 이는 단지 GIS(Geographic Information System: 지리 정보 시스템)에 기초한 출점 계획에 따른 실행이었다.

2008년 위기에 빠진 스타벅스에 그가 복귀하기 전까지 경험과 판단은 인간중심의 경영이었다. 데이터의 중요성은 강조되었지만 다른 글로벌 기업처럼 체계화되지 않았다.

분명 현재 스타벅스의 주된 경쟁력은 '데이터, AI, IoT'라고 할 수 있다. 스타벅스의 판단은 철저한 데이터에서 발산된다. 그리고 그 기초 위에 아이디어를 내려고 한다.

스타벅스의 비즈니스는 경쟁력을 유지하기 위한 데이터의 전략적 활용의 교과서적 사례이다. 데이터와 기술, 비즈니스와의 관계를 어느 기업보다 명료하게 보여준다.

아마 2008년 당시 CEO인 하워드 슐츠에겐 잇따른 위기가 있었을 것이다. 계속적인 매장 폐쇄에 대해 그가 얻은 뼈아픈 교훈은 매장 입지를 결정하는데 인간적인 판단과 경험보다는 데이터에 의한 분석이 절실히 필요하다는 것이었다.

오늘날 스타벅스가 부동산, 마케팅, 생산 활동에 데이터를 근거로 하는 것과 2008년 'Starbucks Reward' 이후 AI, IoT, 클라우드 등의 기술을 바탕으로 구체적이며 전략적인 실행에 아래와 같이 진입하였다.

첫째, 개인화된 프로모션

이미 고객의 구매 패턴을 잘 아는 스타벅스는 관련성 높은 맞춤 제안을 가능케 했다. 이를 위해 스타벅스는 2017년부터 '디지털 플라이휠' 프로그램에 AI를 활용하고 있다.

*비즈니스 미디어 'Digirupt.io'가 2019년 4월 공개한 기사에는 다음과 같은 내용이 실려 있다. "스타벅스는 4개의 혁신 전략에 상당한 재투자를 하고 사업 전체의 성장을 이끌었다." 이 기사에 따르면 '디지털 플라이휠'에는 모바일앱 'Starbucks Rewards'를 비롯해 3,000만 명이 디지털로 연결되어 있다고 한다. 디지털 플라이휠은 고객의 주문 상품, 주문 시간, 지리 정보, 그리고 계절 같은 데이터를 활용해 보다 정확하고

효과적으로 세분화된 고객에게 접근하는 원동력이 되고 있다.

둘째, 통찰력을 기반으로 한 제품

타 분야에 앞서 제품 개발에 고객 데이터를 활용하는 것은 아무리 지나쳐도 부족함이 없다. 스타벅스는 소비자의 구매 습관 데이터를 가장 효율적이고 강력하게 활용하고 있다. 한마디로 데이터에만 의존하는 것이 아니라 결국 구매자의 경험과 결합하여 기존 제품을 변형시키거나 새로운 제품 개발 제안에 활용하는 것이다.

예를 들면 각 지역 특산물과 결합한 음료, 이를 테면 제주 한라봉 그린티 셔벗 같은 상품이 이에 해당된다. 아울러 2016년 스타벅스가 가정용 커피 분야에 진출한 것도 '집에서 커피를 마시는 사람을 대상으로 하여 어떤 제품을 투입할 것인가?'하는 기초 데이터에서 시작되었다. 여기에 매장의 고객 데이터를 바탕으로 무설탕 버전, 우유 넣은 버전과 우유 없는 버전 등까지 갖췄다.

셋째, 정교한 부동산 계획

매장 오픈 계획은 데이터 분석에서 매우 복잡한 부분이다. 왜냐하면 예상되는 모든 부분을 커버해야 하기 때문이다. 매장계획을 지원하는 AI는 위치에 대한 경제적 요인을 모델링하는데, 그 요인으로는 인구, 소득수준, 교통, 경쟁사의 존재 등이 포함된다.

이러한 모델을 이용하여 매출, 이익, 기타 경제적인 성과 등을 예측하며 매장의 위치나 제안된 신규 매장이 인근지역의 기존 매출에 미치는 영향도 고려된다. 이 프로그램 분석에는 매핑이나 GIS(Geographic Information System: 지리 정보 시스템)가 쓰인다.

넷째, 시스템 유지 보수 최적화

스타벅스는 전 세계 3만개 이상의 매장에서 일주일에 1억 건 정도의 거래가 이뤄진다. 전형적인 스타벅스 매장에서의 거래는 비교적 적은 비용으로 단시간 내에 집중적으로 이루어진다. 따라서 대량의 고객 유입이 매장의 성공열쇠를 쥐고 있기에 기계의 고장은 매장 운영에 중대한 문제를 일으킨다. 때문에 고장, 기계 사용, 필요한 수리 등의 데이터를 분석하고 경향과 패턴을 찾게 되는데 AI가 큰 도움을 준다.

*마이크로소프트가 2019년 공개한 '기술을 이용하여 고객과의 개인적인 관계를 구축하는 스타벅스' 기사에는 스타벅스가 마이크로소프트사의 기술을 도입하여 업무를 개선한 내용을 다뤘다. 스타벅스 매장에서 사용하는 커피머신에 IoT를 가능하게 하는 마이크로소프트사의 클라우드 서비스 애자스피어(Azure Sphere: IoT보안플랫폼)가 도입됨에 따라 각 시스템에서 데이터를 수집할 수 있게 됐다. 수집되는 데이터는 원두의 종류, 커피의 온도, 수질 등 수십 개에 이른다. 이런 데이터가 에스프레소 샷을 추출 할 때마다 수집되면서 기기고장을 사전에 예측하게 되었다. 또한 애저 스피어는 새로운 레시피도 송신할 수 있게 되었다.

출처: https://www.aiprescience.com/

결론적으로 리먼 쇼크 이후 폐점된 매장을 재개장한 것은 스타벅스의 재도약기를 만든 새로운 디지털시대를 향한 출발이었다. 이후 스타벅스의 발전 상황은 명확해 보인다. 스타벅스의 디지털 마케팅이 통상 데이터에만 의지한 것이 아니라 그 기술 위에 다양한 종류의 아이디어를 시도하고 더 업그레이드 된 데이터를 사용하여, 제안된 아이디어를 진화시켜 나갔다는 것이다.

★ **TEACHING NOTE** ★

"경영자는 문제를 과소평가하거나 왜곡되게 인지하며 과거에서 동일한 대안을 찾는 오류를 범할 수 있다"

1. 문제에 대한 과소평가 오류

경영자가 과도한 낙관주의에 빠지거나 기업의 역량을 높다고 자신할 때, 그리고 새로운 정보를 수용하지 않을 때 치명적인 의사결정을 한다. 문제는 기업의 운명을 좌우할 환경변화가 있음에도 이를 인지하지 못한다는 사실이다.

2. 문제를 왜곡되게 인지하는 경우–선택적 지각오류

이 경우는 객관적인 사실을 인정하지 않고 경영자 자신이 개인적 경험과 지위에 따라 주관적인 판단을 우선시하는 경향이다. 이럴 경우 오류를 최소화하기 위해서는 과거 의사결정의 유형을 분석하여 당시 시행된 적합도를 자료화하고 현재 사업의 성패에 영향을 끼칠 수 있는 관련 정보를 체계적으로 정리, DB화 한다.

3. 과거에 동일한 대안을 선택하는 동일시 오류와 최근 정보에 현혹하는 최근성 오류

경영자가 실제로는 다른 문제임에도 과거에 해결했던 문제와 같은 문제로 인식할 때 생기는 오류와 과거로부터 축적되어온 정보보다 최근의 정보에 현혹되는 오류가 있다. 전자는 자신의 기억에 익숙한 과거의 대응 방식을 선택, 실행하게 되는 악순환을 거듭하며 후자는 근착된 정보에 집착되면 손실이 확대된다.

★

9

디커플링, 누가 스타벅스를 공략할까?

클레이튼 크리스텐슨 하버드 경영대학원 교수는 1995년 서비스를 점진적으로 개선해 더 나은 성능, 더 높은 가격을 제공하는 '존속적 혁신'에 단순하고 저렴한 제품과 서비스로 시장 밑바닥을 공격하라는 파괴적 혁신으로 충격파를 몰고 왔다. 여기에 반기를 들고 8년간 수백 개의 대기업과 신흥기업을 찾아다닌 기업연구와 사례조사로 내놓은 결과가 디커플링Decoupling이었다.

디커플링은 한마디로 '분리하기, 해체하기, 끊어내기'이다. 고객의 소비활동 사이에 존재하는 연결 고리인 제품탐색, 평가, 구매, 사용 중 약한 고리를 끊고 들어가 그 지점을 장악한다는 개념이다. 디커플러Decoupler라 불리는 그들은 기술보다는 고객의 불편한 소비 단계를 독수리처럼 낚아채는 신기의 기술을 가지고 있는 것이다.

어느 날 혜성처럼 나타나 시장의 판도를 바꿔버린 넷플릭스, 우버, 에어비앤비가 대표적 사례이다. 한걸음 더 나아가 나이키, 유튜브, 마이크로소프트, BMW도 고객가치사슬의 디커플러이다.

쇼루밍(showrooming: 소비자들이 오프라인 매장에서 제품을 살펴본 후 실제 구입은 온라인 사이트를 이용하는 쇼핑 형태) 오프라인 매장을 보자. 소비자들의 이런 구매 행태는 대형 매장을 전시장으로 전락시켰다. 대형 마트의 매출과 이익은 곤두박질쳤고 지점폐쇄와 구조조정은 미국의 토이저러스 같은 회사를 파산시켰다.

구글 조사에 따르면 스마트폰 사용자 10명 중 6명이 오프라인 매장 안에서 구매 정보를 얻기 위해 스마트폰을 사용한다고 한다. 이런 현상은 미디어, 통신, 금융, 숙박업, 운수업에 이르기까지 거의 전 시장을 잠식하고 있다.

기존 기업이 이렇게 되기까지 무엇을 간과한 것일까?

첫째, 작고 민첩한 신생 기업의 공격을 모르거나 방관했으며 뒤늦게 알아차려도 속수무책이었다. 누가 넷플릿스와 유튜브의 등장으로 디즈니나 방송국이 휘청댈 것이며 에어비앤비와 우버가 힐튼 호텔과 전통적인 택시 산업을 흔들리라 상상이나 했겠는가? 거대 화장품 회사가 샘플 배송 업체에 휘둘리는 현상을 지금 목도하고 있지 않은가?

둘째, 신생기업의 공격 패턴에는 디커플링이라는 패턴이 있었다는 것. 아마존은 TV를 구입하려는 고객의 '검색-구입-사용' 활동에서 구입 단계를 낚아챘다. 우버는 '검색-구입-유지-사용-

폐기' 과정에서 차를 고르고 구입하고 유지하며 폐기하는 번거로움을 없애고 오직 '사용' 단계만 제공한다.

마지막으로, 넷플릭스는 인터넷을 연결하고 접속하는 등의 기존단계는 그대로 두고 '영상 시청하기' 단계만 공략해 폭발적인 성공을 거뒀다. 이 단계에서 소유와 공유를 거친 구독 경제는 디커플링을 촉발시키는 일종의 동력 역할을 하였다. 따라서 스타벅스의 구독경제의 유입은 시급한 측면이 있다. (노키아는 기술혁신이 디지털 파괴의 방패라고 믿고 기술 투자에 올인했다)

왜 디커플링은 파괴적일까? 그들은 먼저 언번들링(Unbundling: 번들링과 반대로 기존에 하나의 상품이었던 것을 쪼개는 행위)을 사용한다. 애플의 디지털 서비스인 아이튠즈는 소비자가 원하는 곡을 하나만 듣게 해준다. 소비자들은 앨범 한 장을 사지 않고 원하는 노래만 개별적으로 구입할 수 있다. 구글은 신문 전체가 아니라 기사 하나만 소비할 수 있도록 판도를 바꿨다.

전통적인 콘텐츠 기업들이 묶음 단위로 판매하였던 기억을 되살리면 정답이 보인다. 알리바바의 성공은 보통 기업의 측면에서 보면 상상할 수 없는 패턴이다. 그들은 B2B온라인 마켓플레이스로 성공을 거뒀으나 놀랍게도 이 방식에 매달리지 않았다. 월마트의 성공 공식을 과감히 버리고 고객 가치사슬에 눈을 돌린 것이다. 말하자면 고객의 소비 단계 하나하나를 점령하는 전술을 썼다. 제품을 검색 비교하고 결제하며 수령하는 모든 단계를 '한 번의 로그인, 하나의 사이트'로 해결할 수 있게 만든 것이다.

고객은 알리바바를 통해 구매 행위가 간편하고 저렴하다는 인식을 가지게 되었다. 이것이 디커플링의 매력이다. 인터넷이 부상하면서 중개인에게 벗어나는 탈중개화 현상이 나타나기 시작했다. 최근 유통의 강력한 경쟁자로 등장한 D2C direct to consumer 방식은 제조업체가 상품이나 서비스의 유통 단계를 줄이고 소비자에게 직접 판매하는 방식으로 디커플러로서의 면모를 보이고 있다.

예전에 여행을 가기 위해서는 항공권과 숙소예약을 여행사에 일임했으나 요즘은 고객이 직접 항공과 숙소를 예약한다. 결국 언번들링, 탈중계화, 디커플링은 우리에게 혁신의 기술은 기업이 아니라 고객이 만들어 낸다는 사실을 기존 기업들이 간과하고 있었음을 새삼 각인시켜주고 있다.

그렇다면 스타트업 커피업체는 스타벅스 고객의 어떤 가치를 끊고 들어올 것인가? 편안했던 공간인가? 아니면 신선한 원두? 과학적인 접근이 가능한 디지털? 더 나아가 진입장벽이 높은 커뮤니티? 이도저도 아니면 어떤 고리를 끊고 스타트업 커피는 등장할 수 있을까? 한국에도 마켓 컬리, 알라딘 중고서점, 야놀자 등 과거에는 상상할 수 없었던 신흥거인들이 새 영역을 개척하고 있는데 이 환경을 따져 보면 마냥 방심할 수만은 없을 것이다.

노키아의 전 CEO 스티브 엘롭은 전통기업에게 이토록 어이없는 어록을 날렸다.

"우리가 특별히 잘못한 것은 없었다. 그런데 어쩌다보니 무너지고 말았다."

승승장구하던 노키아의 몰락, 그가 말했던 '어쩌다보니'에 방점을 찍어본다면, 디커플링이 어디에서 시작되어야 할지를 예측할 수 있을 것이다.

TEACHING NOTE

"디커플링으로 성공하는 7가지 원칙"

1. 고객을 대량으로 확보하라

에어비앤비는 호텔방이 부족했던 콘퍼런스 기간을 이용해 대량의 고객을 확보했으며 우버는 스포츠 경기와 콘서트가 끝나고 우르르 몰려나오는 고객을 겨냥했다. 고객 하나, 하나를 유치하기에는 시간과 비용이 든다. 그러니 고객이 몰리는 시간, 장소, 기회를 찾아라.

2. 경쟁기업과 맞서지 마라

초기에 기존 기업의 공격 대상이 되면 안 된다. 다만 그들이 제공할 수 없는 서비스나 제공하지 않을 고객을 찾아 나서라. 우버와 에어비앤비가 틈새시장을 노렸듯이.

3. 비확장형 방식을 채택하라

기존 대형 회사가 인터넷 기술 등을 활용하여 확장형 전술을 펼친다. 그러나 디커플링 스타트업은 소수의 첫 고객에게 주목하라. 이들의 욕구를 꿰뚫어 보는 통찰력이 무엇보다 중요하다.

4. 초기고객을 키워라

초기 고객을 잘 관리하면 이들 스스로가 더 많은 사용자를 끌어들이며 기업 성장의 원동력이 된다. 아울러 강한 네트워크 효과도 기대할 수 있다.

5. 기술보다 발품(활동)을 팔아라

기술은 비즈니스 프로세스에 도움을 주지만 파괴적인 사업을 구축하려면 단순하게 발품을 팔아야 한다. 초기 에어비앤비도 첫 고객을 등록시키기 위해 가가호호 방문하였다고 한다.

6. 초기에는 간단하고 단순한 기술, 오프라인 도구로 시작하라

에어비앤비의 경우에서 보듯이 초기 고객 유치는 오프라인만 한 것이 없다. 온라인 채널은 그 이후 작동하는 것이 좋다.

7. 고객의 눈으로 자신의 비즈니스를 보라

스타트업의 두 가지 고객, 공급자와 수요자의 눈으로 비즈니스를 살피는 것이 좋다. 우버와 에어비앤비 경영자들은 정기적으로 자사의 서비스를 이용하였다고 한다. 이를 통해 공급자와 수요자가 어떤 어려움을 겪고 있는지 체험하는 노력을 기울여야한다.

3

팬데믹도 이긴 스타벅스의 디지털 트랜스포메이션 경쟁력

어떻게 스타벅스는 팬데믹을 극복하고 있는가?

"경제적으로 어려운 시기에 큰 기회가 창출될 수 있습니다."

<하워드 슐츠Howard Schultz>

★

1

포스트 코로나, 디지털 트랜스포메이션의 방아쇠를 당기다(Trigger)

'미래가 궁금하면 CES(미국 소비자 기술 협회)가 주관하는 세계 최대 규모의 가전제품 박람회를 살펴보라'는 말이 있다. 2020년에는 예전과 달리 전 과정을 온라인으로 진행하였다. 기술 트렌드로 부각된 인공지능, 5G, 사물 인터넷은 포스트 코로나의 디지털 트랜스포메이션으로 기업의 생존 경쟁력이며, 나아가 4차 산업의 방아쇠Trigger를 당겼다고 평가받고 있다. 디지털 트랜스포메이션은 인터넷 혁명 시대라고 불리는 1990년대에 등장한 개념으로 디지털 기술을 사회 전반에 적용해 전통적인 사회 구조를 혁신한다는 뜻을 담고 있다.

디지털 트랜스포메이션을 적용하기 위해서는 아래와 같은 4가지 전략을 수행해야 한다.

첫째, 디지털 역량을 통해 새로운 비즈니스 모델과 제품 및 서비스를 창출해야 한다. 둘째, 고객 및 시장의 파괴적 변화에 적응하거나 지속적인 프로세스를 만들어야 한다. 셋째, 기존 전략적 자산에 디지털 투자를 통해 경쟁 우위를 확보한다. 마지막으로 디지털 관점으로 산업 구조를 개편해야 한다.

그렇다면 우리가 알고 있는 기술 혁신과 디지털 트랜스포메이션은 어떻게 다른가? 먼저 기술 혁신은 적용과 운영 방식이 상이하다. 공장 생산 라인과 마케팅 등 특정 기술과 전략 팀에 제한적으로 적용하고 Top-Down식으로 운영된다. 이는 디지털 패러다임을 전환하는 전위대 역할을 하는데 우리가 흔히 아는 핀테크(금융업), 바이오 테크(바이오), 에듀 테크(교육) 등이 대표적인 사례이다.

그러나 디지털 트랜스포메이션은 기업 경영 전반에 영향을 미치며 상호 다차원적으로 연결되어 있을 뿐 아니라 디지털적 사고와 관점으로 사업부서와 현장 전반을 혁신한다. 흔히들 전 세계에 타격을 준 코로나19가 디지털 트랜스포메이션의 가속 페달을 밟았다고 하는 이유가 앞서 언급한 개념과도 연결된다.

놀랍게도 코로나19 기간 동안 이커머스E-Commerce는 10년간의 변화를 8주 만에, 텔레메디슨Telemedicine은 15일 만에 10배로, 비디오 스트리밍은Video Streaming 5개월 만에 7년 치를, 그리고 원격교육Remote Learning은 2주 만에 2.5억 회를 넘는 폭발적인 성장을 보였다고 한다. 그렇다면 방역 전문가의 예측대로 우리가 코로나19 이전의 세상으로 돌아갈 수 없다면 이 흐름은 끊임없이 진행될 것이라 예측해도 큰 무리는 없을 것이다.

좀 더 깊게 들어가서 디지털 트랜스포메이션의 진화 과정을 살펴보자. 먼저 1단계는 1999년 말 디지털 제품(음악, 엔터테인먼트 등) 출시 및 인프라 구축 단계이다. 이 시기에는 인터넷이 도입되면서 VOD 서비스나 MP3 같은 디지털 상품이 등장했고 서버, 네트워크 같은 디지털 인프라가 등장했다.

이어 2단계인 2000년대 초반에는 앞서 구축된 인프라를 기반으로 한 e-commerce 시장의 활성화가 핵심이었다. 인터넷 보급이 본격화되면서 전자상거래의 비중이 폭발적으로 늘어났고 이에 따라 기업은 경쟁력을 갖추기 위한 디지털 마케팅을 적극적으로 추진하게 된다.

마지막 3단계에서는 2010년대 초반 사물 인터넷IoT, 클라우드 컴퓨팅, 인공지능AI, 빅데이터 솔루션과 블록체인 등 첨단 정보통신기술 플랫폼의 등장으로 정점에 이르렀다.

말하자면 기업들이 '전산화computerization'와 '디지털화digitization' 과정을 통해 새로운 생태계를 구축하기 시작했다. 오늘날 코로나19 이후 언택트Untact 경제로 수요가 급증한 디지털 트랜스포메이션의 본 모습이다.

★ TEACHING NOTE ★

"디지털 트랜스포메이션은 기술이 아니라 고객을 이해하고 공감하는 경험전략이다"

펜데믹의 장기화는 우리에게 경험하지 못한 새로운 변화를 수용하게 하였는데 재택근무, 온라인수업, 비대면, 비접촉 등 다양한 디지털 환경에 빠르게 적응하게 하고 있다. 이로 인해 개인을 비롯하여 학교, 기업까지 사회 전반에 구조적인 변화를 촉발하였다. 기업은 불확실성 속에 지속가능한 성장과 발전을 위해 디지털 전환을 실행하여야만 했다.

디지털 트랜스포메이션이라 명명되어지는 디지털 전환은 새로운 경험의 가치를 제공하고 산업 간의 경계를 허무는 융복합으로 완전히 이전과 다른 비즈니스모델을 창출한다. 이에 대한 주도세력은 기업과 기술이 아니라 고객이라는 점에서 다시 한 번 고객에 대한 완전한 이해Customer Understanding가 요구되어진다. 결론적으로 디지털 트랜스포메이션은 고객이 기업에 참여할 수 있는 기회를 제공하고 더 나아가 좋은 경험을 통해 충성도가 높은 고객으로 만들어가는 전략적인 방법이 동원되어야 한다.

예를 들어 고객에게 감동을 전달하고 변화를 수용할 수 있는 고객 경험의 비전을 수립, 측정하며 실시간으로 고객 피드백을 수집하거나 고객 경험 원칙을 비교하는 것도 디지털 전환을 원활하게 하는 동력이 될 것이다. 이밖에 지속적으로 내부 피드백을 수집하거나 고객 분류와 이에 따른 페르소나를 만들고 감정적인 관계를 형성하는 것도 도움이 된다.

여기서 고객 경험의 혁신을 위해 기존 고객과 원활한 소통과 상호작용을 최우선시하는 것도 간과해서는 안 될 부분이다. 또한 비즈니스를 전환하고 혁신하였을 때 장기적으로 예상되는 고객의 변화를 파악하고 고객과 연결될 수 있는 환경을 구축하여야 한다. 리더의 경우 고객의 경험 범위를 최대한 확장하고 기존 절차를 과감히 깨뜨려 기업의 유연성을 높이고 수직 구조의 복잡한 절차를 수평적 구조로 간소화해야 한다. 아울러 고객접점의 직원에게 의사결정권을 과감히 부여한다.

★

2

디지털 트랜스포메이션은 과연 만능인가?

뉴욕타임즈 칼럼니스트 토머스 프리드먼은 최근 칼럼에서 세상은 코로나 이전과 이후로 나누어진다며 새로운 역사의 경계를 그었다. 그리고 '코로나 이후 어떤 변화가 닥칠지 모르고 완벽하게 예견할 수 없지만 세계는 지금까지 우리가 알았던 것과는 무척이나 다른 모습일 것'이라고 새로운 시대적 변화에 대해 암시하였다.

마치 이 예상에 답이라도 하듯 이머전 경영 컨설팅 그룹이 다음과 같이 언급하였다.

"코로나는 비즈니스의 접점에서 디지털화가 얼마나 중요한지 일깨워주는 모닝콜과 같다. 눈앞의 일상적 운영에만 집중해 디지털 투자에 소홀히 하던 사람들을 위한 모닝콜 말이다."

그러나 이미 수많은 글로벌 기업들이 디지털 트랜스포메이션을 실행하고 있었지만, 2018년 말 맥킨지 조사에서는 70%의 기업이 디지털 트랜스포메이션에 실패하였다고 혹평하였다.

왜 시대적 필요성이 강력히 대두되고 있고 생존과도 직결되어 있는데 이들 대다수가 실패의 길을 걷고 말았을까? 결국 이를 받아들여야 하는 조직과 경영자 자신의 마인드셋이 부족했기 때문은 아닐까?

| 단기수익에 그쳤던 GE의 디지털 트랜스포메이션 |

엔진과 기계 장비 제조사인 GE는 2016년 뉴욕타임즈가 '124년 된 소프트웨어 스타트업'이라 평가할 정도로 강력한 디지털 트랜스포메이션의 대명사였다. 그들은 의욕적으로 산업 현장의 기계 장비에 사물 인터넷을 접목한 '산업 인터넷Industrial internet' 개념을 제시했고 내·외부 개발자들을 위한 소프트웨어 플랫폼 '프레딕스Predix'를 출시했다. 이들은 더 나아가 그룹의 소프트웨어 사업과 인력을 모아 6,000명의 신규 채용과 더불어 GE 디지털을 설립했다.

아울러 업계표준이 되는 산업 인터넷 OS(운영체제)를 만들고 2020년까지 150억 달러(18조)이상의 소프트웨어 매출을 올리겠다는 야심찬 계획을 가지고 있었다.

문제는 사물 인터넷을 통해 고객사에게 새로운 가치를 제공하며 소프트웨어 회사로 변신하겠다는 비전이었지만 앞서 언급한 디지털 관점으로 산업 구조를 개편하기보다는 제트 엔진, 철도, 풍력 터빈 등 자사 제품에 솔루션을 제공하는 정도의 기술

혁신에 머물렀다. 한마디로 각 사업부의 개발팀 수준의 역할에 그치고 말았던 것이다.

| 핵심 비즈니스 통합에 실패한 포드 |

2차 산업 혁명의 주체였던 포드사는 "우리는 더 이상 자동차 회사가 아니다. 모빌리티 회사다."라고 호기 있게 천명하였다. 최근 자동차 업계에 불어닥친 혁신은 타 산업에 비해 선도적인 경향을 보이고 있다. 일례로 현대차그룹은 자동차 제조업에서 스마트 모빌리티 솔루션기업으로, 테슬라는 지속가능한 에너지의 미래를 만드는 기업으로, 벤츠사는 고품질 자동차 회사에서 국제적 하이테크 기업으로 변신을 꾀하고 있다. 포드사는 엄청난 예산을 들여 차량 공유, 자율 주행 등을 연구하기 위해 스타트업을 인수하고 야심차게 '포드 스마트 모빌리티'라는 자회사를 설립한다.

문제는 조직 간의 소통과 통합이 이루어지지 않았다는 데 있다. 이들 스타트업은 타 사업부와 통합되지 않았고 본사와의 물리적 거리로 인해 별개의 회사처럼 움직였다.(스타트업사들은 미시건 본사와 수천 킬로 떨어진 실리콘밸리에 위치해 있었다.) 이런 혼란 속에 안전성 문제로 인해 주가가 폭락하고 결국 디지털 트랜스포메이션은 물 건너 가버렸다.

2019년 포브스는 포드의 디지털 트랜스포메이션이 기존 비즈니스의 방향을 바꿔버리는 피봇(pivot:방향 전환)에 가까웠다고 평가절하하였으며 디지털 트랜스포메이션이 성공하려면 타조직과의 적절한 통합이 이루어져야 한다는 교훈을 주었다고 일침을 놓았다.

TEACHING NOTE

"디지털 트랜스포메이션을 성공시키기 위해서 조직원과 고객, 투자자를 설득할 강력한 리더십을 발휘하라!"

세계적인 빅데이터 선도 기업 클라우데라 CMO 믹 홀리슨은 성공적인 디지털 트랜스포메이션 7가지 요소를 제시했다.

1. 디지털 트랜스포메이션은 목표가 아니라 과정이다.

디지털 트랜스포메이션은 단지 오래된 기술을 최신화하고 새로운 시스템을 구현하는 문제가 아니다. 오로지 기업의 혁신을 위한 도구이거나 성공적인 혁신을 위한 기술 그 자체가 아니며, 궁극적으로 새로운 조직문화와 리더십을 구심점으로 삼아야 한다. 그러나 그 자체가 목표지점이 되어서도 안 된다.

2. 리더십이 디지털 트랜스포메이션을 실현시킨다.

어도비는 소프트웨어 패키지 모델로는 미래의 고객을 잡을 수 없다는 판단에 클라우드 기반의 구독경제 모델subscription로 전환했다. 어도비 결정권자들은 자신들의 계획과 목적을 투명하고 담대하게 전달하여 조직을 하나로 묶고 고객과 투자자를 설득할 수 있었다. 이는 강력한 리더십이 있었기에 가능했다.

3. 파괴적인 문화를 조성하라.

기업이 일하는 방식과 문화는 새로운 비즈니스 전략을 얼마나 빨리 이행할 수 있는지를 결정하는 엔진이다. 기업 내 문화가 기존의 방식을 답습하고 현상유지로 흐른다면 결정권자들이 아무리 새롭고 탁월한 전략을 수립하더라도 실효성이 없을 것이다. 파괴적인 문화는 조직의 구조, 업무 프로세스, 일하는 방식에 파괴적인 사고방식을 적용한다. 아울러 파괴적인 방식은 기존의 문화와 일하는 방식을 손쉽게 부수며 끊임없는 실험과 변화를 쉽게 받아들이기도 한다.

4. 불확실성 가운데 안전함을 보장하라.

기업이 불안정하고 존속여부가 불투명하면 직원들은 리스크 감수에 부담을 느낄 것이다. 이런 상황에서는 실패를 두려워하고, 새로운 시도에 대해 엄두도 내지 못할 것이다. 따라서 결정권자는 강한 리더십으로 안정적이고 안전한 환경을 제공하여야 한다.

5. 투명성은 책임감을 키운다.

파괴적인 문화를 조성하기 위해서는 탑다운Top down방식으로 이루어지며 결정권자는 비즈니스 목표와 그에 따른 전략을 투명하게 공개한다. 아울러 전략 수행 중 발생할 성공과 실패를 구분하고 직원들과 공유한다.

6. 행동을 유도하라.

기업 전반을 투명하게 관리하는 것은 직원들로 하여금 주인의식ownership을 갖도록 유도한다. 기업의 목표와 전략은 무엇이며 자신의 지위와 수행해야 하는 역할이 무엇인지 정확히 인지시켜 최선의 행동을 선택할 수 있도록 한다. 이렇게 하면 업무가 신속히 처리되고 최소한의 정보로도 업무에 착수할 수 있다.

7. 데이터를 소수에게 독점시켜서는 안 된다.

데이터는 그것을 필요로 하는 사람들에게 접근 가능해야 한다. 특히 매일 고객과 마주하며 최전선에 근무하는 직원에게는 최소한 관련성 있는 데이터에 접근할 권한이 주어져야 한다.

★

3

유명 글로벌 기업은 어떻게 디지털 트랜스포메이션에 성공했는가?

| 끊임없는 기술 혁신으로 사용자 경험을 개선한 나이키 |

미국 비즈니스 월간지 패스트 컴퍼니Fast Company는 2008년부터 매년 전 세계 기업을 대상으로 '50대 혁신 기업'을 선정한다. 2013년 최고 혁신 기업을 나이키로 선정했고 2019년 리테일Retail 부분에서는 나이키가 6위를 차지했다. 어떻게 스포츠용품과 같은 리테일 분야에서 혁신적인 기업으로 이름을 올릴 수 있을까? 나이키에서 2006년도에 출시한 '나이키 플러스'라는 상품은 운동 관련 소프트웨어가 결합된 혁신적인 제품이었다. 이를 위해 나이키는 애플의 디지털 기기(아이팟, 아이폰)와 자사의 제품을 연동시켜 사용자의 운동 행위를 측정하고 측정한 데이터를 다른 사람과 공유하도록 하였다.

이들은 여기에 그치지 않고 고객들의 참여를 유도하기 위해 '경쟁심'과 '협동심'을 자극했다. 일례로 그들은 경쟁심을 자극하는 '남자 대 여자'라는 참여형 광고 캠페인을 진행하였다. 이벤트 기간 내에 참여자가 홈페이지에 등록을 하고 나이키 플러스를 켜고 달리면 자신이 달린 거리가 나이키 홈페이지에 실시간으로 집계되어 자신이 속한 성별, 거리에 합산되는 방식이다. 따라서 참여자들은 실시간으로 누가 얼마나 더 많이 달렸는지를 눈으로 확인할 수 있었다. 놀라운 것은 이 이벤트에 여성들의 참여를 대거 이끌어 냈다는 것이다. 2009년 캠페인 참여자 12만 명 중 7만 명이 여성이었다는 결과는 우리에게 시사해 주는 바가 크다. 과거 제품과 서비스에 승부를 걸었던 나이키가 '참여'와 '공유'로 소비자에게 다가갔다는 것은 획기적인 일이 아닐 수 없다.

이밖에 애플의 아이팟 나노가 결합된 '나이키+아이팟'은 나이키가 운동선수의 퍼포먼스를 향상시켜 쌓인 각종 데이터와 노하우를 고객에게 적용하자는 아이디어에서 시작되었다. 신발 속에 나이키 플러스 센서가 사용자의 발걸음을 측정해 아이팟으로 전달하는 이런 방식은 '웨어러블 디바이스'의 개념이 생소한 시대에 혁신적인 제품으로 평가 받았다.

2010년 나이키는 독립적인 디지털 스포츠 부서를 신설하여 '나이키+GPS', '나이키+스포츠 워치' 등 다양한 제품군에 디지털 기술을 접목하는 시도를 한다. 특히 2012년 출시된 'X BOX 키넥트 트레이닝'은 ICT 기업과의 제휴로 만든 서비스로 가상 트레이너에게 코칭을 받으며 목표 운동량을 달성하는 기술로 '홈 트레이닝'의 원조라 할 수 있다. 코로나19 이전, 10여 년 전에 가상 트레이너에게 코칭을 받는다는 것은 과거나 현재 시점으로 보아 상상하기조차 어렵다.

이밖에 2013년에 출시한 나이키 트레이닝 클럽 앱과 모든 러너들 수준에 맞는 맞춤형 러닝 프로그램을 제공하여 입문자에서 상급자까지 수준별 단계를 세분화한 나이키 런 클럽 앱 출시도 나이키의 혁신적인 제품으로 뽑아도 손색이 없었다.

나이키는 2014년 또 한 번의 승부수를 던지는데 그것은 '퓨얼 밴드'와 같은 웨어러블 사업에서 철수하고 애플과 더불어 소프트웨어 시장으로 눈을 돌리는 것이었다. (웨어러블 디바이스 시장은 삼성, 애플, 구글, 화웨이 등 글로벌 IT 기업들의 격전지였는데 나이키는 소프트웨어 시장에서의 경쟁력 확보가 우선이라고 판단한 모양이다.)

끊임없는 디지털 혁신을 통해 나이키라는 리테일 기업이 네트워크를 통해 IT경쟁력을 확보한 사례는 두고두고 디지털 트랜스포메이션 역사의 한 축을 이룰 것이다.

| 근간인 브릭(BRICK: 벽돌)을 통해 놀이와 디지털 기술을 융합하다-레고 |

"벽돌로 돌아가라Back to the Brick"라는 슬로건으로 기업 핵심 역량을 다잡은 레고 최고경영자 크누드스토브는 게임, 의류, 테마파크(레고 랜드) 등을 매각하고 영화, 모바일 게임, 모바일 어플리케이션을 통한 새로운 디지털 기술에 의한 수익원을 모색했다. 과연 레고는 어떻게 핵심 역량과 디지털 기술을 융합하여 경쟁력을 확보하였나?

첫째, 레고의 디지털 트랜스포메이션은 제품 기획과 설계 과정에 고객을 참여시키는 일이었다. 이때 레고는 블록 설계 경험과 능력을 고객과 공유했으며 고객들이 사용할 수 있는 툴을 2004년 '디지털 디자이너Digital Designer'라 하여 무료로 배포하였다. 그 후 이는 큰 반향을 일으켰으며 고객들은 비록 가상공간이기는 하지만 현존하는 대다수의 레고블록을 이용해 자신만의 작품을 만들 수 있게 되었다. 특히 한정판 레고 브릭처럼 구하기 힘든 경우 가상으로 레고를 조립하고 시뮬레이션하는 경험은 고객에게 특별한 경험으로 다가오기 마련이다. 후일 이런 성향의 고객을 '큐레이슈머'라 명명하였다.

★큐레이슈머: 큐레이터curator와 소비자consumer의 합성어로 전시회의 큐레이터처럼 스스로 삶을 꾸미고 연출하는데 능수능란한 편집형 소비자를 이른다.

둘째, 2007년 레고는 '레고 아이디어스LEGO Ideas'라는 온라인 커뮤니티를 만들었다. 이 커뮤니티는 자신이 개발한 레고 상품을 사이트를 통해 소개하고 심사를 거쳐 상용화한다. 레고 아이디어스에서는 최고 1만 명 이상의 지지를 받은 제품을 일 년에 4개 정도 출시한다고 한다. 아울러 채택된 아이디어 제안자에게는 매출의 1%를 제공한다. 이런 접근은 결국 고객에게 락인 효과로 작용한다.

셋째, 디지털 기술을 활용한 아이템을 끊임없이 개발하였다. 2017년 레고는 '레고 부스트'를 출시하였다. 이 제품은 레고에 모터와 센서, 블루투스를 붙여 소프트웨어로 작동하는 상품이다.

아이들에게 레고 부스트 앱과 연동시켜 놀이를 통해 코딩 기본개념을 배우도록 하면 집중력과 창의력이 향상된다고 한다. 2019년 '스타워즈'를 융합한 제품을 레고에서 선보이기도 했는데 아이들의 상상력 뿐 아니라 21세기 교육의 핵심인 스템STEM 및 코딩 기술을 전달할 수 있다고 발표하여 세간의 주목을 끌기도 하였다.

*스템STEM: 과학Science, 기술Technology, 공학Engineering, 수학Mathematics을 결합한 이공계 전공계열 교육을 의미한다.

드디어 2019년에는 현실 세계와 가상의 세계가 하나로 결합한 레고 시리즈가 출시되었다. 스마트폰에 레고를 결합하면 앱과 동기화된 유령이 나타난다. 현실과 가상세계를 오가며 유령을 퇴치하거나 수수께끼를 풀고 도전 과제 등을 수행하는 방식이다.

이렇게 레고는 4차 산업 혁명의 핵심 기술인 증강 현실AR을 상용화했다. 최근 레고는 전 세계적으로 인기 있는 캐릭터 슈퍼마리오를 테마로 한 레고 시리즈를 출시했다. 비디오게임 속 캐릭터인 슈퍼마리오를 레고 블럭으로 직접 만들고 게임도 즐길 수 있게 만든 것이 특징이다. 이런 방식은 앞서 출시된 레고 부스트와 핸드폰 AR과 다른 새로운 레고 방식이다. 여기에 아직은 실험적이지만 영화사(워너브라더스)와 함께 2014년 레고 무비를 개봉하기도 하였는데 영화 속 부품들은 레고 블록을 적극 활용하였다고 한다. 향후 레고는 브릭을 디지털 관점으로 재해석하여 기존 레고의 모습과 다른 아이디어 신상품을 출시할 것이라 기대된다.

| 사물 인터넷의 저력, 샤오미의 올인원all-in-one 시스템 |

샤오미는 2011년 첫 스마트폰을 출시했는데 그 당시 성능에 비해 가격이 '실수'라고 할 만큼 저렴하여 '대륙의 실수'라고 불리기도 하였다. 현재 샤오미는 스마트폰, TV, 컴퓨터, 보조 배터리, 스마트 밴드, 공기청정기, 로봇 청소기 등 1,000건 이상의 AIoT AI+IoT 특허와 2,000개 이상의 제품군을 보유하고 있다.

어떻게 샤오미는 가성비(가격대비 성능의 비율)의 대명사가 되었을까? 그것은 독특한 위탁 생산 방식에 있다. 샤오미는 자체 공장 없이 EMS 방식이라 하여 부품 구매부터 조립, 생산, 포장, 배송까지 모든 것을 떠맡는 턴키방식의 제조를 선택하였다. 이를테면 샤오미가 설계도를 EMS업체에 가져다주면 제조부터 배송까지 책임지는 형식이었다. 이는 애플과 비교되어 새로운 생산전략으로 소개되기도 한다.

*1. EMS: 제조사가 아무것도 할 수 없는 계약 방식 (설계 단계에서 모든 것이 원청 업체에 있음)

2. OEM: 개발사의 제품을 다른 곳에 판매할 수 없는 계약 방식 (원청 업체가 비용이나 기술을 제공하고 하청 업체가 개발하는 방식)

3. ODM: 동일 디자인이 아니면 제품을 개발사가 아닌 다른 곳에 판매가능 (이미 개발이 완성된 제품에 원청 업체가 상표만 붙이는 방식)

실제로 따져보면 애플과 하청 업체인 폭스콘의 경우와 같으며 샤오미는 초기부터 이런 프로세스가 가능하도록 클라우드 시스템과 샤오미 제품을 총괄적으로 제어 관리할 수 있는 소프트웨어 개발에 주력했다. 따라서 샤오미는 자사 플랫폼에 참여한 업체에게 브랜딩, 공급망, 채널, 투자 등 제품 생산에 필요한 거의 모든 부분을 지원한다. 이로 인해 샤오미 고객은 다양한 공장에서 생산되는 동일한 샤오미 마크가 붙은 제품을 저렴한 가격에 공급받을 수 있었다.

샤오미 전용 모바일 어플리케이션 'Mi Home'은 소비자가 구입한 제품명을 등록만 하면 블루투스 기능을 통해 모든 기기를 손쉽게 작동하게 해준다. 이런 올인원all-in-one 원격시스템은 하나의 제품보다 여러 개의 제품을 사용할 때 사용자의 효용가치가 높으므로 오늘날 샤오미의 마켓파이를 확장시킨 요인이 되었다.

특히 샤오미의 특성을 꼽으라면 호환성이 뛰어난, 자체적으로 탑재된 운영체제OS 'MIUI'를 들 수 있다. MIUI는 업데이트 등 사후 지원 뿐 아니라 자체 앱 스토어와 클라우드 서비스를 제공한다. 규제로 인해 구글 서비스를 사용하지 못하는 중국 소비자들을 위해 별도의 플랫폼을 구축해 자신들의 콘텐츠를 불편 없이 사용하게 한 것이다.

말하자면 '샤오미 하나면 다 되는' 사용자 경험은 전자 제품과 모바일 시장에서 샤오미의 위상을 높여주는 큰 원동력이 되고 있다.

| 디지털 트랜스포메이션의 역사, 스페셜 이벤트에 미래 청사진을 보다-애플 |

애플의 성장기를 보면 디지털 제품 출시와 더불어 인프라 기반을 구축하는 디지털 트랜스포메이션 1단계에 자연스럽게 편입했던 것을 알 수 있다. 그 후 2010년 전후(1997년 애플로 복귀한 스티브 잡스에 의해 애플은 세계무대의 주역이 된다.) e-commerce 및 디지털 비즈니스 관련 사업을 활성화하며 성장한다. 이 성장기에는 디지털 트랜스포메이션 2단계에 맞게 아이팟iPod-아이튠즈iTunes, 아이폰iPhone-앱스토어AppStore들이 연이어 출시된다.

2020년 전후 애플은 모바일, IoT, 인공지능, 클라우드 기술을 경영 전반에 투입하여 디지털 트랜스포메이션 3단계의 새로운 역사를 쓰고 있다. 2011년 스티브 잡스 이후 애플은 초기의 혼란과 새로운 도전의 우려에도 불구하고 '신중하고 진지하며 장기적인 비전'에 들어간다.

마치 기다렸다는 듯이 애플 TV, 아이폰, 맥, 워치 등 4가지 운영체제는 물론 애플 페이, 애플 뮤직 서비스, 애플 자동차 등이 4차 산업혁명의 파워풀한 비즈니스 모델로 등장하고 있다.

2019년 3월에 열린 애플 스페셜 이벤트Apple Special Event에서는 흥미로운 변화가 감지되었다. 애플 제품의 하드웨어와 소프트웨어가 단 한 차례도 언급되지 않았다는 것이다. 이는 결국 비즈니스 모델의 변화를 예고한다고 보아야 한다. 애플 스페셜 이벤트는 아래와 같이 4가지 내용으로 구성되었다.

① 애플 뉴스+Apple news+: 이 서비스는 애플 뉴스에 구독 서비스를 덧붙인 서비스로 약 300개의 매거진을 아이폰과 아이패드 등을 통해 보는데 최적화 하였다. 디지털 콘텐츠답게 GIF(Graphics Interchange Format: 빠른 이미지 전송을 위해 압축 저장하는 방식 중 하나) 영상 등을 생생하게 볼 수 있으며 아마존이나 넷플릭스처럼 내부 알고리즘을 통해 구독자 취향에 맞는 글을 추천해준다.

② 애플카드Apple Card: 애플카드는 골드만삭스Goldman Sachs 마스터 카드사와 제휴하여 아이폰과 연동한다. 카드 사용자는 돈을 언제 어디서 쓰고 잔액은 얼마나 남았는지를 쉽게 알 수 있다. 이 카드 안에는 기존 카드사에 들어 있는 카드번호, CVC 코드(카드 보안), 만료일, 서명 등의 정보가 없으며 아이폰 연동을 통해 일회용 결제 비밀번호를 결제시마다 부여 받아 보안을 강화했다.

이제 애플 페이를 지원하지 않는 곳에서 실물 애플카드를 이용할 수 있게 되었다. 이것은 스타벅스 초기에 스타벅스 실물 카드를 도입해 대중들을 대상으로 활성화한 후 모바일로 넘어가 실물 카드 사용량을 줄인 것과 같은 전략으로 보인다. 미래에는 애플카드가 아이폰에 저장되어 있을 것으로 전망된다.

③ 애플 아케이드Apple Arcade: 애플의 게임 구독 서비스이다. 일종의 온라인 스트리밍 서비스라 이해하면 된다. 예전 사용자들은 게임 앱을 개인적으로 다운로드해 사용하였는데 이제는 애플 아케이드를 구독하면 제공되는 게임을 사용자 마음대로 이용할

수 있게 되었다. 이런 정책은 결국 애플의 고객경험에서 나온 전략의 일환이다.

④ 애플 TV+Apple TV+: 일종의 애플 판 넷플릭스, 동영상 스트리밍 서비스라 보면 된다. 특이하게 애플 TV+는 애플 외 기기에서도 사용이 가능한데(삼성, LG, 아마존 파이어 TV) 이는 후발주자로서 개방 전략을 통해 시장을 확장하겠다는 의도로 보인다. 이런 전략은 추후 OTT(동영상 온라인) 산업에서 주도권을 잡겠다는 의지로도 보인다. 기존 하드웨어와 소프트웨어로 구축된 애플 생태계에 애플만이 제공할 수 있는 차별화된 콘텐츠로 승부를 볼 것으로 예측된다. 2019년 애플 서비스 부분(미디어 콘텐츠) 매출 비중이 21%로 처음으로 전체 매출의 20%를 넘어섰다.(애플TV+는 스티븐 스필버그 감독, 제니퍼 애니스톤, 리즈 위더스푼, 오프라 윈프리 등 연예계 셀럽들이 자체 제작한 오리지널 시리즈를 방영하여 넷플릭스 등의 OTT플랫폼에 맞서겠다고 발표했다.)

★애플의 주요 서비스 관련비용은 다음과 같다.
애플 뮤직-15달러 / 애플 뉴스-10달러 / 애플 TV, 애플 아케이드-5달러 / 아이클라우드 저장 공간 (2TB)-10달러

각 서비스는 가족공유를 지원하며 월 요금제로 운영된다는 공통점이 있다. 향후 애플은 콘텐츠 강화를 위해 주요 서비스를 번들bundle 형태로 제공할 것으로 보인다. 최근 애플은 자율 주행 자동차 기술을 향해 전진하고 있으며 2024년 콘셉트 카 생산을 목표로 획기적인 배터리 기술로 전기차를 생산할 것이라 발표하

였다.

이는 애플이 자신들을 4차 산업혁명의 선도자로 포지셔닝한 것으로 보고, 2019년 '애플 스페셜 이벤트'를 통해 디바이스 강자에서 서비스 영역으로 확장을 선언한 것으로 추측된다.

| 기술보다 리더십으로 디지털 트랜스포메이션을 성공시킨 아마존 |

아마존은 한마디로 세상의 모든 것을 가장 편리한 방식으로 파는 기업이다. 1994년 설립된 유통업의 공룡 아마존은 상품을 파는 방식 뿐 아니라 일하는 방식에도 디지털 기술과 철학을 담았다. 따라서 디지털 트랜스포메이션의 방향과 방법론을 고민하는 기업에 있어 아마존의 과거 행적은 훌륭한 지침이 될 수 있다.

기술에 초점을 두기보다는 강력한 리더십과 기업문화가 자리 잡아야 성공할 수 있다는 아마존의 철학, 이는 아마존의 근간이 된다. CEO인 제프 베이조스와 직원들이 만들었다는 리더십 원칙, 당장 눈앞에 보이는 이익보다는 생태계를 탄탄히 구축하려는 이들의 욕망에서 비롯한 아마존의 디지털 트랜스포메이션 전략을 들여다보자.

지금까지 아마존은 온라인에서 구축한 아마존 플랫폼을 바탕으로 오프라인 접점을 만들어 내려는 다양한 시도(킨들, 아마존 북스, 아마존 고 등)를 계속하고 있다. 최근 아마존의 생태계 확장은 '지구'를 넘어 '우주'로 향해 있는데, 소형 인공위성 3,236개를 고도 590~630km범위의 저궤도에 쏘아 올려 지연 없이 고속 광대역

통신을 제공하는 '프로젝트 카이퍼Kuiper'나 우주여행을 목적으로 탄생한 아마존 '블루 오리진Blue Origin' 등이 그것이다.

아마존 특유의 디지털 트랜스포메이션을 들여다보기 위해서는 그들의 성장 동력이며 모델인 '플라이휠'을 이해해야 한다. 제프 베이조스 회장이 식사 도중 냅킨 위에 그렸다는 '냅킨 스케치Napkin Sketch'는 단순해 보이지만 아마존이 고객경험의 개선과 고객증가에 어떻게 영향을 주고받는지, 또 선순환을 쌓아 가는지를 여실히 보여주고 있다.

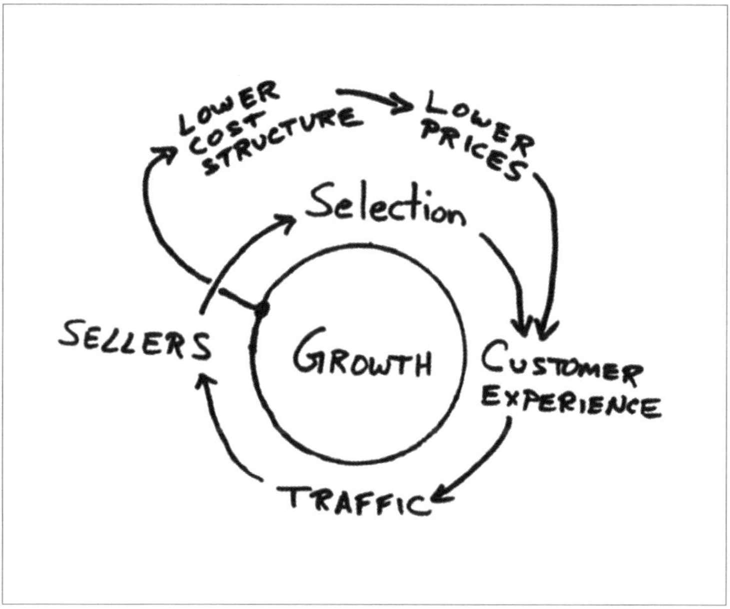

제프 베이조스 회장의 '냅킨 스케치(Napkin Sketch)'

이 선순환을 통해 왜 아마존이 낮은 비용과 판매를 통해 성장하고 디지털 트랜스포메이션을 도구로 사용했는지를 이해할 수 있다.

① 첫 번째 바퀴

제품종류Selection–고객경험Customer Experience–방문자 수Traffic–판매자 수Sellers–제품종류Selection

② 두 번째 바퀴

성장Growth–낮은 비용구조Lower Cost Structure–낮은 판매가격Lower Prices–고객경험Customer Experience

아마존은 '책'을 필두로 온갖 상품을 판매하면서 영업률 1%라는 아슬아슬한 선을 지키며 낮은 가격으로 시장을 장악한다. 이를테면 앞서 설명한대로 낮은 가격으로 고객들의 인터넷 쇼핑 경험을 유도하면 방문자 수가 증가하고, 방문자 수가 많은 곳에 판매자가 모여들고 이에 따라 상품군이 더 다양해져 다시 고객 경험(소비)이 늘어난다. 또 고객 경험이 늘어나면 각종 유통 비용이 낮아져서 더 낮은 가격을 제시할 것이며 이는 다시 트래픽을 늘리는 선순환의 관성을 지니게 된다는 것이다.

2014년 선보인 '프라임 나우Prime Now'는 최첨단 물류창고와 설비 등을 통해 주문 후 1시간 이내에 집 앞까지 배달하는 세계 최초의 서비스다. 퇴근길에 앱으로 주문하면 가정에서 수령 받는 일도 가능한 고객 중심의 유료 멤버십(연회비 99달러)으로 신선식품뿐만 아니라 영화, TV, 음원, 전자책 등 여러 가지 서비스도 함께 제공 받을 수 있다.

이 밖에 아마존은 자회사의 아마존 웹 서비스AWS를 통해 2006년 본격적으로 클라우드 사업에 뛰어들었고 이를 통해 완전한 IT회사로 거듭났다는 평가를 받고 있다. 2019년 아마존은 32.3%의 시장 점유율로 부동의 1위를 차지하고 있다. (현재 아마존 웹 서비스 사업 부문은 아마존 총이익의 절반 이상을 책임질 정도로 성장했다.)

이 가운데 유기농 제품을 주력으로 판매하는 '홀 푸드Whole Foods' 인수는 온라인 회사가 오프라인을 인수한, 역주행에 가까운 아마존의 이해할 수 없는 전략으로 간주되었다. 그들은 2017년 홀 푸드 배송 서비스와 프라임 나우를 통합하여 다음 해에 서비스를 실행함으로써 아마존의 차기 행보에 놀라움과 더불어 기대감을 갖게 하였다.

그리고 이와 유사한 형태로 2015년 오프라인 서점인 아마존 북스Amazon Books를 오픈하여 1995년 온라인 도서 판매 이후 20년 만에 드디어 온·오프라인 통합 공간을 마련하였다. 이를테면 아마존 북스는 아마존 닷컴의 확장판으로 아마존 북스에서 판매되는 책들은 아마존 닷컴에서 고객이 매긴 평점과 선주문, 판매량, 추천 서비스 등을 기반으로 선택되고 전시된다는 것이다. 책 소개도 킨들 독자들이 강조하고 표시한 데이터 분석을 통해 이뤄진다.

누구든 가장 '아마존다움'을 들라면 아마 무인 판매점인 아마존고Amazon GO를 추천할 것이다. 2016년 미국 워싱턴 주 시애틀에서 첫 매장을 연 아마존 고 스토어는 기존 편의점 대비 평균 약 50% 이상의 수익을 올린다고 한다. 이 서비스의 핵심은 '소비자

데이터' 확보다. 아마존 경영자는 판매 수익보다 장기적으로 소비자 물품 구매 패턴을 확보하는 것이 더 큰 이익이라고 보았다. 이 데이터는 향후 매장 디자인이나 마케팅, 신제품 판촉에 적용되어 새로운 비즈니스 모델을 만들 때 사용된다. 아마존 고는 월마트, 코스트코처럼 전통적인 오프라인 유통 강자가 버티고 있는 상황에서 새로운 유통 혁신을 이끌어낼 것으로 평가 받는다.

어떻게 무인편의점 아마존 고를 이용할까?

① 스마트폰에서 '아마존 고' 앱을 설치한다.

② 매장 입구에서 앱을 스캔하고 매장에 들어선다.

③ 매장 곳곳에 설치된 고해상도 CCTV가 고객이 추천하고 선택하는 상품을 식별한다.

| 선택된 상품을 앱을 통해 자동 결제한다 |

아마존은 클라우드, 인공지능, 빅데이터, 무인 로봇, 원격 통신 등 4차 산업혁명을 이끄는 기술을 누구보다 빠르고 적극적으로 활용하고 있다. 아울러 디지털 트랜스포메이션도 자신들이 '시장의 지배적 사업자'를 이루는데 효율성 높은 도구로 활용하고 적용할 것이다.

*최근 혁신의 아이콘 제프 베이조스는 27년 만에 최고 경영자의 자리를 내려놓았다. 1994년 시애틀의 한 창고에서 부모의 도움으로 창업한 그는 인터넷 서점에서 전 세계 최대 전자상거래 사이트 CEO로 성

장했고, 유통, 물류, 식료품, 디지털 콘텐츠, 미디어, 우주 개발까지 기존 질서를 무너뜨리고 아마존 제국을 건설했다. 그는 직원들에게 보낸 메일에서 "아마존은 혁신 때문에 존재하며, 우리는 정말 미친 일들을 함께 했다. 고객 리뷰, 원클릭 서비스, 개인 맞춤형 상품 추천, 프라임 초스피드 배송 등 많은 것을 개척했다. 처음 아이디어가 미친 것처럼 보여도 절망하지 말자. 당신의 호기심을 나침반 삼아 나가라."고 말했다. 아울러 사임의 이유는 가장 혁신적인 시기이며 CEO교체가 이뤄질 적기였기 때문이라고 밝혔다. 바야흐로 아마존 2기가 도래한 것이다.

| 조직 및 경쟁자와 손잡는 OTT 플랫폼 강자 넷플릭스 |

현재 OTT 플랫폼의 최강자는 시가 총액에서 디즈니를 앞선 넷플릭스다. 코로나19 사태로 미국 증시 역대치를 찍으면서 일어난 경천동지驚天動地할 상황에 세계가 주목하고 있다.

특히 넷플릭스의 디지털 네이티브 전략은 조직의 일하는 방식을 바꾸며, 경쟁사와 손을 잡는 파괴적 혁신이다. 하버드 비즈니스 칼리지는 수시로 넷플릭스에 대한 질문을 다음과 같이 던지곤 한다.

① 넷플릭스가 디지털 테크놀로지 시대의 총아처럼 어떻게 OTT 시대를 리드하는 기업으로 성장하였나?
② 넷플릭스와 블록버스터와의 전쟁이 1막이라면 월트 디즈니가 출범시킨 디즈니+와의 2막 전쟁은 어떻게 전개할까?

이밖에 오리지널 콘텐츠 제작과 관련된 사안에 앞서 얘기한 두 회사의 경쟁사로 지속할지 아니면 합병이 될지, 애플과 아마존, 마이크로소프트의 글로벌 공룡의 추격과 M&A 등도 거론되고 있다.

일단 오늘날 넷플릭스 위상을 결정지은 것은 디지털 트랜스포메이션이었다. 넷플릭스는 원래부터 '디지털 네이티브'이지만 '클라우드 네이티브(클라우드의 장점을 최대화 할 수 있는 어플리케이션)'라 불릴 정도로 디지털 트랜스포메이션에 성공적이었다. 여기엔 넷플릭스의 고충이 있었다. 단순히 데이터를 클라우드로 옮긴 것이 아니라 서비스의 설계, 구축, 배포, 운영 전체를 클라우드 컴퓨터에 최적화시키는 것이 관건이었다.

이렇게 되기까지는 넷플릭스가 기억하기 힘든 워스트 케이스가 있었다. 2008년, 넷플릭스는 데이터 센터에서 관계형 데이터베이스를 구동하던 중 마치 재앙과 같은 일을 만난다. 데이터 문제로 자체 서비스가 다운되고 3일간 DVD 배송이 중단되었다. 당시 수천편의 영상과 수백만 명의 고객들이 거대한 양의 데이터를 생성하고 있었다. 이 사태를 보고 넷플릭스 데이터 센터만을 통해서는 하늘 높은 줄 모르고 치솟는 볼륨을 해결할 수 없다는 절박감을 느끼게 된다. 결국 그들은 아마존 웹 서비스와의 협력 관계를 결정하였는데 양사는 경쟁사였기에 이런 결정을 내리기에 고민이 컸을 것이다. 말하자면 적과의 동침이 벌어진 것이다.

이들은 2009년부터 2015년까지 무려 7년간 IT 인프라를 데이터 센터에서 클라우드로 옮겼다. 여기서 한 가지 문제가 발생했다. 기존의 인프라스트럭처(infrastructure: 기초 시설과 시스템)를 완전히 새롭게 설계해야 했다. 왜냐하면 데이터에 존재하는 문제점을 클라우드로 가져 갈 수 없었기 때문이다. 이밖에 서비스 규모가 커지면서 서비스 전체를 한 묶음으로 개발, 관리하는 기존 방식에 한계를 보게 되었다. 그래서 클라우드 네이티브로 기술을 재구축하면서 각 팀이 독립적으로 의사결정을 가속화 할 수 있는 혁신적인 방안을 실천에 옮겼다. 이 과정을 통해 넷플릭스는 고객 대상을 개인화하고 맞춤형 서비스를 통해 규모와 수익을 동시에 달성하는 일거양득의 기회를 잡았다.

*넷플릭스의 큐레이션 기술은 전체 영상의 80%를 추천하고 있으며 연간 1조원의 가치를 가지고 있다. 넷플릭스의 아이디는 1억 3,000만 개, 사용자 프로필 기준으로 총 2억 5,000만 명이 사용하고 있다. 놀라운 것은 2억 5,000만 명이 어떤 장르의 영상을 즐겨보는지, 몇 시에 어떤 영상을 보고 있는지, 만약 중간에 껐다면 어떤 장면에서 껐는지 등의 디테일한 데이터를 추출한다는 것이다.

넷플릭스의 디지털 트랜스포메이션 전략은 대량 생산을 통해 평균적인 대규모 고객 집단을 상대로 돈을 버는 기존의 사고방식을 파괴하는 방향으로 흐를 것이다. 이를테면 한 달간 무료로 이용할 수 있는 체험 마케팅과 빅데이터에 의한 추천 알고리즘, 오리지널 콘텐츠 제작과 고객추천 제작 시스템 그리고 멀티채널에 의한 SNS 확산 등이다.

그래서 애플, 디즈니나 웨이브, 왓챠, 티빙 등의 서비스가 OTT 플랫폼 산업의 경쟁구도로 생태계를 이루는 현상은 미래 지향적인 측면에서 긍정적으로 보이는 측면이 많다.

출처: OTT 플랫폼 대전쟁/고명석/새빛/2020. 07. 20.

★ **TEACHING NOTE** ★

나이키, 레고, 애플, 아마존, 넷플릭스, 샤오미 등 디지털 트랜스포메이션에 성공한 글로벌 기업은 어떤 경쟁력이 있을까?

1. 차별화 하고 싶은 요소에 데이터를 집중적으로 만들고 확장하고 활용했다.

   넷플릭스는 완벽한 추천 알고리즘을 통해 '사람 취향'을 데이터화했고, 이를 세밀화했으며 (영화 라이브러리를 7만 7천개까지 나눔) 고객선호에 대한 분석을 하였다.

2. 회사 경영진의 확고한 의지가 있었다.

   나이키는 비즈니스 모델과 비즈니스 방식에 대한 경영진의 확고한 의지가 있었다. 말하자면 오프라인 매장을 체험 공간으로 전환, 온·오프라인 통합 사용자 경험을 유도했고 자사몰을 통해 자사 가치의 일관된 메시지로 소통의 계기를 마련하였다.

3. 고객 참여를 통해 제품 기획에서 설계, 개발까지 아이디어를 구했고 이를 디지털로 구현했다.

   레고나 샤오미의 고객은 제품 기획에 적극적으로 참여하는 충성고객으로 샤오미의 경우 고객 의견을 취합해 일주일 단위로 소프트웨어를 개선할 정도다.
4. 연결된 포식자 모델을 시장 선점의 계기로 삼고 네트워크를 통해 확장해간다. 아마존과 애플의 경우 선도적인 기업에서 나타나는 다차원적이고 동시다발적인 방법으로 디지털 트랜스포메이션을 적용하고 있다.

★

4

스타벅스를 보면 디지털 트랜스포메이션이 보인다

코로나19 팬데믹으로 인한 언택트Un-tact 기술의 폭발적인 증가로 디지털 트랜스포메이션이 가속화되고 있다. 따라서 기업은 위기 상황에 민첩하게 대응하고 변화하는 고객의 니즈를 신속하게 분석하며 수요와 공급을 예측하여 효율적으로 관리해야 한다.

성공적인 디지털 트랜스포메이션 전략을 추진하기 위해서는 비전 수립, 조직 정보 및 인재 확보, 거버넌스 체제 구축, 비즈니스 모델 개발, 혁신 및 R&D 등이 유기적으로 연결되어야 한다. 이런 측면에서 스타벅스의 위기에 대응하기 위해 실행한 디지털 전환은 단편적인 기술 혁신을 넘어 기업이 가진 모든 것들All Things을 근본적으로 새롭게 정의하는 디지털 트랜스포메이션의 퍼스트 무버와 같은 역할을 하고 있다. 과연 스타벅스의 어떤 시도가 오늘날의 스타벅스를 만들었는지 성공하는 디지털 추진 5가지 법칙을 통해 살펴보도록 하자.

출처: Digital Retail Trend

| 비전 수립 |

디지털 트랜스포메이션은 강력한 미래 비전을 가지고 최고 경영진에서 시작되어 조직 전체로 전파되는 톱다운Top-Down식으로 전파되어야 가시화된다. 아울러 디지털 환경(시장, 기술, 고객) 변화를 분석하여 기업의 비전 및 전략 방향을 수립하고 자사의 핵심역량 및 고객 경험을 파악하여 나아가 비즈니스 모델을 디자인하고 새로운 생태계를 만들 수 있는 디지털 전략을 추진해야 한다.

| 위기로부터 시작된 스타벅스 디지털 혁신 |

25년간 연평균 성장률 19%씩 꾸준히 성장해온 스타벅스에게도 흑역사는 있었다. 2007년부터 2009년까지 서브프라임 모기지, 즉 금융위기에 의한 여파였다. 원인은 과도한 확장 정책과 브랜드 철학에 반하는 운영으로 고객들이 등을 돌린 것이다. 하워드 슐츠(전 CEO)는 자서전에서 이때 자신이 경험한 소회를 글로 남겼다.

"스타벅스는 2007년부터 실패하기 시작했다. 성장이라는 유혹에 빠져 우리는 본질을 놓치고 있었다."

그는 주저하지 않고 2008년 다시 회사로 복귀했다. 복귀하자마자 그가 손을 댄 것은 성장 드라이브였다. 스타벅스는 매년 매장을 늘리고 매출을 크게 성장시키는 확장 전략을 20년 이상 집중해왔다, 그런데 이런 추세가 1998년을 기점으로 하락세를 보인다. 매장별로는 매출이 줄어드는데 매장 수를 공격적으로 늘린 소위 양적 팽창 때문이었다. 적정 매장 수를 초과하는 지역이 증가하는 것이 문제였다. 여기에 2000년 건강을 키워드로 한 웰빙 붐도 발전의 장애물이 되었다.

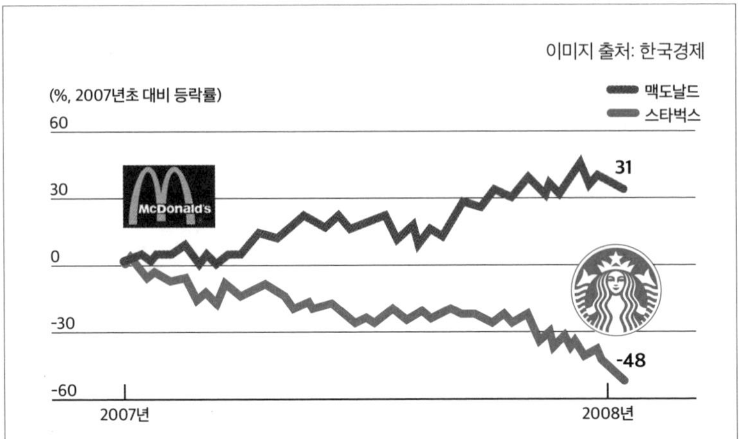

맥도널드와 스타벅스의 엇갈린 주가 행보

커피의 맛과 품질이 하락되며 경쟁력을 잃어가던 스타벅스의 비전을 가시화하기 위해 그는 고민 끝에 전 세계 매장에 다음과 같은 지침을 내린다.

첫째, 핵심가치를 리마인드하였다. 즉, 커피에 대한 확고한 권위자 역할, 파트너들과의 애착 관계 형성, 고객들과의 정서적 유대감 강화, 글로벌 지위 확대 및 각 매장 해당 지역의 중심화, 윤리적 원두 구매 및 환경 문제 솔선수범, 창조적인 혁신 성장 플랫폼 마련, 지속 가능한 경제 모델 이행 등이 그것이었다.

특히 이 가운데 디지털 혁신을 통해서 고객과의 정서적 교감에 불을 지피겠다며 '마이 스타벅스 아이디어'라는 공동 창조 플랫폼을 만든 것은 결론적으로 신의 한 수였다. 훗날 디지털 트랜스포메이션의 기초가 되어 주었다는 사실로 보아 그렇다. 그 스스로도 다가올 혁신과 파괴적 변화에 최고 경영자의 역할이 무엇인지 알았다.

| 조직 정비 및 인재 정보 |

많은 기업들이 디지털 채널 운영과 디지털 사업 평가 및 관리를 담당하는 전담 조직을 신설해 디지털 전략을 추진하고 있다. 또한 디지털 전략 수립, 비즈니스 모델 발굴, 디지털 채널 통합 관리, 디지털 문화 확산을 담당할 디지털 최고 임원CDO: Chief Digital Officer을 임명하고 있다.

일례로 독일 자동차 제조업체인 다임러의 경우 전사 차원의 디지털 전환을 위해 Digitallife@Daimler라는 사내 이니셔티브 조직을 만들고 이를 통해 다임러의 모든 사업부에서 디지털 트랜스포메이션을 추진하고 사업부 간 협력cross-division 방식으로 사내 디지털 관련 이슈를 해결하고 있다.

또한 연간 수시로 열리는 사내 행사와 커뮤니티를 통해 직원들은 경영진들과 만나서 디지털이 가져올 새로운 자동차 산업의 미래에 대해 아이디어를 공유하고 수시로 외부 전문가 및 스타트업과 협업하면서 자연스럽게 디지털 전환에 대한 부정적 인식을 걷어내고 디지털이 가져올 새로운 모빌리티의 미래를 준비하고 있다.

하워드 슐츠는 복귀 후 2008년 2월 26일 오후 5시 30분부터 9시까지 3시간 반 동안 미국 전역의 7,100개 매장의 문을 일시적으로 닫고 13만 5,000명의 바리스타 전원에게 에스프레소 엑설런트 교육을 실시한다.

그는 "가장 맛있는 고품질의 커피를 만들고 고객을 공동체 일원으로 여겨 사랑과 존중의 관계를 맺는 것이 바로 스타벅스의 존재의 이유"라고 강조하였다.

2009년 하워드 슐츠 전 CEO는 최고 정보 책임자로CIO: Chief Information Officer 스테판 질렛을 임명하고 디지털 벤처 부서인 스타벅스 디지털 벤처스Starbucks Digital Ventures를 신설하여 경영에 IT 기술을 접목하는 시도를 하였으며 이를 통해 '서비스의 디지털화'를 본격화했다.

하워드 슐츠 전 CEO는 디지털 기술 도입과 전략 수립을 위해 클라우드, 빅데이터, 모바일, 보안, 네트워크 기술에 탁월한 인재를 실리콘 밸리에서 적극 영입하였다.

이들이 만들어 낸 결과물은 'e프리퀀시'와 '사이렌 오더'였다. 특히 'e프리퀀시' 서비스는 굿즈였던 플래너

하워드 슐츠 CEO복귀
디지털 트랜스포메이션 주도

스타벅스 디지털 트랜스포메이션 추진

스타벅스 핵심가치 집중	1. 커피에 대한 확고한 권위자 역할, 2. 파트너들과의 애착관계 형성, 3. 고객들과 정서적 유대감 강화, 4. 글로벌 지위 확대 및 각 매장을 해당 지역의 중심화, 5. 윤리적 원두 구매 및 환경 문제 솔선수범 해결, 6. 창조적인 혁신 성장 플랫폼 마련, 7. 지속 가능한 경제 모델, 이상의 **7개 혁신 아젠다 발표**
디지털 기술 도입	**기술혁신은 브랜드를 강화하고 매장관리의 효율성을 개선하며 수익성을 높여주고 경쟁우위를 확대**하여 고객에게 스타벅스의 경험을 높이는 기회를 만든다라는 비전에서 실리콘밸리의 IT기업들과 제휴하여 최신의 디지털 기술을 도입 적용함
고객경험 강화	고객주문, 결제, 리워드, 개인화의 '디지털 플라이휠Digital Flywheel'을 중심으로 모바일을 활용하여 편리한 주문, 다양한 혜택을 제공하여 고객경험을 높이는 것을 목표로 삼음

출처: 디지털 리테일 컨설팅 그룹

를 받기 위해 17장의 종이 스탬프를 모아야 했었던 번거로운 과정을 단숨에 해결해주었다.

2012년 정식으로 최고 디지털 임원인 아담 브로트먼을 임명하여 전권을 위임하여 앱 출시와 모바일 결제, 리워드 시스템 등을 도입했다. 여기에 그치지 않고 하워드 슐츠는 어도비 시스템즈 출신인 제리마틴 플릭잉거를 최고 기술 책임자CTO에 임명해 신기술을 도입하고 인프라를 확충했다.

통상 디지털 트랜스포메이션의 비전과 전략을 체계적이고 일관성 있게 추진하기 위해서는 운영, 관리, 조정, 평가를 할 수 있는 거버넌스 체제를 구축하지만 이보다 앞서 디지털 전환의 핵심은 오픈 이노베이션이었다.

이는 외부 조직 인수 합병M&A을 통해 기술과 인재, 네트워크 등을 빠른 시간에 신속하게 확보하게 한다. 또한 자사 비즈니스를 위협하거나 기회 요인으로 작용할 수 있는 미래 기술에 선제적으로 대응할 수 있다.

스타벅스는 사내 스타트업과 기술 아이디어를 협력하는 오픈 이노베이션 전담팀을 운영하고 있다고 한다. 2012년 아담 브로트먼Adam Brotman을 CDOCDO: Chief Digital Officer로 영입한 것은 그가 디지털 비즈니스와 스타트업 조직문화를 경험한 사람이었다는 점이 주효했다.

| 비즈니스 모델 |

기회와 위협을 정확히 분석하여 디지털 기술 적용, 플랫폼 구축, 사업 방식 및 가치사슬 변화 등의 추진 전략을 재설정하고 새로운 비즈니스 모델을 발굴하여야 한다.

*디지털 트랜스포메이션 비즈니스 모델 접근법

1. 산업의 재창조: 완전히 새로운 형태의 고객 행동을 창출하는 비즈니스 모델
2. 제품 또는 서비스 대체: 핵심 제품과 서비스를 새로운 디지털 기술 및 포맷으로 직접 대체하는 형태의 비즈니스 모델
3. 새로운 디지털 비즈니스 창출: 부가적인 매출을 만들어내는 새로운 제품과 서비스를 창출하는 형태의 비즈니스 모델
4. 가치 전달 모델의 재구성: 기존 방식의 영업, 판매, 서비스 제공을 디지털 기술을 활용해 가치사슬을 단축시키거나 직접 제공하는 방식으로 전환하는 비즈니스 모델

5. 가치 제안의 재정의: 기존 사업을 영위하면서 확보한 고객 활동, 거래 방식 등을 기반으로 디지털 역량을 활용하여 새로운 고객 경험과 가치를 제공하려는 비즈니스 모델

이와 관련되어 포브스에 게재된 '스타벅스가 쏘아올린 디지털 트랜스포메이션 신호탄' 칼럼은 좋은 예시가 될 것이다.

"2014년에 개장한 스타벅스 리저브 로스터리Reserve Roastery는 고급화 전략을 추구한 스타벅스의 상위 브랜드이다. 일반 매장보다 더 맛있고 귀한 커피 메뉴를 제공할 뿐 아니라 칵테일 메뉴, 혹은 식사 등 커피를 넘어선 영역의 실험도 함께 이루어지는 공간이다. (디지털 트랜스포메이션 비즈니스 접근법을 염두에 두라.)

이곳을 통해 발전된 메뉴를 손님에게 대접할 때마다 스타벅스가 구축해 놓은 데이터 시스템에는 고객과 메뉴에 대한 모든 정보가 쌓이게 된다. 리저브 로스터리라는 고급 브랜드를 스타벅스 브랜드의 전체적인 이미지 상승 뿐 아니라 제품 영역 확장을 위한 교두보로 활용하는 것이다. 스타벅스의 모든 매장이 뉴욕 팬스테이션 매장처럼 픽업 형태로 바뀌거나 리저브 로스터리처럼 고급 매장으로 바뀌지 않을 것이다. 하지만 오프라인 매장은 디지털의 힘을 활용할 수 있는 형태로 더욱 진화하고 있다."

칼럼에서 스타벅스가 과연 디지털 트랜스포메이션의 신호탄이 되었는지에 대해 필자는 새로운 마케팅 트렌드를 제시한다.

"스타벅스의 디지털 트랜스포메이션은 업계 전반에 영향을 미치고 있다. 경쟁 커피 회사 뿐 아니라 맥도널드나 세븐일레븐 같

이 매출에서 커피가 중요한 부분을 차지하는 유사 업종들까지 온라인 오더와 리워드 시스템을 구축함으로써 경쟁에 빠르게 등장하고 있다. 던킨 도너츠도 새 시대에 맞게 거듭나기 위하여 사명을 던킨Dunkin으로 바꾸고 커피를 중심으로 한 사업 확장과 디지털 시스템 구축에 사활을 걸고 있다.(2011년 스타벅스는 '공간의 개념'만 남긴 채 'Coffee'라는 글귀를 떼어 냈다.) 앱을 통한 오더, 키오스크를 통한 대면 접촉 제한, O2O 배달 연계 같은 디지털 솔루션은 이제 경쟁에서 살아남기 위한 선택이 아닌 기본적인 전제 조건이 됐다."

코로나19 이후 스타벅스는 빅테크 기업으로 새로운 가치 제안형 기업으로 진격하고 있다.

| 혁신 및 R&D 추진 |

디지털 트랜스포메이션 추진을 위해서는 신기술 도입, 비즈니스 모델 구축, 디지털 문화 확산을 주도하는 혁신 및 R&D 전략을 명심해야 한다. 혁신 및 R&D 추진은 기본 내부 조직 중심에서 한 단계 발전시켜 다양한 외부 채널과의 협력, 실행 중심의 방법론을 도입한 혁신 전략을 이행하여야 한다.

스타벅스는 마이크로소프사의 도움으로 인공지능과 클라우딩 컴퓨터에서 블록체인에 이르는 고급 기술을 구현하여 매장에서 더욱 개인적이고 원활한 고객 경험을 창출하고 있다. 또한 전 세계 80여 개국에 있는 3만여 개 매장의 커피 머신을 사물 인터넷으로 연결하여 관리하고 있으며 인공지능 기술을 이용해 사용자의 성향을 파악해 메뉴를 추천해주고 있다.

아울러 38만여 커피 농장에서 생산되는 원두가 전 세계 스타벅스 매장에 도착하기까지 모든 과정은 블록체인으로 관리되고 있는데 이 모든 것은 마이크로소프트의 클라우드인 애저(Azure: 마이크로소프트사가 제공하고 있는 퍼블릭 클라우드 서비스)와 애저 IoT, 애저 AI, 애저 블록체인, 애저 스피어를 통해 구현되고 있다.

그 역할을 보면 다음과 같다.

① 애저 IoT를 기반으로 전 세계 매장의 커피머신에 IoT를 적용하여 수온이나 압력 등을 항상 최적의 상태로 유지하고 매장의 로스팅 머신은 애저 스피어로 연결해 IoT센트럴로 관리하여 스타벅스 고객이 항상 똑같은 커피 맛을 느끼도록 해주고 있다.

② 애저와 애저 AI를 활용해서 지능형 메뉴 추천 시스템인 '딥블루'를 개발하여 사용자의 성향을 미리 파악해 메뉴를 추천해주고 날씨와 매장별, 시간대별 인기 메뉴를 추천해 주는 서비스도 제공해 주고 있다.

③ 애저 블록체인을 이용하여 원두 산지에서부터 이동 경로, 최종 포장까지 그 변천 과정을 추적해 유통과정을 투명하게 하며 고객이 음용하는 커피가 어느 농장에서 나오고, 언제 포장되었는지 블록체인 기술을 통해 확인할 수 있다.

이밖에 개인화 서비스를 제공하는데 그치지 않고 스타벅스 매장 입지 분석에도 IT를 활용하고 있는데 인구 통계 정보, 일일 교통량, 상업 지구와의 거리, 대중교통 등이 그것이다. 따라서 빅데이터를 분석하여 매장의 입지를 선정하는 매장 개발 앱 '아틀

라스'를 구축하기에 이른다.

| 고객중심 |

제품 및 서비스 관련도나 고객 행동 등 각종 데이터를 디지털 기술을 이용하여 체계적으로 분석하여 고객 중심의 커뮤니케이션을 구현하는 것으로써 기업의 온·오프라인에서 동일하게 경험을 제공할 수 있도록 통합된 운영 전략이 마련되어야 한다.

스타벅스의 디지털 트랜스포메이션의 출발은 오로지 '고객'이었다. 말하자면 고객이 스타벅스를 체험하는 과정 하나하나에 디지털 기술을 접목한 것이다. 고객들이 스타벅스를 이용하면서 느끼는 모든 '오프라인 경험'이 '디지털 기술'을 통해 새롭게 태어났다.

그렇다면 스타벅스는 고객중심의 어떤 마케팅 전략을 실행했는가? 2017년 스타벅스 창업주 하워드 슐츠는 주주 컨퍼런스 콜에서 다음과 같이 말했다.

"새로운 환경(디지털 세대) 속에서 리테일 회사가 이기려면 그 회사의 매장은 경험을 제공하는 것이 유일한 목적지여야 합니다."

① 오프라인 매장을 이용하는 고객에게 최상의 경험을 서비스하는 디지털 기술: 기프트 카드(2004) / 마이 스타벅스 아이디어(2008) / 모바일 멤버십 앱 리워드 프로그램(2009) / 선불 충전식 스타벅스 카드(2011) / e-프리퀀시 서비스(2013) / 사이렌 오더(2014) / 모바일 오더&페이(2015) / 드라이브 스루(2018) / 마이 DT 패스(2018)

② 스타벅스는 모바일 앱이나 고객의 경험을 중심으로 한 디지털 휠 전략을 활용하는데 그 구도는 다음과 같다.

스타벅스는 고객의 참여가 곧바로 보상으로 이어지는 구조를 만들어 충성 고객을 확보했다.

이미지 출처: 스타벅스 코리아, 다산북스 블로그

이 구도는 충성 고객을 확보하고 지속적인 구매를 유도하여 끊임없는 고객 경험을 유도한다.

*플라이휠Fly Wheel이란 떠있는 바퀴라고 하며, 외부의 힘이나 동력이 아닌 관성에 의해서 스스로 돌아가는 바퀴를 말한다.

① 주문Ordering: 주문 시스템 핵심은 모바일 앱이며 이를 통해

고객 편의와 빅데이터를 확보한다.

② 결제Payment: 핵심은 '스타벅스 페이'이며 만일 스타벅스 카드로 결제하면 유료 옵션의 할인 혜택을 제공하고 카드 충전을 통해 결제 수수료와 금융 이자 수익도 절약하게 되어 고객 고착화가 이루어진다.

③ 보상Reward: 핵심은 별 적립처럼 '지속적이고 즉각적인 보상'에 있다.

④ 개인화Personalization: 개인화라기보다는 '추천'에 가깝다. 말하자면 넷플릭스Netflix의 스포티파이(Spotify: 세계 최대 음악 스트리밍) 추천 알고리즘과 같은 개념이다. 스타벅스는 매주 생성되는 9,000만 건 거래 데이터를 바탕으로 매장을 방문하는 고객에게 개인화된 음료, 음식, 제품 등 맞춤형 서비스를 제안한다.

| 운영 및 관리 프로세스 |

기존 업무방식에서 벗어나 시간과 장소에 구애 받지 않고 업무를 처리할 수 있도록 운영 및 관리 프로세스를 변화시켜야 한다. SNS, 클라우드, AI 등의 다양한 디지털 기술을 결합하고 기업의 의사 결정 속도를 높이기 위해 IT 인프라를 적극 활용해야 한다.

스타벅스 홈페이지에 들어가 원하는 매장을 찾으면 한 번의 클릭과 더불어 고객 위치와 연동되어 가장 가까운 매장부터 운영 시간, 상품 특성, 표준화된 매장 사진 정보까지 상세하게 알려준다. 또한 계절, 요일, 상권, 기후 변화에 따른 매출 및 상품 데이터를 분석해 구매량을 정하고 자동 발주 시스템과 연동하여 물류 시스템을 통해 고객에게 최적의 서비스를 제공한다.

만일 클레임이 발생하였을 경우는 그 수위에 따라 매장 직원, 관리자, 지역 관리자, 팀장, 본사 단위로 자동 분류되고 표준화된 e-메일, 전화 안내까지 이루어지며 최종 답변의 만족도를 평가함과 동시에 만일 개선이 필요할 경우 경영 회의의 주요 안건으로 채택하여 프로젝트로 만든다고 한다.

스타벅스의 리더십, 조직 문화, 비즈니스 모델 및 혁신을 통한 디지털 전환은 시대를 앞서가는 게임 체인저, 퍼스트 무버로 손색이 없다. 그러나 향후 예상치 못한 위기에 어떻게 관리하고 혁신해야 하는지, 금융 위기 이후에 어떻게 대처했는지 곱씹을 필요가 있다. '커피 산업의 제3의 물결'을 타고 나타난 녹록치 않은 경쟁사와 스타벅스의 가치인 '제3의 공간'이 오히려 발목을 잡을 수 있다는 예측은 간과할 수 없는 지적이기 때문이다.

★ **TEACHING NOTE** ★

"사이렌 오더, 옴니채널을 가동하다"

옴니채널omni-channel은 흔히 유통기업에서 사용되는 채널로 소비자가 온라인, 오프라인, 모바일 등 다양한 경로를 넘나들며 상품을 검색하고 구매하도록 하는 서비스이다. 그러면 옴니채널 이전에 어떤 채널이 운영되었는지 살펴보자.

1. 싱글 채널Single Channel: 오프라인 채널을 중심으로 소비자가 직접 매장을 방문하여 구매하는 기본적이고 단순한 유통채널
2. 멀티 채널Multi Channel: 하나의 회사가 온라인, 모바일, 오프라인 등 여러 채널을 운영하나 유기적이지 않고 독립적으로 운영된다. 서로 경쟁 관계이므로 가격 차이가 있으며 오프라인에서 상품을 보고 온라인에서 구매하는 쇼루밍showrooming이 이 채널에 해당한다.
3. 크로스 채널Cross Channel: 형태는 멀티채널과 비슷하지만 각 채널의 움직임이 독립적이지 않다. 동일한 프로모션 제공이나 연계하지만 고객관리와 재고관리가 취약하다.
4. 옴니 채널Omni Channel: 고객중심으로 온·오프라인, 인터넷, 모바일, SNS 등 모든 채널에 연결되어 있으며 동일한 프로모션과 가격을 제공한다. 전 채널에 동일한 메시지를 전달하여 고객 경험 강화와 판매 증대에 강한 채널전략으로 각광 받고 있다. 사이렌 오더로 주문 후, 선택한 픽업 매장에서 주문 음료를 찾아가는 것을 예로 들 수 있다.

★

5

V-노믹스의 고객은 무엇을 선택할까?

2020년 전 세계를 강타한 코로나19 바이러스는 끝날 듯 끝나지 않고 사회적, 경제적으로 심각한 영향을 미치고 있다. 따라서 코로나19 바이러스가 바꿔 놓은 그리고 바꾸게 될 경제 상황을 V-노믹스V-nomics라 명명하였다. 이는 바이러스Virus와 경제Economics를 결합한 단어로 이외에 'V'와 관련된 4가지 질문이 있다.

① 경기의 반등을 통해 빠른 경기 회복은 가능할 것인가? (V-Graph)

② 코로나19로 가속화된 '언택트' 트렌드는 어떻게 변화할 것인가? (Variation)

③ 코로나19로 소비자들의 가치는 어떻게 변화할 것인가?

(Value)

④ 브이노믹스를 헤쳐 나가기 위해 우리에겐 어떤 비전이 필요한가? (Vision)

문제는 '코로나19 이후 경기회복이 가능할까?'이다. 트렌드 전문가인 서울대 김난도 교수는 전반적으로 K자형의 양극화가 나타나겠지만 업종 별로 큰 차이가 없을 것이라 전망하고 대면성의 정도와 대체재 존재 여부, 그리고 기존 트렌드의 부합성에 따라 빠른 회복형의 V형(테마 파크, 미용실, 뮤지컬, 화장품, 병원), 완만한 회복형의 U형(해외여행, 면세점, 성형외과, 노래방), 등락이 큰 물결형의 W형(대중교통, 식당, 카페, 술집, 극장), 가속형의 S형(온라인 쇼핑, 배달, 배송, 캠핑 관련, 국내 휴양지 및 호텔, 골프), 코로나 특수형의 역V형(화상 커뮤니케이션, 국내여행, 사치품, 자동차 극장, 홈 이코노미) 등 5개 유형으로 나누어 놓았다. 여기에 한

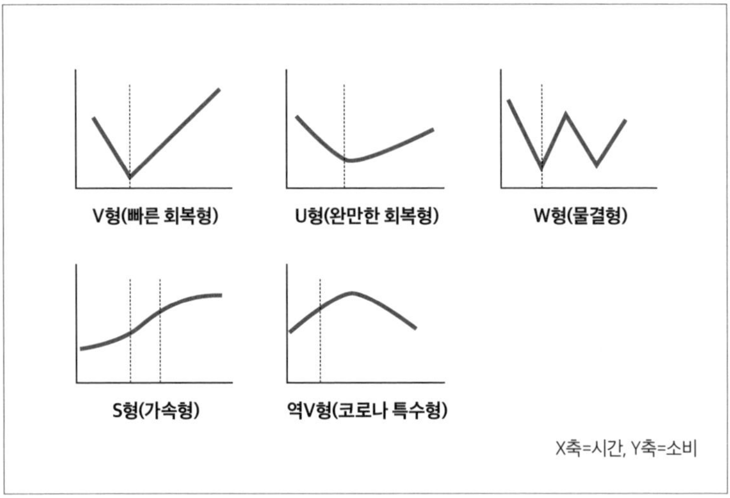

가지 기억해야 할 것은 코로나19 시대에 공동체 의식과 관용, 정부 역할의 균형 감각, 조직의 변화와 대응 역량이 무엇보다 중요하다는 것이다.

★ TEACHING NOTE ★

"V-노믹스, 기본과 본질에 충실하라"

바이러스가 바꿔 놓은, 그리고 바이러스가 바꾸게 될 경제의 핵심 가치는 기본과 본질에 충성하는 것이다. 브랜드의 경우 그 정체성을 지키는 것이 우선시 되어야한다. 결국 소비자도 보복 소비 등 일시적이고 충동적인 구매 활동을 이어가겠지만, 불안정한 상황일수록 본질에 집중하고 기본에 충실한 것들을 원한다. 그렇기에 우선 인지적으로 검증되고 안정된 브랜드를 선호하는 경향을 보이며 브랜드 이미지와 일치되는, 사회적 책임을 지는 기업에게 눈길을 돌린다. 또한 고통을 분담하는 상생 브랜드에게는 후한 점수를 준다.

★

6

마케팅 스페셜리스트의 관점에서 바라본 V-노믹스 트렌드

통상 트렌드 세터Trend setter는 소비자의 원츠wants와 니즈needs를 캐치하고 다음 세대의 동향을 제시하여 많은 사람들이 그 방향으로 관심을 갖도록 리드한다. 반면에 마케팅 스페셜리스트는 고객의 변화와 행동, 시장의 미래 수요를 통찰력으로 분석하고 예측하여 창의적이고 전략적인 접근을 한다.

그렇다면 마케팅 스페셜리스트의 관점으로 볼 때 V-노믹스에는 어떤 고객과 시장의 트렌드가 나타날까?

첫째, 산업별 특징과 마케팅 상황에 따라 대면과 비대면의 비율을 결정해야 한다. 일단 2020년은 코로나19로 인해 비대면 산업이 급성장했다. 이런 성장세는 종식 후에도 계속되겠지만 미래에 대한 예측으로는 오프라인과 온라인의 최적점이 유연하게 황

금비율로 조합된다는 것이다.

스타벅스는 일찌감치 언택트 서비스로 고객 만족도를 이어갔다. 그 대표적인 것이 사이렌 오더와 'My DT Pass', 드라이브 스루 매장으로 이것들은 언택트 소비문화의 상징이 되었다. 이 중 사이렌 오더는 지난해 누적 주문건수가 1억 8,000만 건을 기록하였다고 한다. (2019년 대비 2020년 주문건수는 14.4%)

또한 차량정보와 연동하여 결제 수단 제시 없이 스타벅스 카드로 자동 결제되는 'My DT Pass'도 코로나가 극심한 작년에 무려 46% 증가하였으며, 등록 고객은 스타벅스 리워드 회원 중 약 20%에 해당하는 150만 명에 이른다.

*한국의 스타벅스가 개점 21주년을 맞아 개점한 '더양평DTR점'은 리저브바, 드라이브 스루, 티바나가 결합된 프리미엄 커피숍이다.

스타벅스의 고민은 오프라인과 온라인이 결합된 새로운 스타일의 매장을 어떻게 운영할 것인가에 달려 있다. 그 예로 2019년 스타벅스는 뉴욕에 앱을 통해서 주문과 픽업이 가능한 '모바일 픽업 온리 스토어'를 열었다. 이는 사이렌 오더를 적극 활용한 매장 형태인데 규모는 상대적으로 작고 매장 내에 진열 상품도 없고 앱을 통해 주문한 상품을 빠르고 편하게 가져갈 수 있다.

이는 유동인구가 많고 땅값이 비싼 지역에 대규모의 오프라인 공간을 두는 대신, 고객 응대의 질을 올리고 주문의 효율과 회전율을 극대화하는 전략으로 보인다.

둘째, ESG Environmental, Social, Governance의 기업 가치를 둔 업체를 선택한다. 지금까지 기업은 실질적인 성과만 중시해왔는데 코로나19 이후 기업 선호도의 필요조건으로 환경, 사회적 책임, 지배구조인 ESG가 요구되고 있다.

ESG는 지난 2006년에 제정된 UN 책임 투자 원칙PRI에서 나온 개념으로 6개 원칙 중 3개 조항으로 ESG가 등장했다. 투자에 대한 의사 결정을 할 때 ESG를 반영하고 기업이 이를 공시하도록 하는 내용을 담고 있다.

ESG의 세 가지 요소 중 '환경E'은 기후 변화에 대한 기업의 정책, 공기와 수질 오염, 폐기물과 위험 물질 관리, 재생 에너지를 평가 대상으로 삼는다.

스타벅스는 2025년 까지 전 세계 매장에 에너지 절약과 친환경 건축 자재 사용, 재활용 촉진을 통해 친환경 건물 인증을 받은 매장을 만들겠다고 선포했다. 구체적인 내용으로는 100% 재생 에너지 공급, 매장의 물 소비량 감소, 윤리적으로 생산된 원두 99% 사용, 플라스틱 빨대와 컵 퇴출 등이다.

*1. 스타벅스에서 연간 10억 개의 일회용 빨대를 퇴출하면 연간 바다로 흘러 들어가는 플라스틱 쓰레기 800만 톤이 사라지고 플라스틱 섭취로 연간 죽어 가는 바닷새 100만 마리를 살릴 수 있다.

2. 스타벅스는 2005년~2018년도까지 총 7,500만 달러(약 900억 원)를 투자하여 전 세계 매장에 사용하는 전력의 77%를 재생 에너지로 공급했다.

사회S는 지역사회와 소통, 인권, 근로 관행, 제품의 안전성, 고객 관계 등에 초점을 맞추고 있는데 기업이 다양한 이해 관계자와의 관계를 적절히 관리하고 있는지 주시한다.

스타벅스는 코로나19 백신 접종의 효율성을 높이기 위해 노무, 인력배치, 연구개발 인력 11명을 현장에 파견한 것으로 알려졌다. 고객 응대와 관련해 축적된 스타벅스의 노하우를 백신 접종 현장에 적용할 수 있을 것이란 아이디어에서 나온 결과인 것이다. 실제로 케빈 존슨 스타벅스 최고경영자는 전 세계 3만 3,000개의 매장을 운영하고 1억 명의 고객을 응대한 노하우를 현장에 적용하고 있다고 밝혔다.

지배 구조G는 이사회 구성, 투명성, 뇌물과 부패, 주주 관계 등 리더십과 내적 통제를 평가한다. 한마디로 경영과 생산 과정 전반에서 환경문제에 잘 대응하고 충분한 사회적 기여를 하며 지배 구조가 건전한 기업만 투자대상이 될 수 있다는 것이다.

셋째, 구독 경제가 포지셔닝 된다. 구독 경제는 고객이 기업에 회원가입 및 구독을 하면 정기적으로 원하는 상품을 배송 받거나 필요한 서비스를 언제든지 이용할 수 있는 신개념 경제 모델이다.

스타벅스 코리아는 사이렌 오더를 이용한 고객을 대상으로 진행한 설문조사에서 구독 서비스에 대한 고객의 의향을 물었다고 한다.

결정적으로 커피 구독 서비스가 안정적으로 정착할 것으로 조사된다면 실제로 이를 실행할 시 소비자를 묶어두는 락인Lock-in

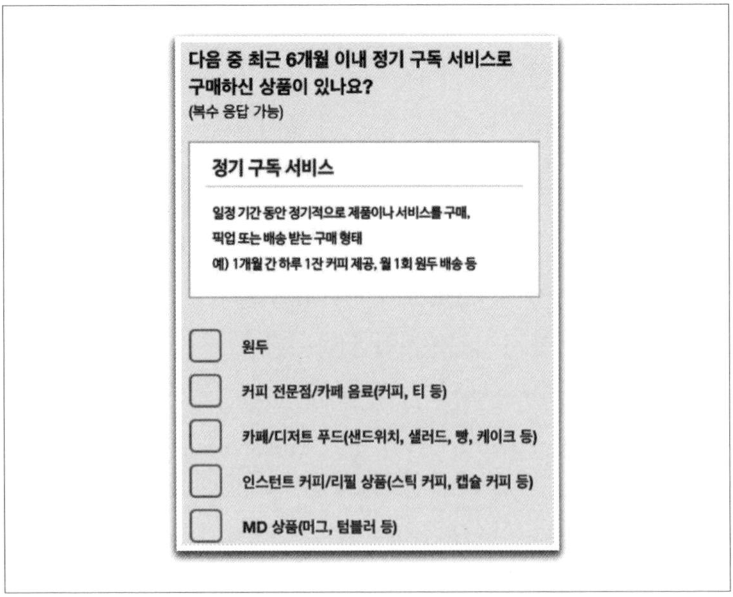

다음 중 최근 6개월 이내 정기 구독 서비스로
구매하신 상품이 있나요?
(복수 응답 가능)

정기 구독 서비스

일정 기간 동안 정기적으로 제품이나 서비스를 구매,
픽업 또는 배송 받는 구매 형태
예) 1개월 간 하루 1잔 커피 제공, 월 1회 원두 배송 등

- 원두
- 커피 전문점/카페 음료(커피, 티 등)
- 카페/디저트 푸드(샌드위치, 샐러드, 빵, 케이크 등)
- 인스턴트 커피/리필 상품(스틱 커피, 캡슐 커피 등)
- MD 상품(머그, 텀블러 등)

이미지 출처: 스타벅스 코리아

효과를 기대할 수 있다는 것이다.

넷째, 코로나19로 인해 홈코노미와 홈 카페가 트렌드로 자리 잡았다. 굳이 밖에 나가지 않아도 집안에서 모든 경제 활동이 가능해질 것이라는 예측은 홈코노미라 명명하지 않아도 어렵지 않게 예상할 수 있는 상황이다.

스타벅스 코리아는 운영 빅데이터를 토대로 홈 카페 열풍이 지속될 것이라 내다봤다. 실제로 지난 해 12월, 스타벅스의 원두 판매량은 전년 대비 62%가 증가하였다고 한다.

다섯째, 충성도 높은 브랜드를 선호하고 본질적인 부분에 관심을 보인다. 브이노믹스에서는 신상품 브랜드보다 안정적이고 충성도 높은 브랜드를 선호하며 본질에 대한 관심이 커지는 질적 변화를 보인다. 그동안 위기를 겪으면서 지켜온 스타벅스의 '커피의 본질'에 대한 고민과 대응책이 대두될 공산이 크다.

결론적으로 브이노믹스 시대의 스타벅스는 '준비된 기업'으로 통런할 가능성은 높아 보이나 아직도 구독 경제의 경우와 같이 안착되지 않은 불안정성이 적지 않게 보인다.

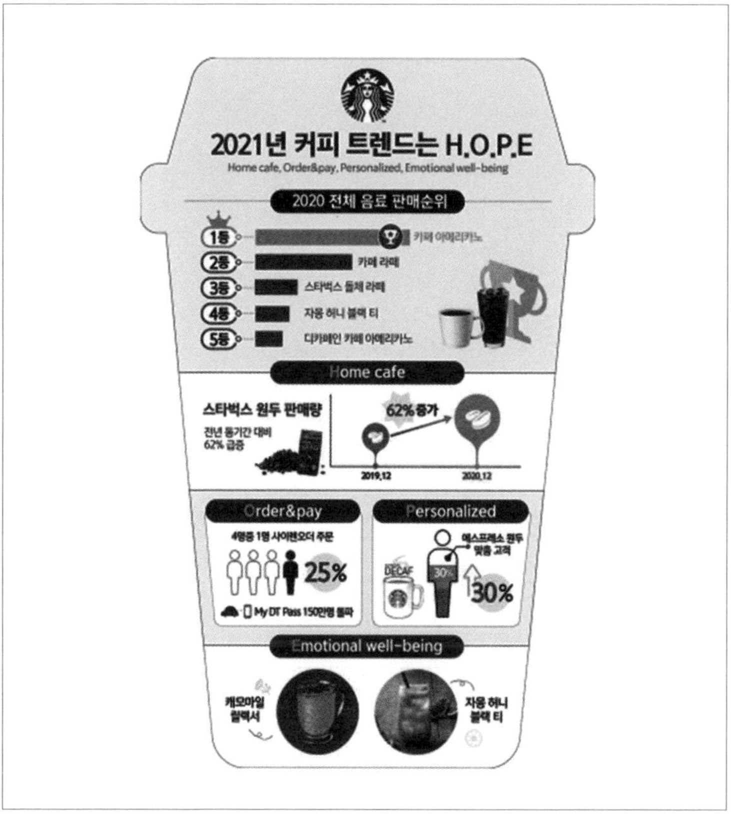

이미지 출처: 스타벅스 코리아

★ TEACHING NOTE ★

"왜 기업은 ESG에 열광할까?"

기업 및 사회적인 측면에서 보면 ESG의 급부상은 제품과 서비스의 차이가 없어지고 환경오염이 결코 개인의 책임일 수 없다는 자각, 또한 온난화 등 기후 변화를 방치해선 안 된다는 인식이 구체화되기 시작하면서 바람직한 경영의 한 모델로 포지셔닝 되었다. 더불어 기업 활동이 우리 사회에 미치는 영향이 방대해지므로 공정하고 투명하게 경영하는 기업에 투자하고 소비하는 뉴노멀 지표로 등장하게 되었다.

1. 기업의 정성적 지표(계수하기 어려운 부문의 평가)로 평가 받거나 투자 지표의 뉴노멀로 사용되기 때문이다.
2. '기업의 사회적 책임'이나 '지속 가능성', '공유 가치' 그리고 '기업의 시민 의식' 등의 개념과 유사한 맥락으로 사용되어 장기적 재무 가치나 기업 이미지, 투자 의사 결정 시 지대한 영향을 미치고 있다.
3. '기업 지배 구조 보고서(2019)' 등 자발적 실행 영역에서 의무 요소로 전환되고 있다.

★

7

데이터 비즈니스인가?
커피 비즈니스인가?

현대 사회에서는 데이터를 생각하지 않고서는 비즈니스를 생각할 수 없다. 이런 측면에서 세계 최대 커피 전문점 스타벅스가 다시 주목 받고 있다. 스타벅스는 자신들이 가진 데이터를 적극적으로 분석하고 사업에 접목하며 성장하고 있는 기업이기 때문이다.

미국 현지에서도 스타벅스는 외적으로는 커피 전문점에 불과하지만 데이터 활용에 그 누구보다 역량이 뛰어난 '기술 전문 기업'이라는 평가를 받고 있다. 그러나 스타벅스도 초기에는 데이터 활용에 능숙한 기업은 아니었다. 다른 기업처럼 아날로그 감성을 중요시 했고 이런 공감대가 매장을 확장하는데 중요한 요인으로 쓰였다.

스타벅스가 데이터에 눈을 뜨게 된 것은 아이러니하게도 금융 위기가 터진 2008년 전후였다. 스타벅스도 그 여파로 일부 매장을 폐쇄하게 됐는데 하워드 슐츠는 이 같은 상황에서 보다 분석적으로 데이터를 사용할 필요가 있다고 판단하고 내부 직원들에게 '적극적인 데이터 활용'을 주문한 것이었다. 이때부터 스타벅스는 '데이터 비즈니스'를 본격적으로 가동했다. 물론 과거의 스타벅스는 데이터를 활용했지만 이전까지의 데이터는 성과를 검증하기 위한 수단에 불과했다고 한다.

스타벅스의 데이터 비즈니스에 대해 참고할 두 편의 칼럼이 있다. 한 편은 포브스에 실린 '스타벅스가 쏘아 올린 디지털 트랜스포메이션 신호탄'이고 또 한 편은 데이터 컨설팅 회사인 'AI 프리 사이언스' 설립자 와스라흐먼이 경제 전문 매체 '마커Marker'에 게재한 원고이다.

전자의 칼럼에서는 스타벅스 데이터 비즈니스의 강점을 아래와 같이 열거해 놓았다.

| 모바일 결제 시스템으로는 최고다 |

스타벅스는 요식 업체 중 온라인 주문과 결제, 디지털 리워드 시스템을 글로벌 스케일로 가장 먼저 도입한 회사다. (2018년 기준 스타벅스의 결제 시스템은 미국 모바일 전체 결제 시스템의 12%를 차지했다.) 모바일 시장에서 만큼은 애플 페이, 삼성 페이, 혹은 구글 페이보다 더 많이 사용된 결제시스템이다.

| 스타벅스 앱을 증가할 전략이 있었다 |

모바일 앱에서 구매자에게 다양한 프로모션 혜택을 주고 고객에게 사이렌 오더의 간편 주문, 결제 기능 등 편리한 사용자 경험을 제공해 앱 사용률을 지속적으로 올린다. 이런 지속적인 투자와 관리로 자체 어플리케이션을 활용한 온라인 오더 도입 이후 매출이 20% 올랐다고 한다. 더불어 앱 사용자에게서 발생하는 데이터를 스타벅스가 자체 처리하고 분석함으로써 앱을 사용할 때마다 수집되는 수많은 고객 데이터 활용이 가능해졌다.

| 단편적인 디지털 트랜스포메이션이 아니라 디지털 생태계를 구축하는 형태로 접근한다 |

그 변화의 기본은 클라우드 인프라스트럭처 서비스Infrastracture As A Service로 데이터를 기반으로 한다. 매장에 들어가는 모든 커피 기계에 커피 추출 관련 데이터를 모을 수 있는 IoTInternet of Things칩을 이식함으로써 커피 머신도 사물 인터넷의 관점에서 접근한다. 이는 스타벅스에서 만들어내는 모든 커피의 실시간 추출 데이터를 모으고 분석함으로써 최고의 응대가 가능한 환경을 조성하는 것이다. 지역과 계절, 심지어 고객에 따라 맞춤형 서비스를 제공할 수 있는 토대를 만들고 있다. 이와 더불어 스타벅스는 판매 시점 정보 관리PoS: Point of Sales 시스템을 포함한 통합 디지털 시스템을 파트너 사에 솔루션으로 제공함으로써 생태계 확장과 상생을 도모한다. 스타벅스 직영 매장이 아니더라도 스타벅스가 구축한 디지털 솔루션의 장점을 함께 누릴 수 있다는 것이다. 이 칼럼에서는 스타벅스의 디지털이 단순한 기술보다는 생태계를 만드는 과정이라고 단정 짓는다. 이렇게 하면 상생과 네트워킹이 가능하다는 것도 아울러 주장하고 있다.

후자의 칼럼은 아예 약 3만 개의 매장에서 1억 건의 거래가 이루어지는 것을 두고 '스타벅스는 단순 커피숍이 아니라 데이터 기술 사업'이라고 평가한다.

① 신규 매장 출점: 스타벅스는 출점부터 복잡한 데이터를 분석한 뒤 신규매장을 오픈하여 도입기 리스크를 적극적으로 제거하려고 한다. 예를 들어 오픈 검토 지역의 인구와 소득 수준, 교통량, 경쟁 업체들의 데이터를 빼곡하게 수집한다. 그리고 인공지능(AI)에 기반한 분석을 통해 경제적 성과 측면도 예측한다. 이 측면에는 기존 스타벅스 매장이 받게 될 영향까지 포함된다.

② 커피머신: 매장에 있는 커피 머신도 데이터를 바탕으로 관리된다. 순간적인 오류로 고장이 나면 매출에 영향을 주므로 데이터와 AI를 활용해 커피 머신의 고장 가능성과 유지·보수의 필요성을 사전에 예측한다.

*스타벅스가 한 단계 앞서 나아간 것은 새로운 커피 머신이었다. '클로버 X'라고 하는 이 머신은 클라우드와 연결되어 운영 데이터 수집뿐 아니라 원격 장애 진단이나 수리도 가능하다. 현재 플래그십, 또는 컨셉 스토어에서 사용하고 있다.

③ 고객선호 및 추천: 스타벅스가 운영하는 온라인 회원제 시

스템인 '로열티 프로그램'의 회원 수는 1,600명에 달한다. 여기에서 수집되는 데이터를 통해 스타벅스는 각각의 고객들이 선호하는 것이 무엇인지 파악하여 개별 고객들이 좋아할 만한 신제품이나 디저트를 추가 구매할 수 있도록 한다. (스타벅스 코리아는 자체 개발한 멤버십 프로그램 '마이 스타벅스 리워드'를 운영 중이다.)

④ 신상품 출시: 스타벅스는 지속적으로 고객의 구매 패턴 뿐 아니라 매장에서 나타난 요구 사항들을 분석해 변화하는 소비 트렌드를 찾아낸다. 2016년 스타벅스는 마트 전용 제품들을 선보였는데 가정용 커피 시장에 진출한 것도 데이터가 결정적인 역할을 했다.

이에 대해 라흐먼 설립자는 '스타벅스는 매장 내 소비 데이터의 제안을 기반으로 가정용 무설탕 음료를 출시했고 우유가 들어가거나 들어가지 않은 제품도 선보였다'고 설명했다.

향후 스타벅스는 수집된 정보를 어떻게 사용할 것인지, 커피 회사의 정체성을 지키며 확장성과 더불어 빅테크 기업과의 네트워크를 어떻게 만들어나갈지 등 아직 풀지 못한 난제를 안고 앞으로 나아가야 할 것이다.

최근 애플은 모바일 운영체제의 최신 버전인 iOS14를 만들면서 애플 기기에 탑재되는 앱 사용자의 개인 정보를 함부로 가져가는 것을 어렵게 만드는 절차를 넣었다. 바로 '옵트인' 방식을 적용시킨 것이다.

스타벅스의 데이터 비즈니스 사례

신규 출점	새롭게 오픈을 검토 중인 지역의 유동 인구와 소득, 교통량, 경쟁 업체 등 데이터를 수집해 분석, 신규 출점 시 기존 운영하던 매장에 미치는 영향까지 고려해 최종 결정
맞춤형 프로모션	가입자 수 1,600만 명에 달하는 '로열티 프로그램'에서 구매 데이터를 통해 각각의 고객 기호 분석, 주문한 것들에 근거해 좋아할 만한 신제품이나 디저트 등을 구매 제안
제품개발	데이터 분석을 통해 보다 정확하게 변화하는 소비 트랜드를 파악하고 새로운 제품을 출시하거나 기존 제품 업그레이드
매장 내 기계 관리	고장날 경우 매출에 큰 타격을 줄 수 있는 커피 머신의 고장 가능성 및 유지 보수 필요성을 사전에 예측

출처: 한국경제 매거진

★옵트인opt-in방식: 전화나 이메일 또는 유료 서비스를 제공할 때 수신자의 허락을 받은 경우에만 발송할 수 있도록 하는 방식

이렇게 하면 구글과 더불어 전 세계 디지털 광고의 60%를 차지하는 페이스북의 입장에서는 엄청난 타격이 될 수 있다. 그렇다면 왜 애플은 의도적으로 실리콘밸리 대전에 불을 붙였을까? 이제 과거와 달리 최고의 제품보다는 서비스라는 새로운 성장 동력으로 수익원을 만들겠다는 의지를 표명한 것으로 보인다.

스타벅스 역시 단순한 커피숍이 아니라 데이터를 통한 서비스 분야에서 수익을 내겠다고 한다면, 빅테크 기업과의 관계 설정과 더불어 핵심 역량을 재정비해야 할 것이다.

★ TEACHING NOTE ★

"데이터 비즈니스가 커피 값 인상을 막았다."

스타벅스는 디지털 마케팅과 모바일 기기를 통해 고객과 소통하고 있으며 데이터 비즈니스를 통해 개인화(주문 이력, 사용 매장, 시간대 등)를 적극적으로 실현해 가고 있다. 이미 '사이렌 오더' 실행 전 디지털 시스템을 통해 고객 이름을 호명하는 '콜 마이 네임' 서비스를 개발한 스타벅스는 지속적으로 사용 편의성과 기능을 강화하여 빅데이터를 활용한 추천 기능 도입과 음성 주문 서비스 등 이용자 중심의 맞춤형 서비스를 강화하고 있다.

그동안 스타벅스가 인건비 상승에 비교적 여유로웠던 것은 사이렌 오더의 영향이 컸던 것으로 알려졌다. 스타벅스 주문의 18%가 모바일 주문으로 이뤄지는 만큼 인건비로 인한 가격 동결이 가능하였는데 지난 7년간 연평균 26%, 매장당 2배 이상 성장하였음에도 근무 인력은 7년 전에 비해 약 10%에 그쳤다고 한다. 사이렌 오더는 적은 인력으로 효율적인 매장을 운영하게 하였다. 앱에 쌓이는 빅데이터를 근간으로 근로 시간도 탄력적으로 조정하고 있다. 전 매장의 피크 타임을 요일별, 시간대별로 분석해 직원을 적절히 배치한다. 이런 요인들이 스타벅스의 가격정책에 반영되고 있다.

4

스타벅스의 미래 가상 시나리오

"블록체인 기술은 스타벅스의 통합 앱의 기반이 될 수 있다."

<하워드 슐츠Howard Schultz>

"2022년에는 스타벅스에서 현금이 아닌 비트코인으로 결제를 하게 될 것이다."

<미국 벤처투자자 팀드레이퍼Timothy Cook Draper>

★

1

금융은 필요하지만 은행은 아니다

| 미래의 은행은 어떻게 바뀔까? - 5가지 시나리오 |

매년 금융계 CEO들은 신년사에서 스타벅스를 잠재적 경쟁자로 보고 이에 대한 대비책을 이야기하곤 한다. 심지어 어느 CEO는 스타벅스를 '규제받지 않는 은행'으로 표현하기도 하는데, 스타벅스의 지난 10년 동안 마케팅 활동을 들여다보면 이런 심정을 충분히 이해할 수 있다.

스타벅스는 2001년 선불식 충전 카드인 '스타벅스 카드'를 출시했다. 이는 말 그대로 일정 금액을 카드에 충전하고 필요할 때에 결제하는 방식으로, 미국 뿐 아니라 전 세계 스타벅스 영업점에서 카드 사용량이 늘어난다면 영업 활동 없이 거대한 현금이 눈덩이처럼 쌓이게 된다.

지난해 스타벅스의 충전 금액과 이연 수익(deferred revenue: 기프트 카드처럼 요금을 먼저 받고 나중에 수익으로 인식한다는 재무 용어) 등으로 얻게 된 현금 보유량은 12억 달러, 우리 돈으로 약 1조 4,000억 원으로 집계되었다.

이는 미국의 웬만한 지방 은행의 보유량을 뛰어넘는 수준으로 '스타벅스 은행'도 가능하겠다는 금융계 평가가 무시하지 못할 사안이 되었다. 예견한대로 스타벅스의 예치와 간편 결제 등을 금융 회사의 기능과 동일한 것으로 간주하고 이것을 더 확장시켜 전 세계 어디에서든지 하나의 앱으로 현지 통화 결제가 가능하게 된다면 문제는 더욱 심각할 수 있다.

여기에 애플 페이나 구글, 삼성 페이보다 더 많은 앱 결제 사용자 수(2,340만 명)를 보유한 것도 스타벅스를 커피 회사에서 핀테크 기업으로 인식하게 하는 요인이 되고 있다. 1994년 당시 마이크로소프트사의 빌게이츠 회장이 말했던 '금융은 필요하지만 은행은 아니다.Banking is necessary, banks are not'라는 예단은 이점에 있어 매우 시사적이다.

최근 세계 최다 투자 회사인 골드만삭스는 공공연히 자신의 회사를 정보 IT기술 회사라 공표하고 실제로 직원의 1/3을 IT 인력으로 교체했다.

그렇다면 우리가 가십 거리로 얘기하는 '아마존 뱅크'나 '스타벅스 은행', '페이스북 은행'은 정말 가능할까?

여기에 흥미로운 보고서가 하나 있다. 1974년 독일의 헤르슈타트 은행의 도산이 국제 외환 시장 및 은행 시스템에 심각한 영

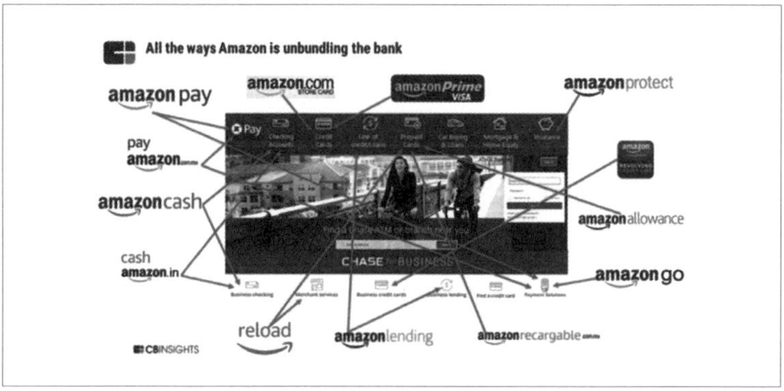

이미지 출처: How Amazon has unbundled the bank; Credits: CB Insights

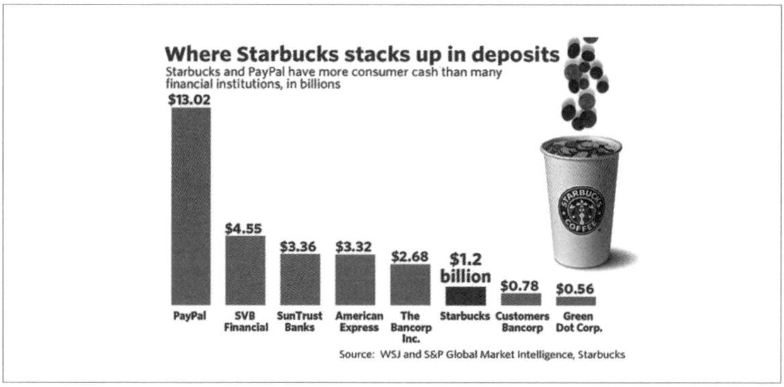

이미지 출처: MarketWatch

이미지 출처: newaccountfacebook

향을 미치면서, 글로벌 은행감독 기준을 마련하고 국제 협력 및 공조를 위해 바젤 은행 감독 위원회가 설립됐다. (우리나라는 2009년 3월 한국은행과 금융감독원이 가입했다.)

이 위원회가 '핀테크의 발전이 은행과 은행 감독자에게 가져다주는 의미'라는 보고서를 발표하며 5가지의 시나리오를 제시했다. 이 시나리오의 특징은 고객에게 상품과 서비스를 제공하는 참여자를 '서비스 제공자'와 '고객 접점' 두 가지로 분류했다는 사실이다.

첫 번째 시나리오는 Better Bank－디지털로 개선된 은행이 지배한다는 것으로 기존 은행도 디지털화와 핀테크로 발전하고 있으므로 계속 패권을 쥐게 된다는 예측이다. 그러나 핀테크의 경우 고객이 제한적이고 고비용을 필요로 한다는 단점이 대두되고 있다.

그럼에도 불구하고 결국 디지털로 개선된 은행이 승자로 남게 된다는 시나리오이다. 이 보고서에서는 '이런 조짐이 일부에서 보이지만 이 시나리오가 어느 정도 지배적인 것이 될지는 알 수 없다'라는 불확실성도 읽을 수 있다.

두 번째 시나리오는 New Bank－새로운 은행이 지배한다는 것으로 기존 은행이 '챌린지 은행'이라 불리는 새로운 은행에 의해 대체된다는 것이다. 기존 은행 플랫폼은 디지털 플랫폼으로 대체되고 기존 오프라인 매장은 디지털 매장으로 전환된다고 한다. 여기서 기존 유산을 보유한 은행들은 비용과 속도 면에서 패퇴한다는 예측이다. 다만, 새로운 은행으로 지목된 서너 개의 참

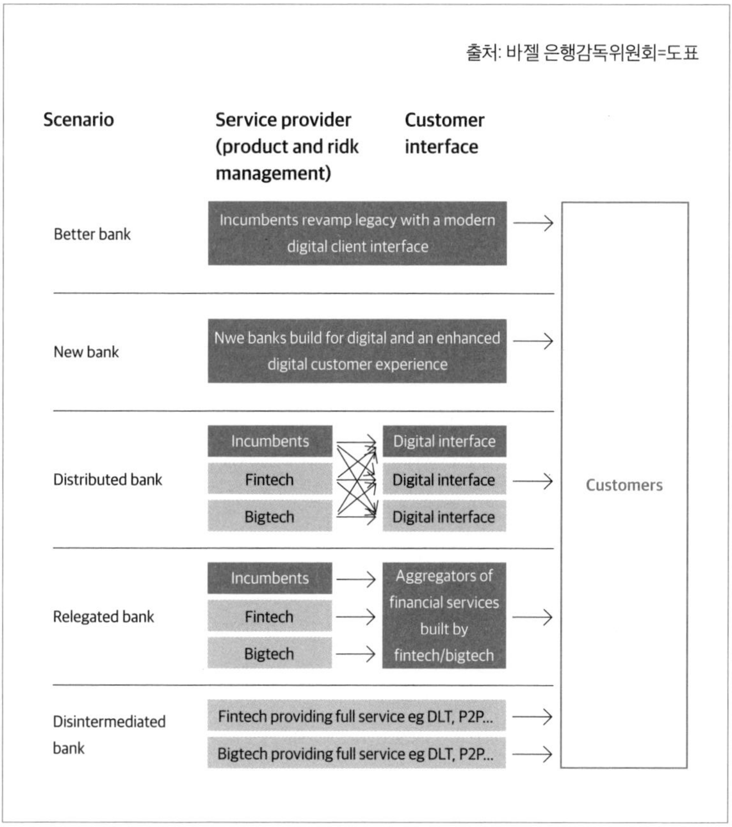

다섯 가지 시나리오와 각 참여자들의 역할 개관

여자가 탄생했지만 이 시나리오가 유력하다는 증거는 아직 없다고 한다.

세 번째 시나리오는 Distributed Bank－기존 은행과 핀테크 기업의 상호 분업이 이루어진다는 것이다. 말 그대로 기존은행과 핀테크 기업이 상호 분업한다는 시나리오이다. 이 시나리오에서는 양자가 각각의 특기 분야에서 분업할 뿐 아니라 합작 벤처 형태로 협업하는 것을 상정하고 있다. 빅테크 기업의 주된 특징은 '언번들링Unbundling'으로, 금융사가 제공하는 지급 결제, 자산 관리, 보험 등에 이르는 모든 금융 서비스를 전달Bundling하는 것이 아니라 이를 모두 해체, 분리Unbundling하고 하나의 서비스만 '더 잘' 전달하는 방법이다. 이들은 다양한 금융서비스를 언번들링하여 규제를 피하기도 하는데 이 시나리오에 적합한 예시가 될 것이다.

네 번째 시나리오는 Relegated Bank–기존 은행이 격하된다는 시나리오이다. 즉 좌천되다, 격하되다, 퇴장 당한다는 정도의 의미로 새로운 은행과 핀테크 기업 등으로 인해 기존 은행이 퇴장하게 된다는 예측이다. 고객 접점은 GAFAGoogle, Amazon, Facebook, Apple등 메가테크 기업과 핀테크 기업이 지배하고, 기존 은행은 그저 단순히 관련 서비스를 제공하는 공급자로 전락하게 된다. 이 보고서에서는 업계 전체가 이 같은 시나리오에 빠질 가능성은 적지만 이미 결제 사업과 온라인 대출 사업 등에서는 그 징후가 보인다고 얘기한다.

여기서 왜 빅테크 기업들이 기존 은행의 경쟁력을 낮추고 퇴장하게 만드는 요인이 되는지 살펴보자. 빅테크 기업은 플랫폼 가입자 풀과 기술력을 바탕으로 무매장, 비대면 접근이 유리하다는 것이 경쟁력이다. 이는 기존 은행이 매장을 통한 대면 접근을 시도했다는 점에서 대비되고 있다.

소비자가 느끼는 비대면의 편리함과 유용성은 기존의 금융서비스와는 전혀 다른 만족도와 의존도를 높여갔다. 그뿐 아니라

이들 기업들이 플랫폼을 통해 구축한 정형, 비정형 데이터는 소비자에게 실시간으로 맞춤화된 서비스로 제공되고 있으며, 디지털 플랫폼을 활용하여 가격 경쟁력 있는 금융 서비스를 제공하고 있다.

예를 들어 기존 은행은 저신용자들을 위한 위험한 신용 대출을 제공할 수 없는 반면 빅테크 기업은 빅데이터를 활용해 채무상환 가능성을 평가해 위험을 경감한 채 적정금리의 신용 대출이 가능하다는 것이다.

마지막 시나리오는 Disintermediated Bank–은행이 파괴된다는 것으로, 핀테크 기업과 메가테크 기업이 고객접점과 서비스 제공 양쪽을 지배한다는 시나리오다. 즉 '중간이 생략된'이라기보다는 '은행이 파괴된다는 시나리오'라고 표현하는 것이 적절할 만큼 급진적인 시나리오이다.

최근 빅테크 기업은 금융의 탈중앙화De-Fi: Decontralized Finance를 추진하고 있다. 과거에 금융 서비스는 금융 기관의 인프라 및 네트워크를 활용해야만 했기에 빅테크 기업들도 금융사와 협업이 중요했다. 하지만 현재 빅테크 기업들은 블록체인을 활용해 중앙화된 금융 기관의 역할을 배제하려고 한다. 놀랍게도 블록체인의 스마트 계약Smart Contract 기술을 활용해 송금, 외환, 신용 거래 등의 금융 서비스를 탈 중앙화해 나가고 있다. 이런 시나리오는 현실화될 가능성이 높은데 그 근거는 블록체인 기술을 응용한 가상 화폐가 기존 은행을 거치지 않고 사물의 가치를 이전할 수 있는 기술이라는 점에서 더욱 그렇다.

2018년 스타벅스가 암호 화폐 선물 거래 플랫폼 백트에 투자한 사실이 금융계에서 주목 받은 이유이다. 만일 스타벅스가 알리 페이나 위챗 페이와 같이 블록체인을 매개로 78개국 매장을 통합할 수 있다면 환전을 하거나 카드 해외 결제 수수료를 낼 필요가 없어진다. 이는 대규모 선불 충전금을 활용해 금융 플랫폼으로 거듭날 수 있다는 신호가 된다.

아직은 상상일 수 있지만 비트코인과 같은 블록체인을 공동 결제 장부 삼아 세계 시장에서 확보한 자금을 집중하여 전망이 좋은 곳에 투자하거나 어플리케이션 내 고객들에게 대출 등 금융 상품을 제공한다면 미래 금융계의 지형은 어떻게 바뀔까? 마지막 시나리오는 스타벅스의 미래와 맞물려 깊은 생각에 잠기게 한다.

| 왜 그들은 스타벅스를 규제 받지 않는 은행이라 했을까? |

미 브랜드 컨설팅사인 모멘텀의 최고기술책임자CTO 제이슨 스나이더는 '사실상 스타벅스는 규제 받지 않는 은행'이라고 하였다. 일단 스타벅스는 고객 충성도를 기반으로 스타벅스 앱에 고객을 묶어둔다는 점에 주목할 필요가 있다. 한국에서는 전체 주문 건수의 16%가 스타벅스 앱 내 선불카드를 사용한 선(先)주문 서비스인 사이렌 오더로 이루어진다. (데이터 출처: 스타벅스 코리아) 왜 이들은 신용카드로 결제하기 보다는 선불카드를 사용할까?

스타벅스는 선불카드에 충전할 때마다 1+1 쿠폰(음료 하나를 사면 하나 더 제공하는 제도), 생일 쿠폰, 할인 쿠폰 등 다양한 혜택을 제공한다. 그리고 선불카드로 결제를 하면 신용카드 결제 시 부가되는 수수료가 면제된다. 이렇게 해서 모인 선불 충전금을 은행에 예치해 이자를 받거나 자체 투자금으로 사용할 수 있으므로 스타벅스의 예상되는 금융계로의 전환은 모든 이들에게 지대한 관심을 받고 있다.

현재 스타벅스 앱에서는 국가 간의 연동이 어렵다. 말하자면 다른 국가의 스타벅스 카드는 한국에서 충전하거나 사용할 수 없다.(국가 간 어플리케이션의 호환성) 가장 큰 문제의 본질은 환전이다. 만일 스타벅스 코리아에서 스타벅스 태국에 3,000원을 보내준다면 당사자들과의 거래가 이루어지지 않고 이 돈을 한국은행에서 달러로 환전해서 미국은행으로 보내고, 미국은행에서 태국은행으로 달러를 바트로 환전해서 다시 스타벅스 태국으로 송금하는 복잡한 과정을 거쳐야 한다.

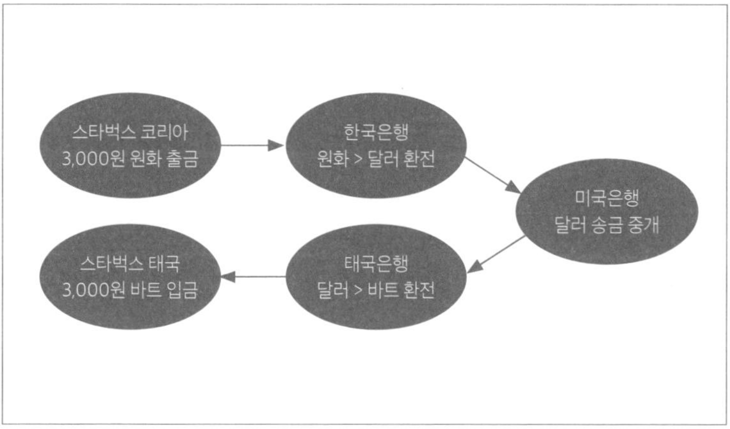

출처: 신병철의 중간계 캠퍼스

이런 흐름이라면 송금 수수료가 4번, 환전 수수료가 2번으로 송금 환전 비용문제가 발생한다. 비용보다 더 중요한 환전 사고와 입출금 동시성의 문제이므로, 각국의 금융 규제도 간과할 수 없다. 이 문제에 대해 하워드 슐츠는 2018년 비즈니스 뉴스 채널인 폭스 비즈니스Fox Business와의 인터뷰에서 '블록체인 기술이 스타벅스 통합 앱의 기반이 될 수 있는 솔루션'이라 언급하였다. 전문가들은 이에 대해 기존의 금융망은 여러 중개자를 거쳐야 하는 복잡한 결제망인데 비해 이 흐름을 블록체인으로 간소화한다면 비용을 줄일 수 있다는 말로 해석했다.

*블록체인: 블록에 데이터를 담아 체인 형태로 연결해 수많은 컴퓨터에 동시에 이를 복제해 저장하는 분산형 데이터 저장 기술로 모든 거래 참여자들이 정보를 공유하고 이를 대조해 데이터 위조나 변조를 할 수 없도록 한 시스템

또 이렇게 은행 전산망을 우회하면 국가 간 금융 거래 시에 발생하는 비용과 시간을 줄일 수 있어 기존에 스타벅스가 안고 있던 국가 간의 호환성 문제도 어느 정도 해결이 될 것이라는 관측도 나온다. 아울러 전 세계 매장을 통해 축적한 다양한 통화로 구성된 예치금의 활용도를 디지털 자산을 통해 높일 수 있을 것이라는 기대도 가능하다는 것이다.

| 왜 스타벅스는 암호 화폐 결제를 부인했을까? |

스타벅스는 미국 뉴욕 증권 거래소NYSE를 비롯하여 23개의 글로벌 거래소를 소유한 인터컨티넨탈 익스체인지ICE, Intercontinental Exchange와 마이크로소프트MS, 스타벅스, 보스턴 컨설팅BCG이 합작해 만든 암호 화폐 거래소 '백트'의 파트너로 참여한다고 공식 발표했다. 이 발표 후 곧이어 대변인을 통해 '암호 화폐 결제를 도입할 생각이 없다'라고 공식 입장을 밝혔다. 과연 스타벅스의 속내는 무엇일까?

이 질문에 답하기 위해 가상 화폐Virtual currency와 전자 화폐Digital Currency, 그리고 비트코인에 대해 알아보기로 하자. 먼저 가상 화폐는 실물 화폐와 대비되는 개념으로 전자적으로 만들어진 가상 현실 속의 화폐이다. 상대적으로 비교되는 전자 화폐는 민간 온라인 유통이나 은행에서 부분적으로 개발하여 사용하는 것으로 흔히 온라인과 같은 디지털 세계에서 통용된다.

중앙은행이 기존 통화를 대체하거나 통화 정책을 위해 직접 만든 중앙은행 전자 화폐 CBDC(중앙은행이 블록체인 등 분산 원장 기술을 활용해 전자 형태로 발행하는 화폐)가 그 예로, 타 암호 화폐와 달리 현금의 가치 변동이 거의 없으며 액면가도 정해져 있을 뿐 아니라 기존 법정 통화와 일대일 교환이 가능하다.

그렇다면 암호 화폐와 비트코인은 어떻게 다른가? 일단 암호 화폐는 수많은 참여자가 승인한 거래블록을 체인과 같이 누적하여 기록하므로 복제나 위조가 불가능하다는 장점이 있다. (디지털 화폐에 암호화 기술이 구현되어 있으며 따지고 보면 비트코인도 이 범주에 속해 있다.) 특히 하나의 원장에 집중 기록하고 통제하는 것이 아니라 참여자들이 동시에 거래 기록인 원장을 보관하므로 분산 원장과 탈 중앙 통제화가 특징이다.

아울러 직접적인 거래 처리로 국제간 송금에 시간절약은 물론 저비용이 가능해 전문가들은 스타벅스가 암호 화폐에 깊은 관심을 가지고 있다고 예상한다. 문제는 익명성으로 범죄자금을 은닉하거나 탈세가 시도될 수 있다는 것이다.

그러면 왜 스타벅스는 비트코인 직접 결제를 부인했을까? 여기서 비트코인의 개념을 살펴보면 그 답을 찾을 수 있다. 비트코인은 2009년 개발된 가상 화폐로 정부나 중앙은행, 금융회사의 개입 없이 온라인상에서 개인과 개인이 직접 돈을 주고받을 수 있도록 암호화하는 화폐를 말한다.

한마디로 블록체인 기술을 금융 거래 시스템에 접목한 것으로 완전히 익명으로 운영된다. 아울러 가치의 급격한 변동으로 교환 수단이나 가치 저장 수단보다는 투자 수단으로 활용하는 경향이 있고 미국이나 중국 등 이를 취급하는 국가에서는 거래 제한이나 규제를 하고 있다.

결국 안정성과 익명성을 안고 가기보다는 백트 거래소를 통해 비트코인과 같은 디지털 자산을 달러 등 기존의 법정 화폐로 전환하는 어플리케이션으로 미래의 빅픽처를 구현하겠다는 의지로 보인다.

백트가 공식 블로그를 통해 암호 화폐 결제 앱의 첫 테스트 파트너로 스타벅스를 지목하고 스타벅스 또한 자사를 백트의 '플래그 소매점(Flagship Retailer: 기업의 주력상품 혹은 브랜드를 대표하는 매장)'이라고 공표한 의도는 금융권을 향한 스타벅스의 로드맵을 추정하여 읽게 한다.

최근 페이스북의 블록체인인 리브라가 디엠Diem으로 브랜드를 바꾸고(운영 주체인 우버, 비자, 코인베이스 등 27개 기업들의 연합을 디엠 연합Diem association으로 리브랜딩 함) 출시를 앞두고 있다. 만일 페이스북의 가상화폐인 디엠이 출시되면 페이스북 하루 20억 명의 사용자가 가시권에 들어올 것으로 예상되며 블록체인 기술을 기반으로 하는 분산 원장과 탈 중앙은행이 가속화될 것이다.

물론 여러 문제가 도출될 수 있다. 중앙은행의 통화 정책이 침해되거나 익명성에 따른 불법 문제, 고객 정보 유출, 또 다른 독점화와 기존 은행과의 충돌도 미루어 짐작이 가나 이런 현상들이 스타벅스의 발걸음을 빠르게 할지도 모르겠다. 한때 '현금 없는 매장'이 공허하게 들렸던 스타벅스의 마케팅 전략이 이제는 미래의 시대적 코드로 등장하고 있다.

★ **TEACHING NOTE** ★

"스타벅스, 테크핀의 미래를 보다"

2018년 스타벅스 창업자 하워드 슐츠는 인터뷰에서 다음과 같은 말을 했다.

"블록체인 기술은 스타벅스 통합 앱의 기반이 될 수 있다." 왜 하워드 슐츠는 블록체인이 솔루션이 될 수 있을 것이라고 전망했을까? 스타벅스가 테크핀으로 기존 금융망의 복잡한 구조를 벗어나 블록체인 기술로 간소화하면 환전에 따른 비용문제와 국가 간의 호환 문제 등 여러 난제를 해결할 수 있다. 디지털 자산을 예치 관리하면 중계 시스템을 거쳐 환율, 지역별 금융 규제 없이 어디서나 결제가 가능하다. 따라서 비트코인 선물거래소 백트를 플랫폼으로 삼고 스타벅스 앱을 충전소로 활용하면 우리가 예상한 테크핀의 미래가 그려질 것이다.

향후 스타벅스는 대규모 디지털 자산으로 자본 운영업에 진출할 수 있다. 백트를 통해 디지털 자산결제 노하우를 바탕으로 페이스북의 경우처럼 암호 화폐를 발행할 가능성도 있다고 볼 수 있다.

★

2

픽업 스토어, 경제적 해자를 해지하다

최근 코로나19 이후 스타벅스는 예상한 대로 저조한 성적표를 내어 놓았다. 2020년 회계연도 4분기를 기준으로 3분기 실적 순이익은 절반 이하로 줄어들어 3억 9,260만 달러에 그쳤다. (2분기 매출 32억 달러 감소)

스타벅스 글로벌에 비상이 걸림과 동시에 코로나19 이전에 기획했던 위기관리 차원의 마케팅 전략을 앞당겨 시행한 계기가 됐다. 이를테면 매장 안에 테이블을 치우고 모바일 주문과 드라이브 스루를 활성화하는 픽업 매장으로의 전환을 가속화하고 경영 비중이 큰 북미 1,600개 매장 중 기존 400개의 매장을 폐쇄하고 300개 매장을 테이크아웃 전용으로 전환한다는 것이다. (3~5년에 걸쳐 단위 면적당 매출이 적은 대형 매장을 닫고 인건비와 유지비가 현저히 적은 픽업 매장을 확장할 계획이었다.)

스타벅스 글로벌 측의 입장은 '고객 경험을 향상시키고 소매점으로의 존재감을 높일 뿐 아니라 미래에 유리한 성장을 가능케 하기 위한 것'이라지만 코로나19 이후 고객들의 달라진 구매 성향에 조금은 당혹해하는 분위기이다. 미국 내 대도시에는 팬데믹 이전부터 이동 중에 커피를 주문하는 고객들이 많았다는 것도 이번 결정의 주요한 요인이 된 것이다.

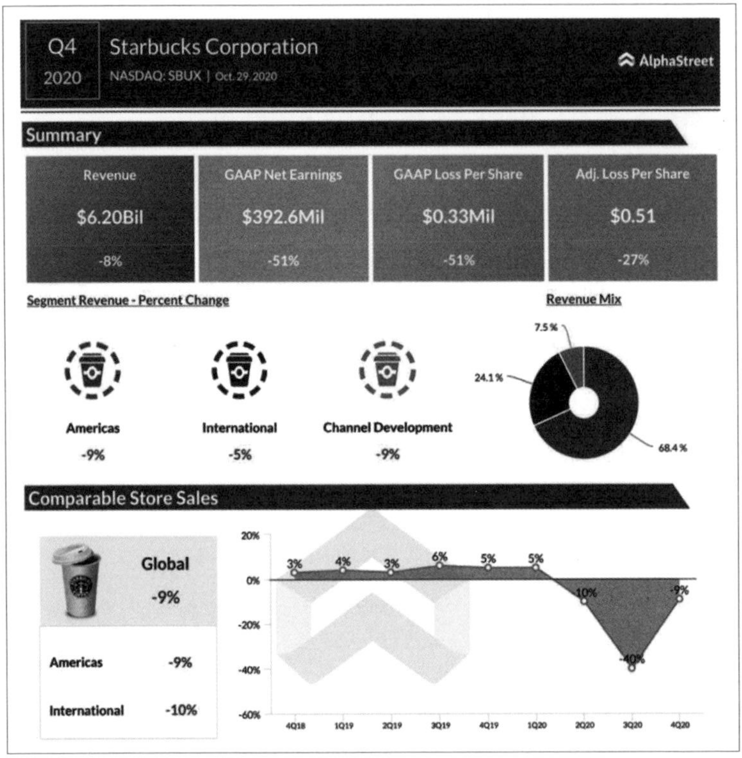

이미지 출처: alphastreet

반면에 스타벅스 코리아는 매장 휴점과 좌석 축소에도 불구하고 선제적인 언택트 전략으로 성장세를 늦추지 않았다. 2019년에는 1조 8,696억 원을 기록했으며 2조원이라는 전대미문의 매출액을 넘어섰다고 하며 미국 본사로부터 스타벅스 코리아 지분을 인수해 완전 자회사로 만드는 방안을 검토 중에 있다고 한다.

이는 '서머 레디백'과 같은 실용적이고 세련된 굿즈 상품과 현대카드와의 전용카드(PLCC; Private Label Credit Card: 상업자 표시 신용카드라 부르며 카드사가 특정기업의 브랜드를 신용카드에 넣고 해당기업에 집중된 혜택과 서비스를 제공한다) 등 탁월한 마케팅의 결과라 해도 무방하다.

현재 사이렌 오더는 온·오프라인 주문 건수의 25%를 비중 있게 차지하며, 차량에서 하차하지 않고 메뉴를 주문하는 드라이브 스루 이용 건수도 전년 대비 40% 이상 급성장했다.

스타벅스는 2010년 미국 내 모든 매장에서 무료 와이파이를 제공했고 단순히 커피만 파는 공간을 넘어 야후와 제휴하여 인터넷 뉴스, 음악, 영상, 지역 정보 등 스타벅스 디지털 네트워크 사이트를 개설하여 눈길을 끌었다. 진정 하워드 슐츠 스타벅스 설립자는 스타벅스 매장이 집과 사무실과는 다른 '제3의 공간'이라는 의미를 주기 위해 고객이 편하게 시간을 보내며 커피를 즐길 수 있는 것을 목표로 하였다. 그만큼 '제3의 공간'은 스타벅스의 이념이요, 마케팅 컨셉이었다.

제3의 공간은 미국 사회학자 레이 올덴버그가 최초로 사용한 개념인데 이를 포지셔닝하기 위해 스타벅스는 인테리어에도 다양함과 편안함에 특별히 관심을 기울였고 (본사 2,000명 직원 중 10%인

200명이 인테리어 부서 직원이었음) 무료 와이파이 제공 외에 고객의 대화와 커피 즐기기에 방해되지 않는 음악을 제공했다. 과거 스타벅스의 제3의 공간은 워렌 버핏이 말한 최고의 경제적 해자였다.

★경제적 해자economic moat: 경쟁사로부터 기업을 보호해 주는 높은 장벽과 확고한 구조적 경쟁우위를 말함

지금까지 스타벅스의 경제적 해자는 할인, 기프트 카드, 스타벅스 만의 매장 분위기와 음악, 배달 서비스를 꼽았는데 이 가운데 '제3의 공간'은 스타벅스의 대체어로 쓰일 만큼 강력한 차별적 요소였다.

그렇다면 스타벅스의 제3의 공간은 고객에게 어떻게 인식되었을까?

첫째, 저렴한 사치를 경험하게 하는 공간이었다. 초록색 로고와 특유의 갈색조의 인테리어, 커피 가격으로는 타 브랜드에 비해 고가였지만 이를 즐기기에 부담되지 않는 '스타벅스다움'이 있었다.

하워드 슐츠는 "우리의 스토어에는 부유한 외과 의사 앞에 줄을 서 있는 근로자와 경찰을 볼 수 있다. 블루칼라는 외과 의사가 방금 몰고 온 벤츠 자동차를 살 여유가 없을 것이다. 그러나 그는 똑같은 2달러짜리 카푸치노를 주문할 수 있다. 그들은 세계적인 수준의 똑같은 커피를 즐길 수 있을 것이다."라고 이야기한 바 있다. 저렴하지만 고급스런 커피 문화를 즐길 수 있는 사람들

의 만족감을 이야기하는 것이다.

둘째, '오아시스' 같은 장소였다. 현대인들은 획일적인 성장 제일주의에 조금씩 지쳐가고 있으며 이를 해소할 워라밸을 추구할 수 있는 환경을 원하고 있었다.

★워라밸Work-life balance: 일과 삶의 균형을 의미

자신의 개성을 추구하면서 조금은 사치스런 여유와 휴식의 오아시스가 스타벅스였다. 매장의 따뜻하고도 세련된 분위기와 오래 머물러도 좋을 인테리어와 잔잔한 음악이 카공족(카페에서 공부하는 사람)과 회사원들의 성지로 인식될 정도였다.

셋째, 그곳은 사회교류가 가능한 곳이었다. 어느 직업, 어느 계층을 막론하고 스타벅스는 부담 없는 모임의 장소로 추천받기에 마땅했다. 조용하고도 안락한 분위기는 어떤 주제를 다루어도 좋을 장소였고 심지어 스터디 장소로도 부족함이 없었다. 지금까지 스타벅스는 '제3의 공간'으로서 역할을 소화한 공간이었다. 하지만 스타벅스는 앞서 언급했던 것처럼 이제 더 이상 코로나19 이후 경제적 해자가 될 수 없는 상황에 처하게 되었다.

뉴욕타임즈NYT는 "스타벅스는 단순히 커피를 파는 것이 아닌 공간을 파는 것으로 자사를 브랜드화 하는데 성공했고 이후에도 테이크아웃 커피 전문점에서 살 수 없는 가치들을 소비자에게 제공하면서 성장했다. 블루보틀을 포함해 스타벅스보다 더 고급스러운 품질을 앞세우는 프리미엄 스페셜티speciality 커피 업체들

의 도전이 거센 가운데, 픽업 매장을 중심으로 입지를 넓히는 전략은 불확실성이 짙다."고 평가했다.

블룸버그 통신이 전하는 스타벅스 픽업 매장은 픽업 주문만 가능한 새로운 형식으로 재개장되며 대면 주문이 불가능할 뿐 아니라 스타벅스 앱으로만 주문, 결제가 이루어진다고 한다.

그 형태로 픽업 매장 전환이 어려운 기존 교외 매장에는 실내로 들어오지 않더라도 도보로 접근해 간편하게 픽업할 수 있는 키오스크와 차를 타고 모바일로 픽업 주문을 받을 수 있는 코너, 그리고 추가로 드라이브 스루 체인을 설치한다고 한다.

통상 실내로 들어오지 않고 사전에 온라인으로 주문한 음식을 픽업하는 서비스를 커브사이드 픽업 서비스Curbside pick-up라 부르는데 이 서비스는 버거킹, 던킨도너츠, 코스트코 등 코로나19 이후 프랜차이즈 음식점, 대형 매장 등 리테일 업계를 중심으로 급격히 확산되고 있다.

이미 스타벅스는 2019년 뉴욕 맨해튼 중심가인 펜 플라자에 첫 픽업 매장을 열었다. 스타벅스는 기존 매장도 존속할 것이라 말하지만 커피를 마시는 분위기에 익숙해진 충성 고객들에게 이런 변신이 어떻게 비춰질지 미지수다. 어찌됐든 스타벅스가 누렸던 제3의 공간인 경제적 해자는 현재로서는 유보된 것으로 추측된다.

이 불안전한 상황을 스타벅스는 어떻게 헤쳐 나갈 것인가?

★ TEACHING NOTE ★

"이런 기업을 경제적 해자 기업이라 한다."

미국의 유명 펀드 평가회사인 모닝스타는 다음 다섯 가지 요인 중 한 가지 이상의 경쟁력을 가진 기업을 '경제적 해자'를 갖춘 기업으로 평가한다고 했다.

1. 무형자산: 눈에 보이지 않지만 해당 기업을 성벽처럼 보호해주는 특허권이나 특정 산업의 영업권을 말한다.
2. 비용 우위: 특별한 생산 방법과 판매 방법 등이 같은 업종의 다른 기업과 차별화되어 낮은 비용으로 생산, 판매가 가능할 때를 비용 우위의 해자라 한다.
3. 네트워크 효과: 어떤 기업의 제품이나 서비스를 이용하는 고객들이 많아질수록 그 효과로 인해 쉽사리 타 상품을 수용하지 못한다.
4. 전환 비용: 어떤 기업의 제품이나 서비스를 한 번 받아들인 이후 여러 이유로 쉽게 타 상품과 서비스를 받아들이지 못할 경우를 말한다.
5. 효율적 규모: 어느 한 기업이 속한 비즈니스 세계가 안정된 과점 규모로 서로 이윤을 나눠 배분하며 신규 기업이 시장 진입할 경우 이익을 포기하고 경쟁을 해야 하는 상황이 발생하므로 선불리 진입하지 않는다.

★

3

과연 스타벅스는 글로벌 장수 기업으로 성장할 수 있을까?

최근 스타벅스에 대해서 '과연 글로벌 장수 기업으로 우뚝 설 수 있을까?'하는 합리적인 의문이 든다. 따라서 글로벌 장수 기업의 기준과 사례를 두고 이에 대한 가능성을 필터링해보기로 하자.

첫째, 변화에 대한 대응 능력과 지속적인 혁신이다. 「히든 챔피언」의 저자 헤르만 지몬은 '탁월하고 지속적인 혁신 없이는 미래 시장은 물론 현재 시장에서조차 살아남을 수 없다'고 일갈한다.

혁신이란 기술과 제품에 한정되지 않고 사업의 모든 측면을 포함(유통, 판매, 마케팅)하여 성장하게 할 뿐 아니라 이를 바탕으로 생존력을 강화한다. 또한 성장 변화에는 시대 변화, 사업 변화 그리고 세대 변화를 들 수 있는데 그 첫 번째 시대 변화는 한 세기 동안 일어나는 산업 구조와 정치, 경제, 사회 문화의 변화를 극복하는 능력이다.

먼저 4차 산업 혁명으로 인한 디지털 경제의 흐름을 보자. 아래의 도표를 보면 스타벅스가 얼마나 시대적 흐름과 변화에 선제적으로 대응하고 민감하게 실행에 옮겼는지 인지하게 된다.

출처: 동아일보, 압도적 1위에 숨겨진 성공 코드: 자신도 버리는 글로컬 문화 융합!
2019. 07. 27.

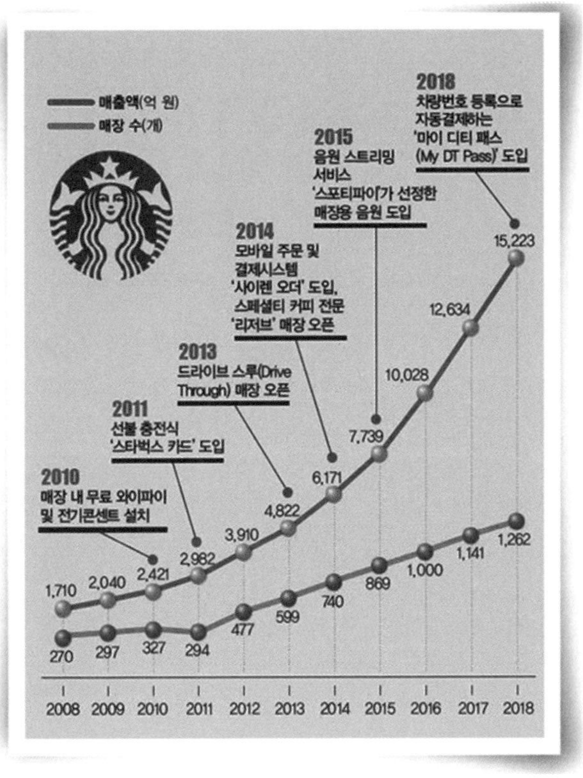

스타벅스 연도별 매출액 및 매장 수

코로나19 이후 자신들의 가치인 '공감'의 개념을 버리고 배달 서비스를 운영하도록 발 빠르게 움직인 것도 스타벅스가 장수 기업으로서 발돋움할 수 있던 시대 변화적 내공이다. 2011년 선불 충전식 '스타벅스 카드' 도입은 기존 스타벅스가 커피 사업에서 디지털화하는 변곡점에서 내린 결정이었다. 후일 디지털 및 빅데이터 기반의 개인화 서비스까지 발전하여 타의 추종을 불허하는 경쟁력을 갖추게 된다. 끝으로 스타벅스는 세대 변화를 잘 읽는 기업으로 유명하다.

스타벅스의 주소비자는 MZ세대로(1980년대 초~2000년대 초 출생한 밀레니얼 세대와 1990년대 중반~2000년대 초반에 출생한 Z세대를 통칭함), 자신이 추구하는 가치가 있다면 지갑을 여는 세대이다. 이들에 맞게 한정된 상품과 음료, MD상품, 사이렌 오더, 고객의 요구에 맞춰 만드는 커스터마이징customizing을 통해 고객을 열광케 한다. 아울러 전 매장을 직영하여 서비스, 품질, 심지어 레시피까지 동일하게 운영하는 트렌드 세터trend setter로 그 역할을 담당하고 있다.

둘째, 최고의 제품과 가치를 지향하는 고객 정신이다. 대다수 장수 기업의 경영 이념은 최상의 품질로 소비자 삶의 질을 향상시키고, 지역사회에 기여하고자 하는 가치를 내포하고 있다. 이 가운데 모범적인 기업 사례가 미쉐린인데 이 기업은 고객의 편안함과 안전을 최우선으로 한다. 이들은 혁신적인 타이어와 이동성을 높이는 시스템 개발에 엄청난 투자를 한다.

그들은 연간 1억 7,000만개가 넘는 타이어를 생산하고 30조원이 넘는 매출을 기록하고 있다. 세계의 미쉐린 연구 개발 센터의 하루 테스트 거리는 18억km(지구 25바퀴)에 달한다. '안전하며, 오래 가고, 연비가 적은 타이어를 생산하라'는 미쉐린의 경영 이념은 120여년에 걸쳐 이어지고 있다.

2013년 미쉐린은 EFFIFUEL이라는 소프트웨어를 활용한 서비스를 제공하며 디지털 혁신을 감행했다. 이는 트럭에 엔진과 타이어에 공기압, 외부온도, 차의 속력과 위치를 알아내는 센서를 부착하여 트럭이 주행할 때 연료 소비가 어떻게 이루어지는지를 분석해 연료 절감 방안을 찾아낸 뒤 트럭 운수 회사 관리자에게 제시하는 방식이었다. 이 서비스는 고객과 사전 정의된 목표를 달성하기 위해 계약을 맺는 방식으로 그렇지 않을 경우 환불 보상까지 약속한다.

이 밖에 인터넷으로 고객이 회사에 정보를 제공하고 전문가가 회사를 방문해 트럭 운전자에게 연료 절감 운전법을 교육하기도 한다. 심지어 타이어 수명에 따라 타이어 값을 지불하는 선택권까지 부여하였다.

출처: 「디지털 트랜스포메이션」 김종식, 박민재, 지식플랫폼 2019. 07. 20.

진정 스타벅스는 최고의 제품인가? 이 브랜드는 어떤 가치를 가지고 있는가? 이에 대해서는 하워드 슐츠 회장이 CEO로 컴백한 후의 인터뷰 내용을 보면 보다 명확해진다. 위클리 비즈 인터뷰에서 그는 스타벅스의 성공 비결을 남다른 커피 품질, 직원들의 일에 대한 열정과 자부심, 그리고 소비자들의 기대를 뛰어넘으려는 노력이라고 하였다. 그가 시작한 '다시 커피로Refocus to

Coffee'는 소비자에게 스타벅스의 경험을 되찾아주고 인간 중심적인 직원 경영과 개개인의 자부심을 높여주는 것이었다. 그들의 가치는 주주와 종업원, 소비자, 커피 농장의 사람들까지 포함하는 것이었다. 핵심 가치란 회사를 운영하는데 기준이 되는 신념이나 창업자의 경영 철학에서 비롯되는 것이다.

셋째, 직원이 행복해야 기업이 성장한다.

스타벅스는 '인류애에 기반한 우리의 행동을 주도해 나간다'라는 가치를 추구한다. 이 가치 안에는 앞의 도표와 같이 기술,

이미지 출처: 스타벅스 코리아

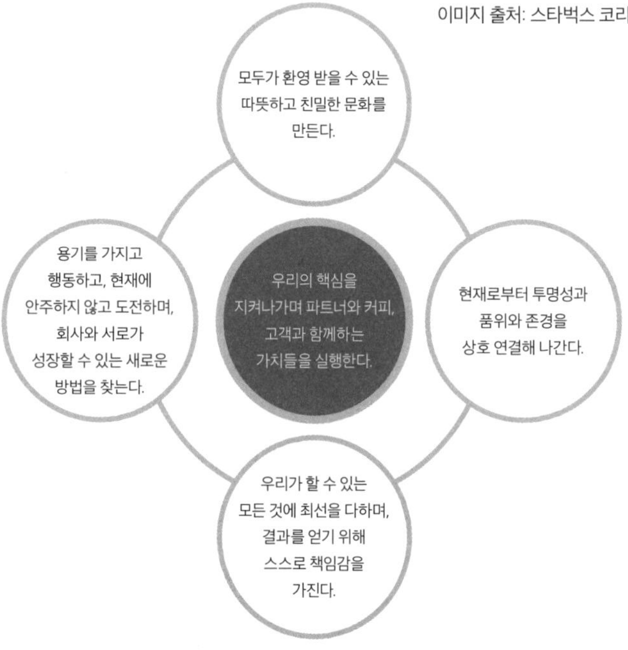

"인간애에 기반해 우리의 행동을 주도해 나간다."

자본, 마케팅보다 직원의 정성과 친절이 소중한 자산임을 천명한다. 그들에겐 행복한 직원이 훌륭한 서비스를 제공하고 행복한 고객을 만든다는 믿음이 있다.

그래서 이들은 직원이 바뀔 때마다 단골 고객이 바리스타와 맺는 관계가 단절될 것이라는 하워드 슐츠 회장의 설득력 있는 논리를 받아들여 주 20시간만 근무하는 직원을 포함, 자격 조건을 갖춘 모든 직원에게 종합적인 의료보험을 제공한 미국의 최초의 기업이 되었다. 하지만 여기에는 그만의 계산법이 있었다. 실제로 바리스타 한명이 퇴직하면 대체 인력을 구하고 훈련하는 것에만 약 3,000달러가 들지만 바리스타 한 명에게 1년 동안 건강보험을 제공하는 비용은 그 절반인 약 1,500달러가 들기 때문이었다.

그는 전 직원에게 빈스톡Bean Stock이라는 이름의 스톡옵션을 제공하고 직원들을 파트너라고 부르기 시작했다. 워싱톤 주 켄트에 위치한 로스팅 공장에서 그는 다음과 같이 말했다고 한다.

"로스팅 공장이든, 매장과 사무실이든 스타벅스에서 일하는 직원이라면 누구나 회사의 성공에 따른 몫을 가져갈 것입니다."

인간 존중의 스타벅스는 이런 측면에서 글로벌 장수 기업으로서 한걸음 앞서 갔다고 볼 수 있다.

마지막으로 시대의 물결을 빠르게 읽고 모든 것을 전부 바꾸는 과감한 변화가 있어야 한다. 미국의 제너럴 일렉트릭General electric은 '세상을 이롭게 하자'는 핵심가치만 빼고는 125년 동안 끊임없이 변화하고 혁신한 대표적인 글로벌 기업이다. 이런 측면에서 보면 IBM은 20세기 IT혁명을 주도한 기업으로 전통적인 PC

시장이 침체하자 소프트웨어 및 ICT 서비스 시장으로 눈을 돌려 통합 솔루션 회사로 체질 개선에 성공했다. 현재 이곳은 인공지능AI '왓슨'으로 4차 산업혁명을 주도할 전 세계 혁신의 아이콘으로 불리고 있다.

2008년 스타벅스는 큰 위기를 맞았다. 천편일률적인 커피 품질에서 벗어나 바리스타가 만든 고급커피를 만들자는 세 번째 물결이 몰려와 '블루보틀' 같은 차세대 커피 프랜차이즈와 개인 카페가 속속 등장해 스타벅스의 아성을 흔들었다.

스타벅스의 매출과 영업 이익이 급감했음에도 타성에 젖은 임원은 어떤 변화도 시도하지 않았다. 하워드 슐츠 회장은 복귀하자마자 문을 닫는 각오로 직원들에게 양질의 커피를 만드는 프로그램을 이수하게 했다. 그는 세상이 아날로그에서 디지털로 변하고 있다는 것을 직감했던 것이다.

그는 인터넷 기반의 스타벅스 리워드 카드를 도입했고 무료 와이파이에 '마이 스타벅스 아이디어'라는 홈페이지를 열어 고객들의 제안과 불만을 수집한 후 이를 통해 스타벅스의 문제를 하나, 둘 개선해 나갔다.

지금 코로나19 이후 스타벅스는 미래의 혁신을 인간과의 상호작용에 중점을 두고 있다고 한다. 로봇이 바리스타를 대체하는 것이 아니라 바리스타가 좀 더 자유로워지고 고객과 연결되기 위한 기술개발에 역점을 두는 것에서 비롯한다. 즉, 인공지능 기술을 활용한 매장 내 주문 개선을 테스트하며 고객 주문 내역을 POS에 입력하지 않고 좀 더 고객과 대화하고 상호작용할 수 있는 디지털 세계를 구현한다는 것이다. 이제 스타벅스에서는 바리스타가 마이크를 착용하고 고객의 눈을 보면서 고객의 주문을 받기 위해 대화를 나누면 인공지능이 고객과의 대화를 분석해 자동으로 주문하는 모습이 실현화될지도 모른다.

여러 정황과 사례로 보아 스타벅스가 글로벌 장수 기업으로 성장해 나갈 확률은 높아 보인다. 다만 핵심 가치를 보존하기 위한 상상력과 직감력이 필요할 것이다. 또한 미래를 위한 통찰력과 조직력, 문화가 살아 있도록 하는 강력한 리더십이 발휘되어야 할 것이다.

★ **TEACHING NOTE** ★

"기업의 장기적인 성공은 지속 성장을 위한 관심에서 시작된다"

1. 건강한 기업의 5가지 조건 (맥킨지)

   유연성/실행력/물질공유/지속적인 변화/상호협력과 보완

2. 서양 장수 기업의 4C (캐나다 대니 밀러 교수)

   Continuity(비전을 꾸준히 추구하는 연속성)/Community(구성원들을 통합하는 공동체의식)/Connection(고객 사업 파트너, 사회 간의 가치 공유)/Command(결단력 있고 혁신을 지속하는 리더십)

★

4

커피산업 제1의 물결에서 제3의 물결까지

인스턴트 커피에서 스페셜티 커피까지

인류의 문명을 '제3의 물결'로 설명한 엘빈 토플러. 그처럼 커피 업계에도 엘빈 토플러의 이론을 적용한 '물결 이론'이 있다. 이는 커피의 혁명적 변화와 동향 그리고 추세를 일컫는 것이다. 물결Wave이란 단어가 커피업계에 처음 사용된 것은 2002년 미국 로스터스 길드Roasters가 발간한 〈The flame keeper〉 기사였다.

필자는 샌프란시스코에 소재한 랙킹 볼 커피 로스터스Wrecking Ball Coffee Roasters의 공동창업자 트리시 로스게브Trish Rothgeb의 견해를 인용해볼 것이다. 그의 지론에 의하면 커피 시장에 세 번의 큰 혁명적 변화가 있었다고 한다. 여기서 소위 '커피 산업'이라 불리는 시기는 20세기 중반이라 볼 수 있는데 커피가 에디오피아에서 6~7세기 발견되었다는 점을 고려할 때 하나의 산업으로 정착하기까지 상당한 시간이 흘렀다는 사실을 알 수 있다.

| 커피 산업의 태동, 제1의 물결 |

연도별로 구분하면 제1의 물결은 20세기 중반, 그러니까 대량 생산이 가능한 시스템 정착에서 시작되었다.(포장 기술의 혁신, 대량 로스팅) 이 시기의 커피는 품질보다 커피 내에 존재하는 각성 성분인 카페인 섭취가 목적이었다. 대표적인 기업으로 폴저스, 맥스웰하우스, 네슬레가 있었고 인스턴트 커피의 간편성과 파급력은 미국 등의 커피시장을 점령하기에 부족하지 않았다.

이미지 출처: Craft Beverage Jobs, wordpress.com

| 커피의 다양화, 제2의 물결 |

제2의 물결은 한마디로 에스프레소를 기반으로 한 커피 음료의 다양화가 그 중심이었다고 해도 과언이 아니다. (다양한 카페 메뉴와 베리에이션 메뉴) 1971년 스타벅스가 대형 프랜차이즈의 시대를 열었고 커피의 대중화를 위해 기본적인 아메리카노와 카페 라테, 캐러멜 마끼아또, 바닐라 라테 등의 시럽과 같은 부차적 재료들을 활용하여 고객 확장에 적극적으로 몰입하였다.

아울러 카페인에 취약한 소비자들을 위해 제공되었던 디카페인 음료Non-Caffeine beverage, 녹차 라테, 고구마 라테 등 다양한 음료와 간식으로 인해 카페인 공급이 목적인 제1의 물결보다 확장된 마켓 파이를 얻을 수 있었다. 이 시기에 등장한 컵과 텀블러는 한 시대의 코드로 평가 받을 정도로 고객의 뜨거운 사랑을 받았다.

이미지 출처: 페이스북 페이지 TechShu

| 개성화되는 커피 시장, 제3의 물결 |

카페인을 중심으로 소비되었던 제1의 물결과 에스프레소를 활용한 음료의 다양화가 특징이었던 제2의 물결과는 달리 제3의 물결은 원두를 특별히 고려하였다는 점이 특징이다. 원두를 선별해 저마다의 향과 맛을 살리기 위해 핸드 드립과 같은 맛이나 성분의 손실이 적은 방법을 사용하여 커피를 추출하는 노력이 시작되었다.

'스페셜티 커피'라는 용어를 처음 탄생시킨 것은 에르나 크누젠Erna Knutsen이었다. 1974년 〈티&커피 트레이드 저널〉에서 이 용어를 처음 사용하였고, 1978년 국제커피회의 강연을 통해 커피 관계자들 사이에 확산되었다.

그녀가 정의한 스페셜티 커피는 '특별한 지리적 조건에서 만들어진 특별한 풍미의 커피'였다. 예를 들면 에티오피아 예가체프, 예멘모카, 인도네시아 슬라웨시 섬의 카로시가 대표적이었다. 과거에 생두의 품질과 배전을 중시하였다고 하면 크누젠이 강조한 것은 오직 '생두'였다.

이는 커피시장이 개성화, 차별화의 세계로 진입하였다는 것을 말한다. 이 시기에는 소비자가 단순히 커피만을 구매하는 것에서 그치지 않고 커피 생산 과정, 재배, 가공, 로스팅, 추출 등 여러 측면에서 접근하게 되었다.

*스페셜티 커피란 스페셜티 협회 기준으로 100점 만점에 80점 이상 받은 원두를 말하며 전 세계 커피 중 상위 5%만이 스페셜티 커피로

인정받는다고 한다.

최근 미국 캘리포니아의 '핫한 커피 베스트 8'을 들여다보면 스페셜리스트의 확장을 스타벅스가 경계해야 하는 이유를 손쉽게 발견할 수 있다.

① 베스트1-커피계의 애플이라고 불리는 블루보틀

블루보틀은 스페셜티 시장의 강력한 브랜드로 고객이 주문하면 커피콩을 저울에 달고 갈아서 핸드드립 방식으로 커피를 내리는 슬로우 커피로 유명하다. 스타벅스의 경쟁자로 평가 받고 있는 블루보틀은 원두의 차별화와 로스팅의 특별함, 그리고 고객을 대하는 섬세한 과정이 강점이다.

② 베스트2-실리콘밸리의 공식 커피 필즈커피

필즈커피는 구글, 트위터, 페이스북 등에 매주 원두를 공급하고 있으며 주커버그를 비롯한 실리콘밸리의 거물급 인사들을 충성 고객으로 두고 있다. 특별하게 바리스타들이 대화를 통해 개인 맞춤형 주문을 받고 맛과 향을 엄선해 고른 31개 브랜딩 원두를 즉석에서 갈아 드립 방식으로 천천히 내린다.

색다른 메뉴 중 민트 모히토 커피는 '세상에서 제일 맛있는 커피'라는 찬사를 받은 바 있다. 이외에 아몬드 라테가 일품인 알프레드 커피(베스트3), 원두의 맛과 최초 오가닉 커피로 유명한 그라운드워크커피(베스트4), 미국 3대 커피로 유명한 인테리젠시아(베스트5), 뉴욕 타임즈가 '미국에서 가장 맛있는 라테'로 선정한 지앤비 커피(베스트6), 산미가 있지만 부드럽고 산뜻한 버브 커피(베스트

7), 그리고 50년 이상 된 커피 브랜드로 스타벅스 초창기에 원두를 공급했던 피츠커피가 있다.

*피츠커피가 없었으면 오늘날의 스타벅스도 없었다. 1971년 시애틀 1호점의 3인의 스승이 피츠커피를 창업한 알프레드 피트였다. 후일 스타벅스에 CEO로 합류한 하워드 슐츠는 「스타벅스, 커피 한 잔에 담긴 성공신화」(김영사, 1999)에서 미국에 다크 로스트 커피를 들여온 알프레드 피트를 스타벅스의 정신적 대부라 하였다.

최근 싱글 오리진을 판매하고 개인의 취향을 반영한 개성 있는 개인 숍이 늘어나고 있다. 게다가 로스터리 카페가 증가하는 현상을 바라보는 스타벅스의 속내가 그리 편치 않아 보인다. 과연 제3의 물결에 승자는 누가 될 것인가?

TEACHING NOTE

"커피, 제3의 물결을 블루오션으로 만드는 가치 혁신"

1. 새로운 경쟁 전략으로 접근한다.
2. 경쟁을 무관하게 만든다.
3. 비고객을 끌어들인다.

- 기업이 제공하는 가치를 구입하고 있는 비고객 (가치=제품=서비스)
- 시장에서 제공하고 있는 가치를 거부하는 비고객 (고객유인을 위한 획기적 조치)
- 기업이 전혀 신경 쓰고 있지 않는 비고객 (환경의 변화로 고객이 될 수 있음)

4. 기존 수요 만족

5. 가치 혁신 중시-고객에게 제공하는 가치를 획기적으로 바꾼다.

6. 원가 우위/차별화 동시추구

★

5

디지털 공룡을 보면 스타벅스의 미래가 보인다

과연 일반 기업은 스타벅스를 벤치마킹함으로써 디지털 공룡을 뛰어넘을 수 있을까? 우리에게 알려진 구글, 마이크로소프트, 아마존, 알리바바 등의 영향력은 기술 인프라와 결제시스템, 물류, 은행, 보험, 소매 등에서 관련 없는 곳이 없을 정도이다.

따라서 디지털 혁신을 꿈꾸는 기업에게 디지털 공룡은 롤 모델이 될 수밖에 없다. 그렇다고 디지털 공룡들이 같은 형태로 존재하느냐? 그렇지 않다.

그들은 저마다 사업 모델과 포트폴리오, 전략과 문화가 다르다. 이를테면 아마존은 소매, 재정적인 영역에 뿌리를 두고 구글은 학문적 영역에 그 근본을 삼는다.

글로벌 기업 가치

(단위: 억 달러)

순위	기업	시가총액
1	애플	1조 1,559
2	마이크로소프트	1조 1,135
3	알파벳(구글)	9,037
4	아마존	8,854
5	페이스북	5,442
6	버크셔헤서웨이	5,408
7	알리바바	4,873
8	JP모건체이스	4,089
9	텐센트	3,994
10	비자	3,533

자료: 블룸버그 참고, 2019년 11 월 기준

출처: 더 스쿠프

가트너(미국의 시장 조사 및 컨설팅 회사로 IT 분야의 대표적인 리서치 기업)는 그들만의 '성공의 습관'이 있다고 말한다.

첫째, 명백한 비전을 갖고 있다. 디지털 공룡들은 그들만의 명확한 비전을 기반으로 미래를 구상하고 현재를 관리한다. 예컨대 아마존은 '지구에서 가장 고객중심적인 고객이 되겠다'하며 마이크로소프트사는 '모든 사람과 조직이 더 많은 것을 성취할 수 있도록 돕는 것'이라 한다.

비전을 강조하는 이유는 새로운 인재를 영입하고 기존 인재를 고무시키는 효과가 있기 때문이라고 한다. 따라서 경영진은 회사의 비전이 미래지향적인지, 탁월한 인재를 끌어들이고 영감을 줄 만큼 명확한지 세심히 따져보아야 한다.

얼마 안 있어 디지털 전환은 생존의 문제로 떠오를 것이다. 현재까지 디지털 전환에 성공한 기업은 스타벅스, 나이키, 마스터카드, 마이크로소프트 등이 꼽힌다. 특히 스타벅스의 전환은 디지털 전환 기업들이 공통으로 갖추고 있는 성공 키워드를 성실히 실행하고 있다는 것에 주목을 받는다. 이들에게는 리더십과 비전, 그리고 이를 수행할 조직과 오픈 이노베이션이 있다.(하버드 비즈니스 스쿨에 따르면 디지털 전환을 추진한 상위 25% 선도 기업이 하위 기업보다 3개년 평균 매출은 55%, 평균 순이익은 11% 더 높은 것으로 나타났다. 각 개별 기업은 디지털 전환 시대에 적응하기 위해 체질 개선이라는 많은 과제를 떠안게 되었다.)

성공적인 디지털 전환을 이루려면 파괴적 혁신 수준의 파급력까지 감안한 준비를 해야 한다. 이를테면 사업 모델에서 조직, 기업 문화에 이르기까지 모든 것을 뒤집어야한다. 그러기 위해서는 최종 결정권자의 과감한 의지가 필요하다. 스타벅스가 그랬다. 하워드 슐츠 전 CEO(현 명예회장)는 철저한 오프라인 기반의 사업 구도를 바꿀 디지털 전환 의지를 가지고 이를 수행했다.

사이렌 오더나 디지털 트랜스포메이션, 그리고 심지어 매장 관리까지 디지털로 전환시켰다. 이를 위해 2012년 최고디지털 임원CDO을 임명하고 전문팀을 통해 앱 출시와 모바일 결제, 리워드 시스템을 도입하였다. (2008년 스타벅스는 '스타벅스 디지털 벤처스'를 CEO 직속 조직으로 구성하고 고객과 사내 엔지니어, 마케터, 디자이너 등 구성원들과 소통하여 서비스에 빠르게 적용하는 역할을 수행하게 하였다.)

다시 언급하지만 뼈를 깎는 혁신이 가능하려면 리더의 명확한 비전이 있어야 한다. 하워드 슐츠 전 CEO는 디지털 전환을 목표로 스타벅스 만이 제공할 수 있는 차별화된 커피 경험을 내

세웠다. 아울러 디지털로 커피 유통과 판매를 전담하는 시스템을 구축하여 끊임없는 스타벅스만의 고객경험을 제공한다는 비전을 강조하였다.

둘째, 관리 절차를 최소화 한다는 것이다. 디지털 공룡들은 일반적으로 연간 수억 명의 고객과 수십억건의 거래를 한다. 수백 개의 신제품을 내며 조직 내에서도 다양한 경험을 가진 직원을 보유하고 있다. 이런 상황에서 복잡한 지배와 소통 구조는 혁신의 속도를 늦출 공산이 있다. 디지털 공룡이 제약 조건을 최소화 하는 이유가 여기에 있다.

셋째, 사람과 재능을 최우선으로 여긴다. 스타벅스의 비즈니스 법칙을 보면 각 구성원들과 어떻게 소통하고 이들의 재능을 얼마나 최우선으로 여기는지 상세히 들여다 볼 수 있다.

① 스타벅스 경영진들은 '자신의 것을 만들라Make it own'며 직접적인 참여를 독려한다. 직원들은 자신의 행동이 조직의 성공과 더불어 어떤 관계가 있는지 잘 알지 못하기 때문이다. 따라서 직원들이 매일 매일의 업무에서 열정과 능력을 최대한 끌어들임으로 개개인의 차이가 날지라도 결국엔 고객에게 일관성 있는 경험을 제공한다고 믿는다.

② 직원과 고객을 환영한다.Be welcoming

고객에겐 자신이 중요한 대우를 받는다고 느끼게 하고 직원에게는 소속감 뿐 아니라 판단력과 개성을 존중받는다고 느끼게 하는 것이다.

③ 감동을 준다.Be genuine

그들은 감동을 발생시키는 원리, 즉 접촉, 발견, 반응의 단계를 실행하려고 노력한다. 하워드 슐츠 전 CEO는 '우리는 사람에게 서빙하는 커피 비즈니스가 아니라 커피를 서빙하는 사람 비즈니스에 종사하고 있다'라고 설명했다. 서로 배려하는 정신Be considerate으로 이타적인 행동을 유도하고 지식을 갖춤으로Be knowledgeable 고객의 안목을 높이도록 한다.

④ 변화에 함께 참여하라.Be involved

변화에 참여하고 나아가 변화의 주체를 만드는 일은 스타벅스의 핵심 인재가 갖춰야 할 요소이다. 디지털 공룡들은 이처럼 능력 있고 동기가 부여된 인재들이 자유롭게 일할 수 있는 환경을 만들어 준다. 왜냐하면 디지털 혁신에서 가장 중요한 것은 인재의 지적재능이기 때문이다.

넷째, 성공적인 습관은 장기적인 목표에 초점을 둔다. 아마존의 예를 들어보자. 아마존은 많은 리더십 원칙을 가지고 있는데 그 중 하나가 장기적인 사고思考를 장려한다는 것이다. 아마존 최고경영자 제프 베이조스는 "회사 설립 후 처음 2년 간 내가 배운 것 중 하나는 이렇다. 새로운 길을 개척하고 발명하겠다는 것은 오랫동안 오해를 받겠다는 의지이다."라고 말한 바 있다.

스타벅스는 2018년 아르헨티나에 커피뱅크를 설립했다. 이는 스타벅스가 은행의 부수적인 요소가 아니라 주도적으로 은행업을 시작한다는 신호이다. 이런 장기적인 청사진이 스타벅스를 디지털 공룡으로 만드는 척도가 되고 있다.

마지막 성공습관은 '학습'과 '혁신'을 부차적인 것이 아니라 가장 주된 업무로 여긴다는 것이다. 그중의 하나가 구글의 '20% 시간'이다. 그들은 직원들이 근무시간의 20%를 자신의 업무와 관련이 없는 일을 할 수 있도록 장려한다. 이와 관련되어 미국 유수 경제지로부터 '가장 존경받는 기업'과 '가장 혁신적인 기업' 나아가 '젊은 100년 기업'으로 평가받는 3MMinnesota Mining Manufacturing Company이 있다. 3M은 직원들에게 혁신을 위한 제도적인 뒷받침을 해준다. 일명 부트레킹(Bootlegging, 밀주제조)이라고 불리는 제도로 전 직원에게 자신이 맡은 업무 외에 타 분야에 근무시간의 15%를 쓸 수 있도록 허용한다. 이들은 실패한 프로젝트를 지원하는 '제네시스 프로그램'을 운영하여 3M의 성공 발판이 '실패작'에서 출발할 수 있다는 희망을 준다.

최근 이케아는 아마존과 알리바바를 이긴 디지털 혁신전략으로 세간의 관심을 끌고 있다. 소위 피지털(physital: 피지컬+디지털)이라 하여 오프라인 매장의 경험을 온라인으로 완전히 옮겨온다는 목적으로 세계 최고의 증강현실AR을 앱에 넣어 매장에서 경험할 수 있게 한다. 가구 실물을 집에서도 확인할 수 있게 한 것이다. 이와 더불어 소비자의 가구 구매 이력 정보를 최다 보유하고 있는 이점을 활용하여 맞춤형 제품 추천 서비스도 제공하였다. 이렇게 하자 모바일 쇼핑 매장에서 피로감을 느끼던 소비자가 열광했다.

2년 만에 200만 명이 앱을 설치했고 이 가운데 절반 이상이

두 번 이상 앱을 통해 가구를 구매했다. 이케아의 파격적인 혁신은 여기에 그치지 않았다. 이케아의 대명사였던 DIY를 버려 조립의 번거로움을 덜어주기로 한 것이다. 이를 위해 단기 일자리 '테스크레빗'을 인수해 가구조립을 대행해 주는 서비스를 제공했다. 이는 오프라인 중심의 백화점과 할인 마트가 아마존에 밀리는 것과 대조적인 행보였다.(2014년부터 연 5% 이상 성장) 이제 이케아는 피지털 전략을 통해 가구 제조, 유통 업체에서 가구 플랫폼 회사로 변신을 꾀하고 있다. 앞서 언급한대로 디지털 전략은 단순한 혁신이 아니라 생존 전략으로 부상하고 있다.

이런 측면에서 볼 때 혁신은 고도로 계산되어야 하며 논리적 근거가 있어야 한다고 주장하는 스타벅스의 관점이 일리가 있다. 그들은 이를 위해 리더가 한마음이 되고 조직원들이 따라오기 위해서는 그것이 어떤 이익이 있는지 답해야 한다는 것을 강조한다. (스타벅스에서 아이디어는 엄격한 검토과정을 거쳐야 하고 회사 파이프 라인을 통과하기까지 반년에서 1년 정도가 소요된다. 스타벅스의 디지털 혁신도 이 철학 위에 실행되었다.)

블록체인을 통해 세계 각지 농장에서 생산되는 원두가 전 세계 3만 개 이상의 스타벅스에 전달되기까지 전 과정이 관리되고 심지어 고객에겐 커피원두의 출처와 포장시기도 제공된다.

이 밖에 매장의 커피머신에는 사물 인터넷이 탑재되어 수온이나 압력 등이 최적의 상태로 유지되며 지능형 메뉴 추천 시스템 '딥브루Deep Brew'가 날씨와 매장 별, 시간대 별로 인기 메뉴를 추천해준다.(인공 지능 AI) 이런 혁신 뒤에는 오픈 소스를 통한 개방성과 협업을 바탕으로 서비스를 확장한 마이크로소프트사가 있다. 스타벅스는 단순한 호기심과 용기를 넘어선 패러다임 변경까지 염두에 둔 혁신의 과제를 풀어가고 있는 듯하다.

「벨연구소 이야기」(살림Biz)의 저자 존 거트너는 스타벅스 리더들이 어떻게 전략적으로 변화했는지 다음과 같이 자신의 의견을 피력했다.

"스타벅스는 더 이상 기본적인 매장 컨셉 등 끊임없이 복제할 수 있는 능력에 미래가 달려 있다고 생각하는 것 같지 않다. 요즘 이 회사의 게슈탈트(매장 재설계 계획)는 혁신적인 커피 머신과 디지털 트랜스포메이션 등에서 보듯 기능성과 예술성을 높이는 것이다."

스타벅스의 고민은 커피의 예술성과 디지털 구조의 기능성을 높이는 것이다. 과연 두 마리 토끼를 다 잡을 수 있을까?

★ TEACHING NOTE ★

"디지털 공룡 월마트의 생존 전략"

코로나19 여파로 오프라인 유통 업체들이 줄줄이 파산을 맞는 상황에 월마트의 고공 행진이 유독 눈길을 끈다. 니만 마커스, JC 페니 등 백화점과 대형할인 매장이 파산 보호 신청을 한 터라 월마트의 온라인 매출 신장은 연구할 가치가 있다.

이들은 대대적인 온라인 행사를 열고 고객들을 비대면으로 유인하여 이커머스 분야에 매출 79%를 기록하였다. 2016년 전자상거래를 위해 인수한 제트닷컴을 종료함과 동시에 월마트 닷컴이라는 단일 브랜드로 온라인 시장에서 브랜드 포지셔닝하였다. 이들의 노력은 온라인에 국한된 것이 아니라 오프라인 매장의 역할을 확대하여 매장 일부를 온라인 주문으로 처리하는 '세미다크 스토어' 형태로 개편하고 온라인으로 주문하고 드라이브 스루 형식으로 픽업하는 커브사이드 픽업 서비스도 제공하였다. 이들은 아마존처럼 충성도 높은 고객을 위해 멤버십 제도를 도입했다. 연회비 98달러(한화로 약 11만 원)만 내면 월마트 플러스 회원이 되어 무제한 무료 당일 배송 서비스를 이용할 수 있다. 거주지와 매장의 거리가 먼 미국에서는 이런 배려 깊은 서비스가 어렵지 않게 어필되었을 것 같다.

5

'Next Starbucks Syndrome'을 말하다

"무엇인가 시작하려고 할 때 그 꿈을 꿀 수 있는 용기만 있다면
그 즉시 시작하라."

<하워드 슐츠Howard Schultz>

국내 전문가 26인 인터뷰

미래란 무엇인가? 4차 산업혁명 이후 우리는 상상 속에 머물던 현상을 현실 속에 목도하고 있다. 그 '한 번도 경험하지 않은, 앞으로 다가올 상황'을 의미있게 예측하는 것은 얼마나 즐거운 일인가? 스페셜리스트의 미래에 대한 중장기적인 예측은 또 얼마나 진보와 발전을 가져왔으며 우리의 삶을 풍요롭게 하였던가?

미래학자 최윤식은 「통찰의 기술」에서 4가지의 범주에서 미래를 유의미하게 분류해 놓았다.

첫째, 미래는 논리적으로 제법 그럴듯한 요소를 갖춘 형태이다. a plausible future 상상컨대 합리적인 현상과 사실을 조합하여 의심의 여지가 없는 시제를 이름이다.

둘째, 확률적으로 일리가 있는 타당한 미래이다. a possible future 누가 보아도, 달리 생각해도 경로 의존성이 높은 통계에 의지하는 시기를 말하는 것이다.

셋째, 확률적으로 일어날 가능성이 낮지만 일어날 경우 영향력이 큰 임의의 미래이다.a wildcard or unexpected future 여기에는 폭발적인 이슈가 내재하고 있지만 발생할 확률이 낮은 경우이다.

마지막으로, 규범이나 비전에 따라 선호하는 미래이다.a preferred future 미래를 예측하여 다가올 위기를 관리하고 앞선 시장을 선도하는 '시나리오 경영 기법'을 개발한 로열더치셸의 사례는 특히, 불황기 위기의 시대에 깊이 숙고하고도 남을 교훈을 준다.

1968년 세계 석유시장은 매우 안정된 상태였다. 흔히 겪는 유가 폭등이나 폭락과 같은 우려는 거의 없었다. 이때 로열더치셸의 런던지사에 근무하던 피에르 왁이라는 직원이 본사에 가까운 시일에 석유 파동이 올 수 있다는 보고서를 하나 올린다. 지금으로 말하자면 미래 보고서를 올린 것이다. 정황상 유가 재협상 시기로 정해진 1975년 이전에 중대한 변화가 일어날 것이라고 통찰했다. 피에르 왁은 여러 가지의 가능한 요소를 점검했고 자신의 통찰을 한데 묶어 두 가지 시나리오를 작성하고 전략을 추천했다. 그러나 기업의 입장에서 사업 방향을 전환하기에는 쉬운 결정이 아니었다.

그는 먼저 일어날 위협에 대비하여 공통 전략에 해당하는 안전망 구축 전략을 가동했다. 만약 이 시나리오가 현실화되면 회사에 취약하게 작용할 수 있는 문제점을 목록화하고 대비책을 행동에 옮기게 하였다.

예를 들어 로열더치셸이 거래하는 유조선 회사들과 '유조선의 최대 선적량을 꼭 채우지 않아도 된다' 라든가 '유가가 배럴당 6

달러일 경우 셸은 특별 해약권을 보유한다' 등 수정된 조건을 명시한 장기계약을 맺었다. 당시에는 유가가 급격하게 올라 석유 수요가 감소할 경우 유조선에 빈 탱크들을 실어도 비용을 지불해야 했다. 로열더치셸은 이런 조항을 수정했다. 유조선 회사들은 수요보다 공급 측면에 관심이 있어 급격한 유가 상승으로 석유 수요가 줄어들 수 있다는 미래가능성은 전혀 생각하지 않았기에 로열더치셸의 수정안에 쉽게 사인을 했다.

실제로 피에르 왁의 예측처럼 1973년 유가가 배럴당 6달러 이상 상승했다. 사전에 이에 대비한 로열더치셸과 그렇지 않은 경쟁사의 차이는 엄청나게 컸다. 말하자면 로열더치셸은 시나리오에 맞춰 기업경영을 어떻게 세울지 세부내용을 디테일하게 검토하고 최악의 유가폭등 시나리오에 맞추어 전사적인 실행을 단행했다. 물론 타 경쟁사는 속수무책이었다. 결과는 어땠을까?

위기가 끝나자 업계 최하위였던 로열더치셸은 단숨에 업계 2위로 등극했다. 매출을 끌어들이기 위해 막대한 마케팅 비용을 투입한 것도 아니고 신기술을 개발한 것도 아니었다. 단지 미래 변화와 징후를 통찰하고 이를 대비한 시나리오를 철저하게 만들어 대비한 결과였다. 이런 사례는 불확실성이 높은 경영상황에서 반드시 숙고해야 할 상황이다. 아무리 강조해도 지나침이 없다.

*시나리오 경영: 미래에 일어날 수 있는 사건에 대해 몇 가지 가상 시나리오를 준비함과 동시에 각각의 대응 방안을 마련하여 불확실한 미래에 대응하기 위한 경영기법. 「통찰의 기술」, 최윤식(2019), 김영사

이 장章 에서는 '스타벅스의 미래'를 두고 전문가들의 의견과 통찰을 구하는 방식으로 진행된 결과를 분석하였다.

먼저 국내 개인 브랜드뿐만 아니라 강연 및 컨설팅으로 자신의 영역을 확고히 하고 있는 마케팅 컨설턴트(강연자 포함) 10인과 창업 및 유관연구소 소장 및 대표 7인 그리고 코칭 대표(2인), 커피 관계자(2인), 기타(역사/퍼스널트레이너/컬러마케터/이미지 메이킹/포토그래퍼) 관계자들에게 전문가적인 시각에서 조명해 주기를 주문하였다.

1. <스타벅스의 미래> 인터뷰 명단

#1. 마케팅 컨설턴트

1) 신병철 중간계 캠퍼스 대표
2) 구자룡 밸류바인 대표
3) 이동철 월드클래스코리아 컨설팅그룹 하이앤드 마케팅 센터장
4) 한명수 우아한 형제들 상무
5) 정유리 블루오렌지커뮤니케이션즈 국장
6) 김효석 김효석아카데미(쇼호스트) 대표
7) 이장우 이장우브랜드마케팅그룹 회장
8) 김경준 딜로이트안진 경영연구원장
9) 정경호 엔학고래소통아카데미 대표
10) 은종성 비즈웹코리아 대표

#2. 커뮤니케이션 및 기타

1) 송수연 아타라크리에이티브 코칭대표

2) 이재형 비즈니스임팩트 대표(코칭)

3) 이종혁 파젠다 커피연구소 실장

4) 오세찬(전 스타벅스 사이렌 오더 기획팀)

#3. 문화

1) 이현아 퍼스널트레이너

2) 김향란 (주)감성미학발전소 대표

3) 김경호 이미지 메이킹 교수

4) 박초월 사진작가

5) 임용한 역사고전연구소 소장

#4. 창업 및 연구소

1) 민유식 FRMS 대표(미스터리쇼핑)

2) 김남순 미래희망가정 경제연구소장

3) 김기웅 중소기업 연구원 규제혁신센터장

4) 신재환 챌린지노마드 대표

5) 박희광 대구 ING캠퍼스 대표

6) 변명식 중소기업혁신전략연구소 원장

7) 김영록 넥스트 챌린지 대표

2. 인터뷰 방식: 전화 및 메일(비대면) / 공통 인터뷰 서식

★ <THE FUTURE OF STARBUCKS > 설문지 ★

이 설문지는 「스타벅스의 미래」 집필 자료를 위해 실시되는 설문지입니다.

1. 스타벅스 브랜드를 연상하면 제일 먼저 떠오르는 단어는?

① 제3의 공간

② 커피 문화

③ 디지털

④ 사회적 공헌

① 응답자(9명): 민유식(미스터리 쇼퍼)/김향란(컬러 마케터)/김경호(이미지 메이킹)/이동철(하이앤드)/신재환(창업 코칭)/정유리(마케터)/은종성(마케터)/이재형(비즈니스 코치)/오세찬(PM)

② 응답자(8명): 이현아(퍼스널 트레이너)/신병철(마케터)/김남순(미래 희망 가정 경제 연구소)/구자룡(마케터)/김효석(쇼호스트)/박초월(포토그래퍼)/정경호(소통 전문가)/이재형(비즈니스 멘토)

③ 응답자(1명): 송수연(코칭)

④ 응답자(0명): 없음

2. 스타벅스에 가면 '하지 않는 요소'가 있다. (스타벅스 웨이) 그 중 귀하가 생각하는, 스타벅스의 미래 요소로 자리 잡을 요소는?

① 현금 없는 매장

② 진동벨을 주지 않음

③ 광고를 하지 않음

④ 동일한 매장을 만들지 않음

① 응답자(5명): 신병철/구자룡/은종성/송수연/오세찬

② 응답자(5명): 민유식/김효석/정유리/정경호/이재형

③ 응답자(2명): 이현아/김남순

④ 응답자(5명): 김향란/김경호/이동철/신재환/박초월

3. '뱅크 오브 스타벅스'는 과연 미래의 스타벅스 성장 동력으로 자리 잡을 수 있을까?

① 글로벌 은행으로 자리 잡을 것이다

② 정체성 혼란으로 경쟁력 저하가 올 것이다

③ 금융계의 신흥 거인으로 확장될 것이다

④ 핀테크 기술 발달로 타산업과 콜라보할 것이다

① 응답자(1명): 신재환

② 응답자(0명): 없음

③ 응답자(4명): 구자룡/김효석/정경호/송수연

④ 응답자(12명): 이현아/민유식/신병철/김향란/김남순/김경호/이동철/정유리/오세찬/박초월/은종성/이재형

4. 코로나19와 같은 위기가 닥칠 때 이를 극복할 스타벅스만의 성장 동력은?

①사이렌 오더나 드라이브스루 같은 디지털기술

② 종이 빨대와 같은 친환경 서비스

③ 축적된 충성도와 고객 경험

④ Z세대에게 어필되는 소비 트렌드

① 응답자(11명): 신병철/김향란/구자룡/이동철/김효석/정유리/박초월/정경호/이재형/송수연/오세찬

② 응답자(2명): 이현아/김향란

③ 응답자(5명): 민유식/김남순/김경호/신재환/은종성

④ 응답자(0명): 없음

5. 귀하가 생각하는 스타벅스와 네트워크하기에 적합한 글로벌 기업은?

① 넷플릭스

② 애플

③ 테슬라

④ 월마트

① 응답자(9명): 신병철/김향란/김남순/구자룡/이동철/박초월/정경호/은종성/오세찬

② 응답자(6명): 신병철/김경호/신재환/김효석/정유리/이재형

③ 응답자(4명): 이현아/민유식/신병철/신재환

④ 응답자(3명): 신병철/이재형/송수연(기타 의견: 혹은 아마존)

6. 미래 스타벅스의 장애 요인이라고 생각되는 요소는?

① 높은 가격

② 국제화와 지역화 적용의 한계

③ 커피본질과 다른 굿즈와 MD

④ 지나친 오감 마케팅

① 응답자(2명): 민유식/김효석

② 응답자(7명): 김향란/이동철/정유리/박초월/정경호/이재형/오세찬

③ 응답자(3명): 이현아/구자룡/신재환

④ 응답자(3명): 김남순/김경호/은종성

7. 귀하가 생각하는, 기업의 미래를 바꾸는 핵심 요소는?

① CEO의 의사 결정력과 통찰력

② 인재 경영과 조직 문화

③ 미래 먹거리 발견

④ 지속적인 고객 관리

① 응답자(6명): 민유식/신병철/김남순/김경호/구자룡/송수연

② 응답자(3명): 신병철/김향란/정유리

③ 응답자(5명): 신병철/김효석/박초월/이재형/오세찬

④ 응답자(6명): 이현아/신병철/이동철/신재환/정경호/은종성

8. 귀하가 생각하는 스타벅스의 미래는? (비전, 사업 형태, 혁신 외)

이 인터뷰를 시행하면서 각자의 전문성 있는 시각으로 스타벅스의 본질을 탐색하기를 원했으며 앞서 언급한대로 이 브랜드의 미래를 예측하고 싶었다.

"스타벅스의 미래는 디지털 기반의 자기 혁신과 서비스이다"

구자룡 박사

먼저 「한국형 포지셔닝」의 저자 구자룡 박사(경영학)에게 스타벅스가 한국 시장의 포지셔닝 마케팅에서 성공한 원인을 물었다. 그는 스타벅스가 한국에서 강력한 브랜드로 포지셔닝된 것은 표준화와 현지화의 융합 때문이라고 보았다. 특히 상권에 집중 출점하여 노출을 극대화한 전략이 주효했다고 보았다. 이는 국내 프랜차이즈가 따라할 수 없는 요소로 꼽았다. 아울러 제3의 공간도 스타벅스가 오늘날 매력 있는 브랜드로 자리한 포인트라 하였다.

포지셔닝에 앞서 마케팅과 세일즈에 일가견이 있는 전문가로서 매우 인상 깊게 각인된 전략은 역시 디지털에 초점을 둔 것이라고 말했다. 스마트폰이 일상화되지 않던 시절에 그런 결단을 내린 의사 결정력에 큰 점수를 주었다. 결국에는 이런 리딩 브랜드의 선점력이 경쟁화된 결과라는 것이다. 그렇다면 팬데믹 이후 스타벅스는 어떤 방향으로 나아갈 것이며, 타산업의 기업들이 배울 점은 무엇인가?

그의 미래 예측은 이러했다. 스타벅스는 오프라인 매장에 디지털 기술과 금융을 결합하는 형태일 것이다. 이미 스타벅스는 고객이 무엇을 원하는지 알고 있으므로 타 브랜드가 따라가기에 벅찰 것이다. 통상 스타트업이나 후발주자가 고객의 공통점을 끊어내고 새로운 가치를 제공하는 디커플링으로 선발주자 시장을 공략하는데 스타벅스는 선발주자이면서도 스스로 시장을 파괴하여 새로운 가치를 제안하고 선도하고 있음을 지적한다. 따라서 마케팅 전문가인 그는 스타벅스는 이런 자기혁신과 파괴로 지속경영이 이루어질 것이라 예측한다.

마지막으로 스타벅스를 통해 타 기업이 배울 점은 시장과 고객의 세분화를 고객 중심으로 전개하는 전략이라고 주장한다. 리저브 매장처럼 일반 브랜드와 프리미엄 매장을 구분하여 출시한 순발력과 마케팅의 기본 원리를 지키려는 기업 특유의 뚝심도 주목할 만한 부분이라고 하였다. 구자룡 박사는 팬데믹 이후 사이렌 오더나 드라이브 스루 같은 기술이 스타벅스의 성장 동력이라고 보았다. 또한 이를 기반으로 한 디지털 혁신 서비스가 스타벅스의 미래라 보았다.

★

"고객 취향과 도그마에 빠지지 않는 겸손한 태도,
고객 경험의 디지털이 스타벅스의 하이앤드 전략 가치"

이동철 월드클래스코리아 컨설팅그룹 하이앤드 마케팅 센터장

「한 덩이 고기도 루이비통처럼 팔아라」의 저자 이동철 월드클래

스코리아 컨설팅그룹 하이앤드 마케팅 센터장은 평소 팔리는 아이템, 파워 브랜드, 열광하는 고객을 만드는 하이앤드 전략을 전도해왔으며 약점과 위기에 휘둘리지 않는 하이앤드 정신을 주장해 왔다.

그런 그에게 스타벅스가 한국에서 성공한 이유를 단도직입적으로 물었다. 그는 스타벅스의 성공 요인으로 균일한 커피맛과 제3의 공간 같은 하이앤드적 접근, 이미 서구의 커피 맛에 길들여진 잠재 고객군을 들었다.

그렇다면 그가 주창해온 대체불가, 모방불가, 측정불가의 하이앤드적 가치는 어디에 있을까? 이 질문에 돌아온 답변은 사이렌 오더 같은 강력한 디지털이었다. 여기에 스타벅스만이 주는 아날로그적 감성이 독보적 하이앤드 위치를 점하였다는 것이다.

팬데믹 이후 스타벅스가 나아갈 방향으로는 데이터와 고객 취향을 바탕으로 하는 끊임없는 고객 집착과 도그마에 빠지지 않고 겸손하게 다가가는 태도를 꼽았다.

그는 스타벅스를 통해 제일 먼저 제3의 공간인 하이앤드 가치를 떠올렸다. 또한 스타벅스의 미래에 대해 동일한 매장을 만들지 않는 다양성에 주목했다. 또한 미래 장애 요인으로 국제화와 지역화 적용의 한계인 최근 스타벅스가 겪고 있는 위기 국면을 지적했다. 그가 생각하는 기업의 미래를 바꾸는 핵심 요소는 지속적인 고객관리였다. 스타벅스의 미래는 스타벅스라는 브랜드 정체성과 고객지향성을 바탕으로 제3의 공간을 이끄는 기업 본질로 회귀할 것이라 강조하였다.

"조직 문화의 좋은 대우와 인상 등의 몰랑몰랑한 브랜드력을 갖춘 스타벅스"

이장우 아이디어 닥터 박사

아이디어 닥터라는 이름으로 오랫동안 활동해온 이장우 박사(경영학, 공연 예술학, 디자인학)는 「아이 러브 커피」라는 책의 저자로서 커피를 배우기 위해 해외에 다녀올 정도로 커피에 일가견이 있다.

이런 그에게 스타벅스 만의 특별한 마케팅이 무엇인지 물었다. 역시 경영학 전공자답게 스타벅스 하워드 슐츠의 트렌디한 마케팅과 비즈니스에 초점을 두었다. 그중에서도 빠른 디지털 경제 진입을 가능하게 한 사이렌 오더나 드라이브 스루, 자동 충전, 이커머스 등을 예로 들었다. 어느 매장을 가든 보편적이고 획일적인 맛을 내는 것에 집중한 브랜드 관점도 스타벅스다운 점이라고 보았다. 커피 전문가의 입장에서 보면 스타벅스의 커피가 좋은 품질의 커피라기보다 '마실 수 있는 보통의 커피'라고 정의했다.

그의 저서 중에 「몰랑몰랑: 샘솟는 아이디어」라는 제목의 경영서가 있다. 이 책에는 '나와 우리를 몰랑몰랑하게 만들어 주는 10가지 방법'이 담겨 있는데 이 방법을 활용하면 닫힌 시야가 열리고 경직된 사고가 유연해지면서 시장의 룰을 바꾸는 아이디어 제품을 만들 수 있다고 이야기한다.

이를 스타벅스의 파트너라는 조직 문화와 연계하여 스타벅스의 '몰랑몰랑함'에 대해 물었다. 그는 하워드 슐츠 회장의 인종주의와 레이시즘(인간의 특징에 따라 불평등한 억압을 합리화하는 인종주의)에 반대하는 적극적인 기업 가치에 호감을 표했다. 직원들이 커피 업계 최고의 대우를 받으며, 한 명 한 명 직접 고객의 이름을 불러주는 등의 독특한 문화가 '몰랑몰랑'한 힘이라는 것이다.

★

"스타벅스는 지금처럼 고객경험을 디지털 관점(딥택트)에서 재설계해야 한다"

김경준 딜로이트 안진 경영 연구원장

딜로이트 안진 경영연구원 김경준 원장은 21세기 디지털 격변의 흐름과 글로벌 기업의 동향 및 인문학에 조예가 깊은 융합형 경영 전문가이다. 경영과 인문학의 구루인 그는 경제 일간지 이데일리와의 인터뷰에서 "변화 과정에서 기회를 포착하는 개인이나 조직은 엄청난 돈을 벌 것이다."라고 하였다. 그는 포스트 코로나 시대에 스타벅스는 개념적으로 오프라인과 온라인이 결합되거나 아날로그와 디지털, 콘택트와 언택트Un-Contact가 확장된 비즈니스 모델이 될 것이라 주장한다.

"스타벅스가 초기엔 전형적인 아날로그 오프라인 비즈니스였음에도 불구하고 디지털 기술을 접목한 딥택트(Deep-Contact: 현재의 아날로그 콘택트 역량과 미래의 디지털 언택트 요소를 복합적으로 결합하는 것) 구조로 사업을 혁신했다는 것은 디지털의 큰 흐름과 변화의 과정을 충분히 인식하여 실행한 것이다. 예를 들면 온라인 사전 주문 후 오프라인 매장에서 픽업하고 나아가 온라인 고객 주문 맞춤형 메뉴를 개발한 역량은 눈여겨 볼만하다. 특히 이를 적극 수용한 Z세대의 반응도 놀랍다."라고 말한다.

앞서 일간지 칼럼에서 딥택트 방식이 코로나 시대의 뉴노멀이 될 것이라 강조한 바 있어 이에 대해 구체적으로 물어보았다. 그는 고객 관점의 딥택트 전략이 현재는 물론 미래의 마케팅 필수 요소로도 자리 잡을 수 있다고 하였다. 이는 스타벅스를 비롯한 국내외 커피 프랜차이즈에 해당하는 말이다.

딥택트의 전략적인 측면에서 보면 우선 이렇다. 커피라는 액체를 마시는 행위는 철저히 아날로그적이다. 반면에 커피를 선택하고 주문하며 기다리고 픽업하는 과정, 음용 후기, 댓글, 인스타그램에 대한 참여는 다분히 디지털적이다. 온·오프라인을 넘나들며 고객 경험을 실천하는 고객을 위해 카페에서는 디지털 채널의 접근성과 편의성을 높여야 한다. 다시 말해 커피를 마시는 행위의 전체 과정을 디지털 관점에서 재해석하여야 하며 고객 경험을 확장하여 고객 관계를 강력하게 지속하는 구조를 만들어야 한다는 것이다.

"브랜딩과 유통 채널의 공간 미디어로 전환할 것이다"

은종성 비즈웹코리아 대표

이미 유튜브(은종성TV)에서 스타벅스에 관한 동영상을 제작하고 있는 그는 마케팅 박사로서 저서인 「디지털 마케팅 레볼루션」에서 볼 수 있듯 디지털에 정통하다는 평가를 받고 있다.

마케팅 전문가가 보는 스타벅스의 성공 요인은 무엇일까? 첫째로 그는 지속적인 신제품 출시를 들었다. 다양한 MD, 신규 고객보다 기존 고객의 재방문을 노린 마케팅 전략, 사이렌 오더와 드라이브 스루 같은 비대면 주문도 우수하다고 보았다.

특히 매장 미디어라는 개념을 꼽았는데 그것은 다름 아닌 방탄소년단 굿즈 상품 판매처럼 오프라인 매장을 브랜딩과 유통채널로 확장하는 것이다. 그가 바라는 미래 스타벅스 전략은 공간의 차별화 이후 가치를 높이면서 원가 우위를 달성하는 효율성 높은 전략이다.

그가 예로 든 바니프레소는 IT기술을 바탕으로 차별화와 원가 우위를 동시에 달성한 사례로 연구해봄직 하다. 향후 스타벅스도 IT기술에 좀 더 많은 투자를 하여 데이터 중심의 비즈니스가 진행되어야 할 것이라 전망했다.

스타벅스 인터뷰에서 은종성 대표는 스타벅스의 성장 동력으로 축적된 충성도와 고객 경험을 미래 스타벅스의 장애 요인으로는 지나친 오감 마케팅을 꼽았다. 이는 디지털 전환에 대한 본인만의 시각이 존재한 것이다. 앞서 이야기한 것처럼, 스타벅스는 제3의 공간이라는 차별화를 넘어 공간미디어로 확장될 것이라 특별하게 예측하고 있다.

★

"블랙 스완을 경계하라"

김기웅 중소기업연구원 규제혁신센터장

중소기업연구원은 주로 중소기업 시책에 필요한 조사, 연구, 평가를 수행해온 기관이다. 그는 국내 유일의 중소벤처기업 관련 연구원이다. 과연 스타벅스에 국내의 중소기업이 대항할 수 있는 힘을 보유하고 있는지를 먼저 김기웅 센터장에게 물었다. 우선 이 질문에 그럴 가능성이 높다고 보았다.

그 원인으로는 코로나19와 디지털 전환 같은 블랙스완의 등장(도저히 일어날 것 같지 않은 일이 발생하는 것)을 꼽았다. 기존 비즈니스 모델의 확장이나 산업간 경계가 모호한 현상으로 인해 동종 산업뿐 아니라 타 산업에서도 혁신적 플레이어는 나타날 수 있다고 예측했다.

ICT 기업인 구글과 아마존이 스마트폰, 드론 등 전통 제조업으로 비즈니스 모델을 확장하고 있다. 테슬라나 보쉬는 자동차 부품으로, 제조 영역은 전기 자동차, 고급 예방 정비 솔루션 등 ICT 서비스 영역으로 확장한 사실을 예로 들 수 있다. 한 가지 경악스러운 것은 우버, 에어비앤비 등 신생 기업Digital Native들은 대규모 자산에 기반한 기존 비즈니스 모델을 스마트폰 어플리케이션으로 경쟁 우위를 점하며 이를 기회로 변모시켰다는 것이다.

이처럼 동종 산업 내 기업 간 대칭 경쟁보다 이종산업간 비대칭 경쟁에도 대응이 필요하다고 조언한다. 우리나라의 경우 중소기업 적합 업종과 같은 정부 규제로 대기업에 의한 위협은 없지만 비대칭 경쟁 관점으로 본다면 중소기업에서 대항마가 안 나오리라고 보장할 수 없다는 것이다.

특히 비대칭 관점에서 보면 교보문고의 카페 자우처럼 스타벅스와 같이 제3의 공간을 제공하고 또는 호텔 프랜차이즈에서 커피 브랜드를 론칭하거나 매장 내에서 고급스런 서비스와 키즈 카페, 스터디 룸 같은 제3의 공간을 제공한다면 얘기는 달라질 수 있다.

그렇다면 스타벅스를 벤치마킹하려면 어떻게 해야 하나? 그는 가성비에 의한 차별화를 얘기했다. 이제 코로나19 이후 합리적 소비가 일상화되고 구매력Buying Power이 증가하면 당연히 가성비가 거론될 것이라고 이야기한다. 또한 효율적으로 정보접근이 가능해 차별화에 대한 라이프 사이클이 짧다는 것도 염두에 두라고 조언한다.

"코로나19 이후에도 스타벅스다움으로 일관성 있게 버틸 것"

한명수 배달의 민족㈜ 우아한 형제들 크리에이티브 디렉터(CCO)

한명수 크리에이티브 디렉터는 요즘 대한민국을 핫하게 달구고 있는 기업의 창작물들을 담당하고 있는 책임자이다. 배달의 민족에서 나오는 특별한 상품이나 서비스는 거의 그의 작품이라고 봐도 무방하다.

무엇보다 스타벅스의 크리에이티브한 요소는 어떤 부분인지, 그리고 그것의 원천은 어디서 나오는지 배민 CCO인 그의 생각을 물었다. 그는 크리에이터로서 사이렌 신화와 창업자의 원류Origin를 알고 있다는 소비자의 감성적 반응에 초점을 두고 외국 서비스를 원래 좋아하고 잘 알고 사용한다는 소위 말하는 그들의 취향과 자기 에고에 방점을 찍었다.

좀 더 깊이 들어가 스타벅스가 고객을 끌어당기는 크리에이티브 요소는 무엇일까? 그는 주저 없이 몇 가지 요소를 들었다. 미국 로컬 지역의 스토리(시애틀), 감성을 감각적으로 반응(시각, 질감, 공간, 청각)하도록 만든 자연스런 인공물과 상징물artefact이다. 이것들을 조합하면 소비자들은 감각적이면서 세련되고 깊이 있다는 인상을 갖게 되고, 이러한 요인이 소비자로 하여금 스타벅스를 편안하게 느끼게 만든다고 말한다.

여기에 스타벅스가 지속적으로 성장할 수 있었던 이유를 물었다. 그는 커피 품질을 유지하고 이를 시스템화 했다는 것, 일관된 정서를 가지고 브랜드 변화를 이끌어온 것이 지금의 스타벅스를 만든 것이라 답했다. 고객의 피드백을 반영한 열린 마음도 빼놓지 않았다. 그리고 배민의 관점에서 본 스타벅스의 '스타벅스다움'은 무엇이며 스타벅스의 위기 상황은 어디에서 올 것이라고 생각하는지 전문가의 통찰력으로 풀어달라고 요청했다.

정답은 일관성이었다. 한 가지 고유한 철학과 정서 그리고 상징기호를 꾸준히 반복하면서 쉽게 바꾸지 않을 고집 같은 것. 스타벅스는 꾸준히 작고 큰 변화를 모색하고 있는데 이들이 맞은 코로나19 위기는 극복하기 보다는 충분히 기다리고 버틸 차원에서 유지할 것이라 내다봤다. 일례로 드라이브 스루를 통해 브랜드 충성도는 지엽적으로 증명할 것이며 딜리버리 서비스로 매출의 빈틈을 메꾸려 할 것이라 했다. 온라인에서는 브랜딩 굿즈와 캠페인 등으로 활력을 유지할 것이라고 했다. 시대에 맞는 자신만의 스토리텔링은 역시 스타벅스라서 가능한 일이라 했다.

"어떤 상황에도 고객 경험의 인사이트를 가지고 현장을 개선하는 스타벅스의 독식은 계속 될 것"

민유식 FRMS 대표(1인 창조 기업 미스터리 쇼핑 네트워크)

통상 미스터리 쇼퍼Mystery Shopper는 손님으로 가장해 매장 직원을 감시하는 사람을 말한다. 민유식 FRMS 대표는 국내 유일의 최대 5,000명의 미스터리 쇼퍼를 보유하고 외식, 유통, 교육 서비스, 패션, 미용, 수입차, 공공기관, 지방자치 단체 등 다양한 분야에서 다년간 경험과 실력을 보유한 전문가이다.

또한 글로벌 미스터리 쇼핑 협회인 MSPA의 회원사로서 전 세계 각 지역의 미스터리 쇼핑기업체 및 전문가들과의 연계를 통해 해외에 진출한 한국 브랜드와 한국에 진출한 글로벌 브랜드의 지원이 가능한 시스템을 갖추고 있다.

그는 스타벅스를 고객경험에 대한 인사이트를 갖고 현장을 개선하며 나아가 비즈니스 활동을 훌륭하게 수행해 내는 기업으로 평가한다. 향후에도 스타벅스는 전 세계 파트너(직원)들의 현장 개선을 위한 다양한 의견을 수집하며 차별적인 고객경험을 선도하는 글로벌 기업으로 성장할 것이라 예상한다.

고객의 니즈를 잘 아는 미스터리 쇼퍼로서 그에게 느림의 미학을 추구하는 블루보틀에 대해 스타벅스는 어떤 대응 전략을 수립해야 하는지 물었다. 이 질문에 돌아온 답은 '신경 쓸 것 없다'였다. 그 이유는 스타벅스는 확실한 충성고객을 보유하고 있으며 지금처럼 기존 고객을 유지하고 관리하며 현장의 소리를 통해 개선하면 된다는 것이다. 이어 최근 화제가 되고 있는 굿즈와 선불카드 등 이슈가 되는 커피 산업과 경제와의 관계에도 매우 긍정적인 반응이었다.

스타벅스는 이미 세이프존의 이미지와 디지털 기술을 활용한 각종 서비스를 개발 중이므로 큰 변수를 발견하기 어렵다고 이야기했다. 코로나19 이후에도 타 산업의 비대면 영업방식(키오스크)과 달리 대면 영업을 고수하며 고객접점을 일관성 있게 유지하고 있는 것도 스타벅스의 강점으로 꼽았다.

최근 스타벅스가 곁에 있어도 건물 시세가 상승하고 매출이 증가하는 소위 스세권(스타벅스가 가까이 있는 생활권)이라는 신조어가 있다. (서울에 522개 매장, 그 중 강남에 80개 매장) 전문 미스터리 쇼퍼는 이런 현상을 어떻게 보고 있을까? 2008년 스타벅스도 국내 커피 브랜드와 경쟁을 하고 있었지만 현재로서는 타의 추종을 불허하는 위치에 올라 최고의 커피 브랜드에 손색이 없다고 진단하며 그는 당분간 이 추세가 오래 갈 것이라 전망했다.

스타벅스 인터뷰에서 민유식 대표는 고객 접점에 비중을 뒀다. 그는 스타벅스라는 브랜드에서 '제3의 공간'을 떠올리고 진동벨을 주지 않는 서비스 방식이 미래에도 이어질 것이라 보았다. 더불어 축적된 충성도와 고객경험은 미래의 성장 동력으로 작용할 것이며 특이하게 전기자동차인 테슬러와 네트워크하기를 희망했다.

끝으로 그가 바라는 스타벅스의 미래는 전사적으로 고객 경험을 개선시키고 현장 개선에 활용하는 글로벌 현장 시스템에 있었다. 더불어 초심을 잃지 않고 고객의 생각을 읽고 앞서가는 제품과 서비스도 지속 경영에 큰 힘이 될 것이라 보았다.

★

"도시화와 디지털에 커피 산업의 희망이 있다"

김향란 감성미학 발전소 대표

감성미학 발전소 김향란 대표는 삼화 페인트 컬러 자문위원으로 있으며 삼성전자, 현대자동차, SK건설 등 국내 유수 브랜드와 컬러 프로젝트에 참여한 바 있는 컬러 마케팅의 최고 전문가이다.

우선 첫 질문으로 스타벅스의 초록색이라는 짙은 색감이 어떤 키워드를 연상시키느냐고 물었다. 김 대표는 주저 않고 제3의 공간을 들었다. 제3의 공간 안에서 편안함과 자유로움을 느낀다는 것이다. 스타벅스의 심볼과 로고를 보고 그 안에서 상상하게 되는 익숙한 커뮤니티는 공간이 주는 편안함에서 기인한다고 했다. 실제 공간에 들어가면 흔히 눈에 띄지 않는 것이 초록색인데 이것이 초록이 주는 아이러니라는 설명이다.

심볼만으로 이미 스타벅스로 각인된 이미지는 자연 소재와 튀지 않는 색채공간에 대해 신뢰감을 연상시키고 아울러 충성도를 갖게 한다. 색채학에서 분류하는 '5%의 힘'이라는 강조색 역할이 있는데 이를 적용해 보면 소위 5%의 초록색이 전체 공간의 스타벅스 이미지를 흡수했다고 보아야 한다. 스타벅스는 커피라는 음료를 문화콘텐츠와 라이프 스타일 콘텐츠로 옮겨, 패러다임의 변혁을 가져온 브랜드라 해도 과언이 아니라고 덧붙였다. 이는 스타벅스의 브랜드컬러가 그 안에 성장하고 있는 우리 자신을, 그리고 도시의 모습을 투영시키는 하나의 공감 마케팅으로 진화한 것이기 때문이다.

그렇다면 '스타벅스의 미래'는 어떻게 보아야 할 것인가? 이에 대해 김 대표는 특이하게도 '도시화'에 스타벅스의 희망이 있다고 보았다. 「세계미래보고서 2050」(박영숙, 제롬 글렌/교보문고)을 보면 세계 인구 증가분의 대부분이 도시에 해당한다. 결국엔 이런 증가가 스마트 시티, 즉 디지털 인프라에 초점을 맞추게 될 것이라는 것이다. 그렇다면 스타벅스의 디지털 트랜스포메이션은 미래를 내다본 통찰력의 결과라 볼 수 있다고 강조하였다. 이제 더 이상 공간 안에서의 커피 문화가 아니라 공간 밖에서 다양한 모바일 연결 문화를 만들라고 주문한다.

마지막으로 색채전문가인 그녀는 격변하는 포스트 코로나 시대의 커피 산업을 어떻게 전망할까? 우선 커피가 가진 컨셉에서 긍정적인 신호를 본다고 하였다. 커피는 우리 삶과 연결되어 있고 소통을 위한 가장 쉬운 매개체라는 것이다. 온라인으로 커피를 통한 심심찮은 제안을 하기도 하고, 커피 문화가 테이크아웃이나 드라이브 스루를 통해 확장되기도 한다는 것.

이미 블루보틀이라는 브랜드가 경쟁상대로 존재하긴 하지만, 우리가 블루보틀을 통해 학습할 수 있는 것은, 단지 커피를 마시는 행위보다는 어떤 특별한 향수, 어떤 재미, 어떤 다양함을 느끼는 것이 우선시 된다는 것이다. 그리고 블루보틀에서만 느끼는 아날로그 문화와 기다림도 스타벅스와는 다른 블루보틀의 차별점이다. '시간을 기다리는 것이 아니라 경험을 기다린다'라는 개념으로 소비자들에게 기대감을 준다는 것이다.

★

"변화와 혁신에 능동적으로 대응하며 어려운 상황을 돌파할 전략적인 실행력이 중요하다"

김남순 미래희망 가정경제연구소장

시티은행, LG투자증권 등 정통 재무 전문가로 미래희망 가정경제연구소장으로 재직 중인 그는 최근 '경제적 자유를 통해 행복한 가정 경제와 꿈이 실현될 수 있도록 돕겠다'는 취지로 「죽기엔 너무 젊고 살기엔 너무 가난하다」라는 가정 경제와 관련된 저서를 출간하였다.

가정경제전문가인 그에게 커피가 가정경제에 미치는 영향을 물었다. '사회적 거리두기'로 인해 소비자는 어떤 행동을 학습할 것이며 어떤 트렌드를 선호하는 지가 우선 궁금했다. 그래서 스페셜티 커피음용자가 증가하고 있는 현상과 가정경제에 미치는 영향에 대해 물었다. 그는 스페셜티 커피라 해서 과소비와 연결 짓는 것은 과한 해석이며 소비자들은 분위기와 풍미를 즐길 뿐이라는 다른 시각의 해석을 내놓았다.

그러면 집콕 현상을 반영한 홈 카페는 어떨까? 역시 이 질문에도 그는 긍정적인 답변을 했다. 커피 머신을 이용하거나 드립 커피를 마시는 것은 오히려 가족들과의 친밀감을 높여주는 긍정적 효과를 미친다는 것이다. 이런 답변 이면에는 굳이 스타벅스를 고집하지 않아도 홈카페 문화를 즐길 수 있다면 다른 콘셉트의 접근을 하는 것도 가능하지 않느냐는 반문이 보이기도 했다.

금융 기관에 근무한 바 있는 그에게 스타벅스가 선불카드를 통해 점차 금융권에 접근하는 것은 어떻게 보느냐고 물었더니 이 질문에 대해서는 '스타벅스가 금융권에 진출할 수 있다'라는 의견에는 동의하지 않는다고 했다. 아마 이것이 카카오톡의 '선물하기'와 같은 하나의 문화로 자리 잡을 것이라 이야기하였다. 오히려 이런 다양한 금융 서비스가 경제 활성화를 돕고 건강한 소비자를 생산할 것이라 보았다.

그러면서 습관적인 커피 소비는 바람직하게 보이지 않으며 자산 관리학에서 소위 말하는 '카페라테 효과(하루 카페 라테 한잔씩 마시는 돈을 절약하면 목돈을 모을 수 있다는 개념)'처럼 균형 있는 소비를 권장하였다.

스타벅스 인터뷰에서 김남순 소장은 미래에도 광고를 하지 않는 정책이 바람직하나 스타벅스가 지나친 오감 마케팅은 지양하면 좋겠다고 말했다. 추후에 스타벅스가 핀테크 기술로 타산업과 콜라보할 가능성도 염두에 두고 있다. 그리고 언택트 시대에 변화와 혁신에 대한 능동적인 대응과 상황을 전환시킬 돌파구도 모색되어야 한다고 조언한다.

★

"충성고객을 기반으로 한 사업 다각화와 실험적인 고객 밀착을 시도하라"

김경호 이미지 메이킹 센터 대표

김경호 이미지 메이킹 센터 대표는 불모지나 다름없는 '이미지 메이킹' 분야의 학문적 정의와 개념을 정립하고 학술로 승화시킨 본 업계의 선구자이다. 1986년 한국 최초로 이미지 메이킹 프로그램을 개발한 바 있는 그는 30년간 1만 5,000개 기업과 정부 부처, 협회 등 강의와 컨설팅을 수행해 왔다.

그간 스타벅스는 편안한 의자, 쾌적한 매장, 특유의 음악으로 '고급화 전략'을 추구해왔다. 그러나 코로나19 이후 이 모든 것이 어려워졌다. 이미지 메이킹 전문가로서 보는 스타벅스의 이미지 전략은 어떻게 달라져야 할까? 먼저 그는 이미지 메이킹의 개념부터 설명해주었다.

이미지는 독특하고Special, 고유하며Inherence, 특유한Unique 느낌으로 실체가 있다기보다는 상상되는 것이다. 따라서 이미지 메이킹의 프로세스는 내적 이미지 메이킹(본질)-외적 이미지 메이킹(현상)-사회적 이미지 메이킹(관계)으로 이어진다. 이를 스타벅스에 대입해보면 어떨까. 이에 대해 그는 고객의 내적인 끌림 욕구를 외적현상, 즉 독특한 맛, 고유한 분위기, 특유의 편리성을 구현함으로써 대고객관계형성의 선호도를 높인 이상적인 조합형 이미지라고 볼 수 있다고 한다.

따라서 타 브랜드의 고객과 달리 스타벅스의 고객들은 지금까지 자신이 즐겨왔던 커피와 음료를 변함없이 즐긴다는 것이다. 테이크아웃이든 드라이브 스루의 형태든 추후 비대면 드론 배달 서비스든 상관없이 말이다. 이는 스타벅스의 대응전략과 고객의 레떼르 효과(Letter effect: 상대에게 자신이 긍정적으로 기대하는 말을 하면 상대가 그에 따르는 현상)가 호기심을 넘어 기대감으로 브랜드를 관전하도록 유도하기 때문이다.

결론적으로 포스트 코로나 시대의 스타벅스 이미지 메이킹은 고객이 주도하는 형태로 흘러갈 공산이 크다고 한다. 이미지 메이킹에서 세대를 공략하는 것은 전략적으로 매우 중요하다. 그렇다면 Z세대에 바이럴 마케팅을 전략적으로 펼치고 있는 스타벅스는 어떤 결과를 만들어 낼 수 있을까?

김경호 대표는 먼저 Z세대를 관찰해야 한다고 말한다. 그 안에는 4가지 심리적 요인이 있다고 한다. 첫째, 스타벅스의 신화적

이미지는 이들로 하여금 승리자의 편에서 함께 누리고 싶어 하는 밴드웨건 효과Band-wagon effect를 즐기기에 충분한 기반이 되었다는 점이다.(이 지지도는 콘크리트 수준이다.)

둘째, Z세대를 춤추게 하는 설득력이다. 최근 스타벅스의 MD 상품을 보면 열광 고객의 심리와 욕구를 꿰뚫는 강한 설득력이 엿보인다. 때론 이들에겐 권력으로도 비춰질 수 있다.

셋째, 우상화이다. 이 세대는 사랑 받는 인기인을 동경하고 우상화하는 경향이 강하게 나타나는 연령대의 사람들이다. 따라서 SNS를 접하는 시간이 빈번하고 또래 집단의 접근성이 용이한 스타벅스의 공동 관심사를 경쟁적으로 누리려고 한다는 것이다. 기존 기업이 단순하게 매출을 올려주는 대상으로 고객을 인식하였다면 스타벅스는 이 점에서 차별점이 엿보인다고 했다.

스타벅스 인터뷰에서 김경호 대표는 이미지 메이킹 전문가로서 고객의 충성도와 고객 경험이 코로나19를 스타벅스에서 벗어나게 할 것이며 지나친 오감 마케팅을 지양하고 동일한 매장을 만들지 말라고 권고한다. 향후 스타벅스의 성공은 충성 고객을 기반으로 한 사업다각화나 고객 밀착형 모델을 실험적으로 접근해보는 시도에서 빚어질 것이라 말한다.

"커피의 본질을 지키고 다양한 비즈니스 모델을 위한 타 플랫폼과의 네트워크를 한다면…"

신재환 챌린지노마드 대표

챌린지노마드 신재환 대표는 커리어 관리&창업 교육 및 컨설팅 전문가로 2,000개 이상의 브랜드를 컨설팅하고 온라인 마케팅 솔루션을 개발한 디지털 노마드 전문가이다. 최근 그가 펴낸 「챌린지노마드」는 스펙과 학벌 없이 취업, 승진, 이직, 창업에 성공하는 행동형 자기개발 가이드북으로 추천 받고 있다.

스타벅스가 온라인 마케팅을 잘하느냐는 질문에 그는 브랜드 관리 얘기부터 꺼냈다. 그는 스타벅스가 마케팅도 마케팅이지만 브랜드 관리가 월등하다는 이야기를 하였다. 2007년 금융위기 이후 하워드 슐츠의 복귀도 커피에 대한 본질과 고객 경험을 되살리는 브랜딩 정책의 일환이라 보았다.

또한 스타벅스 코리아가 연매출 1조 9천억을 넘어섰으며 총매출 중 10%가 굿즈 판매로 가능한 것은 단연 브랜드의 영향력이라 보며 이는 상품 자체를 넘어 브랜드 가치를 판매하였기에 가능한 일이라 보았다.

더불어 스타벅스의 문화 현상인 공간에 대한 가치는 두고두고 연구할 과제를 남겨주고 있다고 한다. 코로나19 이후 홈 이코노미 시대로 전환된 지금, 스타벅스의 적극적인 접근도 한번은 고려해 볼만하다고 했다. 예를 들어 커피나 굿즈도 집에서 즐기고, 나아가 은행 업무, 세탁까지 다른 플랫폼과 통합하는 것도 하나의 방법이 될 것이라 예상했다. 그렇다고 커피의 본질을 외면하라는 것은 아니다. 다만 '커피 회사를 유지하면서 다양한 비즈니스 모델을 적용해보는 것은 어떨까?' 하는 아이디어 차원에서 이를 생각해보자는 것이다. 그만큼 스타벅스의 커피 문화 시장이 굳건하여 틀을 깨는 혁신을 거듭하는 것도 가능하기 때문이다.

스타벅스 인터뷰에서 신재환 대표는 애플과 테슬라를 연결 가능한 네트워크 파트너로 보았다. 그 이유로는 다른 항목으로 제시되었던 월마트와 넷플릭스의 저렴한 가격 경쟁력은 스타벅스의 고급화 전략 및 미래의 방향성과 맞지 않다고 보았기 때문이다.

"창업을 위한 각종 시스템 지원이나 기부 제도를 통해 보다 구체적으로 협업하면 사회적 가치를 높이고 마케팅 파이를 넓이는 성과를 얻을 수 있어"

박희광 청년꿈 대안대학교 ING캠퍼스 대표

청년 창업을 위한 창업 스쿨과 비전 스쿨로 창업과 취업을 선도

하고 있는 청년꿈 대안대학교 ING캠퍼스 박희광 대표는 스타벅스의 CSR(Corporate Social Responsibility: 기업의 사회적 책임)에 대해 여러 가지 아이디어를 제안하였다.

그에게 스타벅스는 어떤 의미일까? 청년 창업에 올인해 온 그는 스타벅스가 청년들의 꿈이 시작되는 곳이어야 한다고 했다. 그 꿈을 위해 아이디어를 모으고 멘토를 만나며 함께 일할 동료를 만나는 그곳… '스타벅스가 오늘날 청년들과 함께 해결할 문제를 오픈하고 (스타벅스의 DNA를 유지하며) 창업을 지원할 시스템이 있다면 이전보다 더 큰 사랑을 받을 수 있지 않을까'하는 의견을 조심스럽게 제안했다.

구체적으로 더 많은 청년들에게 스타벅스를 이용할 수 있게 적립 포인트를 기부하는 기부 시스템을 설정하고, 바리스타를 꿈꾸는 이들에게 온라인 기반 교육 시스템을 사회공헌 차원에서 오픈한다면 어떨까. 이는 스타벅스가 사회적 책임을 구현하는 새로운 방법이 될 것이다. (이와 같은 방식으로 과거 마이크로소프트사가 저소득층에 무료로 컴퓨터교육을 개방한 사례가 있다.)

그는 스타벅스코리아가 최근 시행한 '중장년층 리스타트 지원 프로그램'을 좋은 사례로 꼽았다. 자체적인 프로그램을 운영하기보다는 광역단체별 스타트업 지원 센터를 지정하여 전문가의 멘토링과 창업 자금 지원, 공간 지원 등이 이루어져야 된다고 강조했다. 그 이유는 창업교육과정은 단기간에 완성되는 것이 아니라 오랜 시간이 소요되는 교육 과정이며, 창업 활동 또한 지속적인 공간 및 시스템 사용이 지원되어야 하기 때문이라는 점을 이유로 들었다.

*스타벅스, 중장년층 재출발을 돕는 '리스타트 프로그램'

'리스타트 프로그램'은 스타벅스코리아가 중소벤처부와 소상공인 진흥공단과 함께 중장년층 카페 취업, 창업을 돕는 프로그램으로 커피 지식과 트렌드, 효과적인 고객 서비스, 음료 품질과 위생 관리, 매장 손익 관리를 배운다.

★

"지역 공동 브랜드 마케팅과 지역 문화 행사 등 여러 상생 방안들을 적극적으로 모색하면 스타벅스의 가치는 이전 보다 더 상승할 것이다"

변명식 중소기업 혁신전략 연구원장

변명식 원장은 42년간 실사구시 마케팅 교수로 대학 강의실, 전통 시장 및 중소 유통, 프랜차이즈 산업 현장에서 '매출 4배, 행복(수익) 2배'를 목표로 신화 창조 주인공 양성에 매진하여 왔다. 저서로 「유통학개론」, 「재래시장 경영론」, 「프랜차이즈 경영론」 등 50여권 이상을 출간하였으며 한국 유통학회 회장을 역임하고, 소상공인 진흥공단 자문위원, 중소벤처기업부와 서울시, 경기도

정책자문, 한국 프랜차이즈 산업협회 고문으로 활동 중이다.

이미 커피시장은 스타벅스라는 글로벌 기업과 더불어 포화 상태가 되었다. 소상공인과 자영업자들이 기회를 잡을 만한 대안은 없는 것일까? 소상공인들을 위한 멘토 교수로서 그는 먼저 "숫자가 많다고 안 되는 것이 아니고 적다고 잘 되는 것이 아니다"며 시장을 바라보는 관점을 바꿔야 한다고 말한다.

그는 맛과 분위기, 그리고 문화를 창출하는 기본에 충실하고 혁신적인 차별화를 위해 브랜드를 각인 시켜줄 독특한 문화 창출에 대한 묘안을 짜야한다고 했다. 더불어 경영자의 마인드를 갖고 철저하게 트렌드를 반영할 것을 이야기하였다. 영업장을 문화적 영감 창출 공간으로 연출하고, 매력적인 커피 맛을 내기 위한 노력을 해야 한다. 그리고 철저하고 세심하게 고객들을 살펴야 한다고 강조한다. 이밖에 실내 분위기에서 용기, 도구, 소품, 운영 시스템까지 디테일하게 체크하는 것도 소상공인 경영자가 할 일이라고 하였다.

지방의 스타벅스를 방문하다보면 지역 특색을 반영한 음료를 심심찮게 발견할 수 있다. 일례로 스타벅스 부산점에는 '부산 샌드비치 프라푸치노'와 '부산 레드온더비치'가 있으며 제주에는 흑돼지와 한라봉을 이용한 이색 음료가 있다. 스타벅스와 같은 글로벌 기업과 소상공인들의 상생 방안은 무엇일까? 변 원장은 먼저 지역 특산물 생산, 유통, 상품에 함께할 해법을 찾으며 지역 특산물의 공동 브랜드 마케팅을 실행하는 것도 이를 구체화할 수 있는 방법이라고 했다. 이를테면 고구마, 감자, 옥수수 같은 농산물을 통해 음료와 스낵을 개발하는 케이스이다. 마지막으로 지역 문화 행사를 기획하는 것도 시도해볼 사안이라고 제안하였다.

끝으로 40여 년간 강단 뿐 아니라 시장 현장에서 얻은 경험을 가진 그에게 커피 프랜차이즈 업계에게 필요한 것이 무엇이냐고 물었다. 그는 5가지 요소를 들었다. 첫째, 기본에 충실하라.(커피, 맛, 서비스, 청결, 가치) 둘째, 트렌디한 주기 변화에 적응하라. 이를테면 작지만 확실한 행복을 뜻하는 '소확행'에서 자연이 주는 확실한 행복인 '자확행'으로 소비 트렌드가 변화됨을 민감하게 반응하라는 것. 셋째, 커피숍을 힐링 공간으로 인식하라. 몸과 마음이 쉽게 지치는 현대 사회에 위로를 주는 선물 같은 곳으로 인식하라는 것. 마지막으로 중독성, 구독, 공간, 상품, 기념품 등의 단어가 주는 의미를 곱씹어 보길 강조했다.

★

"코로나19 이후 대형매장에서 픽업매장으로 확장될 듯…"

이재형 비즈니스 임팩트 대표

'이재형 코치의 브런치', '비즈니스 임팩트' 등 블로그와 유튜브에서 비즈니스 코치로 알려진 이재형 대표. 그는 최근 「발가벗은 힘」(2019)과 「테크노사피엔스」(2020) 등의 저서를 출간한 바 있다.

동아 비즈니스 리뷰에서 '카페베네? 매장 늘어 난 것 말고 뭐 있지? 명확한 타깃 못 찾고 쇠락의 길로…' 라는 칼럼을 썼다. 또한 국내 유수기업에서 전략, 혁신, 조직 행동론, 기술 경영에 대한 강의와 컨설팅을 하고 있다.

그는 스타벅스가 한국에서 성공할 수 있었던 마케팅 요인이 매우 구체적이라고 말한다. 스타벅스는 지분 구조에서 '을'이 동기부여 되는 방식으로 현지화 했다. 초기에 구사한 셋업 전략, 고급화 전략, 차별화 전략, 비용 전략이 고객에게 고급스럽다는 느낌을 주었다.

여기에 감성 마케팅까지 더해 브랜드 충성도를 높였다. 그리고 공간에 관한 전략, 고객 경험, 70%의 메뉴 한국화, 매장 MD 상품, 사이렌 오더, 커피 맛(카페베네의 실패는 본질, 즉 맛을 놓쳤기 때문)도 비즈니스 코치에게는 강점으로 비추어진 것 같았다.

그렇다면 포스트 코로나 시대에 스타벅스는 어떤 방향으로 나아갈까? 대형 매장은 문을 닫고 픽업 매장을 늘리는 추세로 나아갈 것이다. 대면 주문은 줄어들 것이며 모바일 주문 형태가 대거 늘어날 것이다. 물론 코로나19가 끝나면 조금씩 회복될 조짐도 보인다고 예측했다.

또 매장의 단위당 면적을 줄일 것이라 이야기했다. 그렇게 하면 인건비, 유지비가 적게 든다. 이디야의 영업 이익은 12.2%, 스타벅스는 6.2%(2012년 9.10%)로 정직원 채용이 경영에 압박 요인으로 작용할 수 있다는 우려를 보였다. 대형 매장에서 픽업 매장으로 전환한다면 부동산 비용, 유지비가 현저히 낮아질 수 있다는 낙관적인 희망도 조심스레 던졌다.

"스타벅스는 일관성 있고 안정적인 서비스로 기대감을 갖게 한다"

송수연 아타라 크리에이티브 코칭 대표

송수연 대표는 대한항공 객실 승무원 출신으로 야후 인사과를 거쳐 라이프 & 커리어 코칭 교육 기관인 아타라 크리에이티브 코칭 센터를 창립하였다. 기업에서는 조직 커뮤니케이션, CS 강의, 감정 노동 관리 등 주로 서비스 강의와 컨설팅을 수행하고 있다. 송 대표는 본인이 어느 지역에 가든 스타벅스를 찾는다고 했다. 스타벅스 시애틀 1호점을 찾을 만큼의 광팬이라고 한다.

이렇게 그녀가 스타벅스의 팬이 된 가장 큰 요인은 일관성 있고 안정적인 서비스 경험 때문이라고. '적어도 스타벅스에 가면 정서적으로 상처를 받지 않겠구나 하는 기대감을 갖게 하는 것'과 '소중하게 대우를 받고 있다는 감정'이 그녀가 스타벅스의 팬이 된 요인이라 이야기한다. 한마디로 스타벅스는 고객을 행복하게 하거나 기억에 남는 경험과 영감을 준다는 것이다. 이렇게 되기까지는 스타벅스의 채용 기준과 대우가 결정적인 영향을 미쳤을 것이라고 송 대표는 말한다.

직원을 파트너라 부르고 세련된 주인 의식을 심어주며 처음부터 타인에 대한 서비스 마인드와 열정이 있는지 세심히 살펴 고객의 기대치를 충족시켜주는 과정이 오늘의 스타벅스를 만들었다고 말한다. 스타벅스의 공간은 보통의 커피숍이기보다는 영감이 넘치는 특별한 공간이다. 그래서 조금 시간이 걸리더라도 꼭 방문하고, 먼 곳에서부터 드라이브 스루를 애용한다고 한다.

또 한 가지, 스타벅스는 열정과 서비스 마인드가 열려 있는 직원에게 체계적이고 전 세계에 적용할 스탠다드한 교육을 실시하는데 송 대표는 고객여정지도(Customer Journey Map: 기업이 고객의 입장이 되어 디자인하고 그려보는 마케팅 기법)를 떠올리는 스타벅스 만의 교육 방식을 특별하게 보았다. 스타벅스에서는 신입사원이 입사하면 '스토어 스루'라는 과정을 거친다. 고객처럼 문을 열고 들어와서 주문을 하고 고객 관점에서 돌아다니는 것이다. 그러면 고객의 눈으로 보고 들을 뿐 아니라 어떻게 하면 좀 더 행복하고 편안한 영감을 줄 수 있는지 떠올리게 된다.

그러면 스타벅스의 닉네임을 부르는 기업 문화는 매출에 도움이 될까? 송 대표는 도움이 된다고 단언한다. 일단 닉네임을 부르는 것은 느낌상 캐주얼하다는 인상을 준다. 항공사의 호칭 서비스를 떠올려보자. 싱가포르 항공은 출발 전 상위 클래스, 퍼스트 클래스, 비즈니스 클래스의 고객 정보를 받고 고객이 탑승하면 이름을 불러준다고 한다. 고객은 본인의 이름이 불린 후에 자신이 특별하다고 느낀다. 고객 정보 안에는 과거 경험과 이력이 있어 기내 서비스에 적용됨으로 고객에게 뜻깊은 인상을 준다. 정서적 유대감이 생긴다는 뜻으로 받아들여도 좋을 것이다.

다만 송 대표는 코로나19 이후 스타벅스의 드라이브 스루에 대해 한 가지 우려를 나타냈다. 결국 이 서비스를 이용하려면 메뉴 완성이 지연되고 직원의 입장에서는 테이크아웃, 홀 주문, 드라이브 스루 등으로 나누어 주문을 해결해야 하므로 불편에 봉착할 수 있다는 것이다.

스타벅스 인터뷰에서 송 대표는 미래 스타벅스의 장애 요인으로 스타트업의 등장을 꼽았다. 스타벅스를 벤치마킹한 스타트업 같은 것이라고나 할까? 이를테면 블루보틀 같은 좀 더 트렌디하고 젊은이들에게 세련되게 어필할 수 있는 스타트업의 등장을 예측한 것이다. 이미 스타벅스는 올드한 느낌이 든다는 나름의 생각도 있어 보인다.

★

"커피의 본질, 원두에 승부를 걸어라!"

이종혁 아야커피 대표

이종혁 아야커피 대표는 대한민국 최초의 생두, 커피감별사로 본인만의 파젠다fazenda라는 커피 브랜드를 만들었으며 하루도 쉼 없이 커피를 볶고, 최상의 커피 블렌딩을 위해 커핑(커피 감별)을 계속

한다.

2017년 이종혁 대표는 객관적인 평가 기준을 가지고 커피 체인점의 콜드브루에 점수를 매겼고, 스타벅스의 콜드브루를 1위로 추천한 바 있다. 그에게 지금도 여전히 같은 생각을 가지고 있느냐고 물었다. 당시 스타벅스의 콜드브루의 농도는 타 브랜드에 비해 농도가 진하게 느껴졌다고 하였다. 그는 '기억해보면 이 모든 것이 맛보다 수익을 따진 결과'가 아닐까 의문이 들었다고 했다. 스타벅스가 아닌 다른 브랜드에서는 수익을 따지다보니 자연스레 농도를 연하게 만들었기 때문이다.

블루보틀과 스타벅스를 비교하여 두 체인점에 대해서 전문 바리스타의 평가를 듣고 싶었다. 일단 이 대표는 블루보틀의 브랜드 파워를 최고로 보았다. 음료의 퀄리티는 스타벅스와 비교가 된다고 하였다. 커피 감별사는 특이하게 잔 사이즈로 두 브랜드의 차이를 설명했다. 그는 개인적으로 스타벅스에 가면 '오늘의 커피'를 마신다고 했다. 스타벅스의 경우 로스팅이 엄청 강한데 그 이유는 베리에이션 메뉴(유제품이나 시럽, 소스가 들어간 메뉴)에 의해 탄생된 것과 미국의 큰 사이즈 문화에 영향을 받았기 때문으로 추측했다. 반면에 블루보틀은 작은 잔을 사용하는데 원두로 이상적인 맛과 향을 내려면 적정한 로스팅을 할 수밖에 없고 작은 잔을 사용하지 않으면 농도를 낼 수 없기 때문이다. 따라서 두 브랜드를 평하자면 두 기업의 브랜드는 컨셉이 다를 뿐이라고 말한다.

아무리 다른 방법을 사용해도 본질을 벗어나서는 고객으로부터 공감을 받을 수 없다. 스타벅스도 따져보면 대중적인 커피 전문점이다. 스타벅스는 커피의 맛보다는 공간의 가치를 더 중요시하고 팬데믹 이후에는 대면과 오감을 통한 감성 마케팅보다는 테이크아웃 서비스에 중점을 두고 있지만 결론적으로 커피숍의 가장 중요한 요소는 원두나 로스팅이다. 즉, 커피의 본질은 당연한 것이므로 아메리카노와 베리에이션용 원두는 별도로 분류해야 한다. 이탈리아에서는 에스프레소를 마시는 것이 일반적인 커피 문화이지만 우리가 접하는 브랜드의 에스프레소는 단지 음료를 만들기 위한 재료일 뿐이라는 것이다. 12온스에 에스프레소 투 샷이 들어간다고 가정할 때 요즘 유행하는 컵들은 2배 정도 큰 사이즈이므로 에스프레소를 더 넣어주는 것이 아니라 로스팅을 강하게 해서 수익을 맞추는 일들이 비일비재하게 일어나는 것이 현실이다.

스타벅스 리저브 매장을 늘리는 방향에 대해서는 그는 100% 동의하지는 않지만 진정성 있게 커피의 본질을 보여 준다면 좋은 방향이라고 했다. 인터뷰 말미에 그가 던진 한마디가 그의 커피 철학을 잘 드러내고 있다.

"커피는 농산물입니다. 김밥에 김과 밥이 중요하듯 커피는 원두가 전부입니다."

"아무리 디지털화해도 스타벅스의 경험, 중심을 잃어서는 안 된다"

오세찬 前 스타벅스 사이렌 오더 기획팀 PM (닉네임 류미)

오세찬 PM은 프리랜서 번역가로 일하다가 2005년 커피를 경험하기 위해 스타벅스의 바리스타로 입사했다. 이후 소셜 미디어 담당자로, 어플 프로젝트로 근무하다 2018년 퇴사했다. 현재 현 쿠팡 마케터인 조종원과 현업 마케터의 비공개 모임을 이끌고 있다.

그는 과거 스타벅스 소셜 미디어 담당자로 근무한 당사자로서 현 스타벅스의 소셜 미디어 운영 방식에 대해 아쉽다고 했다. 스타벅스의 소식을 전하고 고객과 커뮤니케이션하는 창구로 SNS를 활용해야 하는데, 그러지 못하는 것에 대해 아쉬움이 있는 것이다. 그런 그에게 소셜 미디어 담당자에서 사이렌 오더 프로젝트의 메인 PM이 되기까지의 상황을 물었다.

그는 시대적 변화와 혁신에 방점을 두고 이야기를 이어 갔다. 소셜 미디어를 시작한 2010년은 아이폰 출시 초창기다. 그는 어플리케이션에 관심이 많았고 피처폰 시절부터 하드웨어, 소프트웨어, 인터넷(네이트 등의 모바일 인터넷) 리뷰를 진행하는 등 모바일 서비스에 관심을 갖고 있었다.

특히 소셜 미디어는 당시 새로운 서비스로 국내보다는 해외 부가서비스를 이용하는 경우가 많았다. 이로 인해 IT에 대한 사회적 관심이 전반적으로 급증했다. 업무의 연관성으로 볼 때 소셜 미디어에서 일한 경험이 IT 분야인 사이렌 오더(모바일 서비스)를 기획할 때 영향을 미쳤다고 한다.

먼저 소셜 미디어를 진행하면서 얻은 고객과의 커뮤니케이션 경험과 매장에서의 바리스타 경험이 사이렌 오더 기획과 앱 커뮤니케이션(푸시 메시지, 앱 내 문장), UI(User Interface: 디지털 기기를 작동시키는 기법을 포함한 사용자 경험), UX(User Experience: 사용자가 특정 제품을 쓰면서 느낀 소감)에 직접적으로 도움이 되었다고 한다. 사이렌 오더를 기획하면서 다양한 이해관계자(내부 부서와 외부 개발사들)의 흐름을 정리한 것과 PM 전문성이 미미한 가운데 커뮤니케이션을 조율하며 앱 서비스 론칭까지 갈 수 있었던 당시의 기억이 아직 생생하다고 말했다.

그렇다면 코로나19 이전부터 가속화된 스타벅스 디지털화의 중심에 있던 그는 어떤 생각을 하고 있는지 물었다. 그는 항상 '중심'을 고려해야 한다고 말한다. 다행스럽게도 스타벅스는 디지털화를 통해 소비자들에게 최적화된 서비스를 제공하지만 중심을 벗어난 적은 없다고 했다.

즉, 커피를 매개로 소비자들에게 전하는 스타벅스의 경험이 자신이 말하는 중심이라는 것이다. 사이렌 오더 역시 계속 진화할 것이다. 그러나 매장에서 느꼈던 스타벅스 경험이 내 폰으로 옮겨지는 것에 중점을 두어야 한다. 코로나19 이후에 스타벅스도 직면한 여러 가지 어려움이 있었겠지만 디지털로의 이동은 예전부터 지속된 것이었다. 그러므로 급변하는 상황에 대해서는 유동적이고 유연하게 잘 극복할 것이라 낙관하였다. 따라서 기존 매장 운영 방침을 잘 점검하고 디지털 서비스를 활용한다면 지금처럼 지속적으로 새로운 매장이나 서비스를 론칭할 수 있을 것이라고 했다.

스타벅스 인터뷰에서 오세찬 PM은 미래에 스타벅스가 단순히 커피만을 판매하는 회사가 아니라 콘텐츠와 금융을 포함, 디지털 기술을 아우르는 '라이프 스타일'을 제안하는 회사로 발전할 것이라고 보았다.

★

"스타벅스도 향후 이슈가 될 인종 문제, 차별 문제에 기업으로서 합리적인 기준을 가져야 한다"

임용한 한국역사고전연구소장

한국사학자로서 각종 미디어에서 전쟁과 관련한 콘텐츠를 독보적으로 전파하고 있는 임용한 소장은 최근 역사와 관련된 여러 스타벅스 이벤트에 적합한 평가를 내려줄 수 있는 적임자라 보았다.

*저서로는 「세상의 모든 전략은 전쟁에서 탄생했다」「명장, 그들은 이기는 싸움만 한다」「뇌물의 역사」 등 다수가 있다. 또한 '인문채널 휴유튜브' 채널에서 '임용한의 전쟁사' '유튜브 한국사' '인문학 특강' 등의

콘텐츠를 선보였다. 이외 SERICEO에서 '전쟁과 경영' '전쟁으로 보는 한국사' 등을 강연하였고, 동아비즈니스리뷰에서 '전쟁과 경영' 칼럼, 동아일보에서 '임용한의 전쟁사' 등의 칼럼을 연재했다.

스타벅스가 광복절을 맞이하여 한정판 MD를 출시하고 국가의 중요한 기념일에 맞추어 각종 마케팅을 펼칠 뿐 아니라 독립유공자 자손인 우수대학생 50명에게 총 1억 원의 장학금을 전달하였다는 뉴스를 접했다.

한국 역사학자로서 그의 생각은 어떠했을까? 그는 이런 스타벅스의 행보에 긍정적인 평가를 내렸다. 다른 서구 기업에 비해 앞서가는 전략으로 단지 이런 행보가 행사로 그치지 않고 기업의 기본 이념, 행동 강령, 인류애와 사회관에 기반한 행동이라는 진정성에 바탕을 두었으면 좋겠다는 바람을 피력했다.

역사적으로 보면 쇄국 국가로 알려진 바와 달리, 한국은 외국인들에게 친절하고 호기심이 많았다. 그리고 흡수력과 문화 수용력, 그리고 창조력이 높았다. 이는 고도성장의 원인이 되었다. 간혹 배타적이고 감정적인 민족주의 성향이 강해지기도 하지만 그래도 서구기업에 대한 한국인의 수용력은 높다.

스타벅스에는 논산 딸기, 문경 오미자, 광양 황매실 등의 지역 특산물을 활용한 음료가 있다. 글로벌 기업이 우리 농가와 펼치는 마케팅을 어떻게 보고 있냐는 물음을 던졌다. 이에 임 소장은 스타벅스가 한국에 봉사하기 위해 손해를 감수하고 베푸는 선행이 아님을 알아야 한다고 답했다. 오히려 마케팅 관점에서 편견

없이 행하는 합리적인 기획임을 강조하는 것이 바람직하다고 조언한다.

3·1절, MD 판매수익을 전액 기부하고 도산 안창호 선생의 친필휘호를 기증하는 등 역사와 관련한 후원을 진행해온 스타벅스에게 2018년 평창올림픽 개회식에서 NBC 해설자 조슈아 쿠퍼라모의 발언은 일종의 악재가 되었던 것으로 보인다. (그는 개회식 중계에서 '일본이 1910년부터 1945년까지 한국을 강점했던 국가지만, 모든 한국인은 발전 과정에 있어 일본이 문화 및 기술, 경제적으로 중요한 모델이 되었다고 말할 것이다'라고 말했다.) 역사와 관련된 이러한 사안을 두고 임 소장은 향후 인권 차별, 역사 논란 등 민감한 이슈가 발생할 가능성이 크므로 기업으로서 명확한 기준을 확보하라고 말한다.

역사적으로 보면 커피의 발전은 세계적으로 많은 변화를 이끌어 내었다. 현대인에게 있어 커피는 휴식과 비즈니스에서 뗄 수 없는 관계로 발전하였는데 현대인에게 향후 어떤 영향을 미칠 것인지에 대한 질문에는 역사학자로서 다음과 같이 희망적인 미래전망을 내놓았다.

"길거리에 카페가 보편화되고 사람들이 커피 한 잔의 여유를 즐기는 나라보다 아직 그렇지 못한 나라가 많습니다. 커피 문화라기보다는 커피를 매개로 하는 문화적 장치와 수요는 인간의 본성에 내재된 수요라고 여겨집니다. 그러므로 앞으로도 지속적으로 발전하고 나아간다면 카페 문화는 세계에 널리 퍼져나갈, 세계인의 공통된 풍습으로 변모할 수 있다고 생각합니다."

"스타벅스의 현 비즈니스 모델로는 향후 위기가 올 수 있어, 스타트업과 연계하는 것은 희망적"

김영록 넥스트 챌린지 대표

김영록 넥스트 챌린지 대표는 스타트업 육성과 더불어 '첨단 정보통신기술 융합 스마트시티'에 도시재생 설계 개념까지 통합적으로 고안한 스타트업 권위자이다. 국내 대표적인 엑셀러레이터 넥스트 챌린지를 통해 유망 스타트업을 발굴하고 지원하며 최근 4차 산업혁명시대에 맞는 인재 양성을 위해 한국형 미네르바스쿨인 넥스트 챌린지스쿨NCS설립에 몰두하고 있다.

그의 저서 「변종의 늑대」는 스타트업계의 필수 교과서로 평가받고 있다. AI, 빅데이터, 사물 인터넷 등 이 모두는 스타트업에서 나온다. 엄격히 말하면 엑셀러레이팅은 스타트업 개념보다는 창업 교육, 비즈니스 연계, 멘토링 제공 등 스타트업들의 초기 성장을 돕는 프로그램으로 김영록 대표가 설립한 넥스트 챌린지는 이외에 투자 인큐베이팅, 코워킹 스페이스 네트워킹, 생태계 조성 등을 수행하고 있다.

과연 MZ세대가 겹치는 스타벅스와 스타트업의 경우 어떤 코워킹이나 공동 마케팅이 가능할까? 먼저 스타벅스의 향후 흐름에 대해 물었더니 스타벅스는 공간을 예술로 만들고 고객은 그 가치와 분위기를 구매한다고 하였다.

그에게 스타벅스의 긍정적인 미래는 전 세계에 깔린 네트워크와 고객 데이터베이스, 금융권 진입이 예상되는 커피 뱅크였으나 반면에 카페에서 로봇으로 대체되는 현상과 다양한 복합 음료 등의 등장으로 20~30년 뒤에는 지금의 비즈니스 모델로는 위기가 올 수 있을 것이라 조심히 전망하였다.

만약 스타벅스와 코워킹 스페이스가 결합하면 어떤 성과를 낼 수 있을까? 그는 공간에서 한걸음 더 나아가 프로그램을 돌릴 수 있는 유능한 엑셀러레이터가 있어야 한다고 주장한다. 단순히 공간을 제공하는 것은 결과적으로 반쪽자리 밖에 되지 않는다는 평가를 했다,

*2020년 스타벅스 코리아는 '청년 스타트업' 지원 사격을 위해 전국 주요 대학 10여 곳에 '창업 카페'를 제공하고 해외 연수를 포함한 예비 창업 프로그램을 지원하며 효과적인 투자 연계를 위해 엑셀러레이터를 연계하였다.

코워킹스페이스인 위워크에 바리스타와 커뮤니티 매니저가 상주하는 것도 향후 마케팅파이를 넓히는 시점에서 눈여겨보라는 조언을 하기도 하였다.

"인공지능과 로봇으로 대체되는 시대에 적응하고 커피계의 아마존으로 전환"

정유리 블루오렌지 커뮤니케이션즈 국장

이번 인터뷰를 진행하면서 스타벅스의 팬덤 문화를 이끄는 스타벅스 마니아를 만나고 싶었다. 스타벅스 네이버 카페를 운영한 바 있는 정유리 국장은 굿즈 뿐 아니라 스타벅스에 최고의 가치를 부여하는 전문 광고인이요 마케터이다.

그는 역시 마니아답게 스타벅스의 월등한 마케팅 포인트로 시즌별 프로모션을 꼽았다. 봄에서 겨울까지 이어지는 계절 프로모션과 화이트 데이, 발렌타인 데이, 할로윈 데이, 크리스마스 등 1년 내내 지갑을 열게 만드는 시즌별 시리즈가 한 해를 보내게 하며 마니아들끼리도 '스타벅스 프로모션을 좇아다니다 보면 1년이 금방 간다'는 농담을 주고받기도 한단다.

더불어 매년 그 시즌에 함께 할 수 있는 MD와 음료를 소중한 추억거리로 SNS에 업로드하거나 공유하는 기쁨이 있다고 하였다. 신규 회원 창출을 위한 프로모션도 스타벅스 마케팅 포인트에서 빼놓을 수 없는 요소라는 것도 잊지 않았다.

마니아를 떠나 전문 마케터로서 스타벅스의 데이터 마케팅을 어떤 각도로 보고 있는지 물었다. 정 국장은 데이터를 활용하는 기업으로는 스타벅스가 타의 추종을 불허한다며 다음과 같은 사례를 설명해 주었다.

① 최근 구매 이력과 매장 정보, 주문 시간대와 날씨 등이 적용된 개인 맞춤형 추천 서비스
② 기본적인 오디언스의 성별 및 연령, 이용자의 구매 데이터 활용, 연령대 선호 메뉴와 이메일 발송 시 분류된 메시지
③ 자동충전 혜택 안내와 우수 회원(1년간 구매 데이터 분석) 선정과 보상
④ 고객 데이터를 미래를 위한 자산으로 활용

그렇다면 충성도가 높은 고객에게 스타벅스의 공간은 어떤 의미일까? 이 부분에서 정유리 국장은 공간에 대한 독특한 개념을 말했다. 공간은 단순히 커피를 마시는 장소가 아닌 소통의 공간이며 고객에게는 자신만의 휴식, 즉 퀘렌시아(스트레스와 피로를 풀며 안정을 취할 수 있는 공간)라는 것이다.

그리고 스타벅스의 개선점에 대해 물었다. 그녀는 주저 없이 '한정품 구매를 위한 줄서기'라고 말했다. 스타벅스 입장에서는 프로모션에 몰리는 인파에 인기를 확인하고 실감하겠지만 구매자의 입장에서 그리고 진짜 마니아층에게는 상당히 불편한 시스템이라는 것이다. 이런 시스템이라면 그 몫은 리셀러에게 돌아가기 때문이다.

해외 스타벅스의 경우 온라인몰을 통해 MD를 판매하고 있으며(스타벅스 재팬은 지속적으로 운영하고 있는 반면 미국, 유럽은 중단) 온라인 몰에서만 판매하는 '시즌한정, 온라인한정MD'를 별도로 판매하고 있

다고 한다. 온라인에서 구매하고 집으로 배송 받고, 등급별 회원제로 오픈 시간을 달리하여 충성도를 높이는 대안도 제시하였다. (일례로 아디다스는 신상품 발매 시 등급별 오픈 시간을 달리하여 등급이 높은 고객이 좀 더 편하고 빠르게 구매할 수 있게 한다.)

마지막으로 스타벅스는 어떤 미래를 그려야 할까? 타 기업보다 앞서서 유행을 선도하는 트렌드 세터인 스타벅스는 향후 20~30년 내에 인공지능이나 로봇으로 대체되는 변화에 능동적으로 적응하고 커머스 사업을 확장하기 위해 다양한 카테고리 상품을 판매함으로 종국에 커피 외에 기타 상품도 판매하는 커피계의 아마존으로 전환할 것을 적극적으로 제안했다.

★

"가치전략을 통한 세일즈 방식, IT를 적극적으로 활용한 디지털 소통세일즈가 핵심"

정경호 엔학고레 소통아카데미 대표

정경호 대표는 국내 세일즈 및 소통 분야에 정통한 전문가이다. 평범한 샐러리맨에서 글로벌 제약회사 노조위원장으로, 탑 세일즈맨에서 최고의 소통 전문 강사가 되기까지 사회 여러 분야에서 직접 겪은 경험과 지식을 바탕으로 다양한 영역의 커뮤니케이션

역량 향상에 전력하고 있다. 저서로는 「혼자 강해지는 힘! 셀프 리더십」과 「So What?」 등, 소통과 세일즈 분야의 전문서적이 있으며 한국경제 TV, 한국 직업 방송, YTN 등에 출연하기도 했다. 현재는 유튜브 '정경호 TV'를 운영하고 있다.

생각해보면 소통과 세일즈는 불가분의 관계를 가지고 있다. 고객과 소통하지 않으면 어떻게 세일즈가 가능할까? 이 분야를 두고 정경호 대표가 스타벅스를 어떤 관점에서 보고 있는지 궁금했다. 이에 대해 그는 스타벅스가 다양한 고객 커뮤니케이션에 집중하는 소통 세일즈의 면모를 가지고 있다고 답했다. 초기 오프라인의 방식을 넘어 IT를 활용한 온라인 소통방식이 그 증거라 하였다. 그러면서 사이즈 다각화와 가치 전략을 통한 세일즈 방식, IT를 적극적으로 활용한 디지털 소통 세일즈가 돋보인다고 말했다. 그의 대답에서 디지털 소통 세일즈에 대한 부연을 요청했다. 이는 코로나19 이후 드라이브 스루 등 비대면식 마케팅과 IT기반의 디지털 플랫폼 전략(예를 들면 모바일 앱을 통한 사전 주문)에서 발생한 새로운 소통방식이라는 설명을 덧붙여 주었다.

그는 이런 디지털 소통 세일 전략 외에 프리미엄 브랜드 전략도 고려해야 한다고 말한다. 지금까지 우수하다고 평가받는 여러 제휴 사례와 모바일 앱을 통해 다양한 고객 접근이 이루어진다면 지금의 스타벅스는 더욱 스타벅스다워질 것으로 보이며, 특히 다양한 디지털데이터를 활용한다면 전 세계 금융권의 강자가 될 것이라는 장밋빛 전망을 내어 놓았다.

| 스타벅스의 미래 출처 |

1 아시아경제/117년 동안 '젊은 기업' 소리 듣는 3M의 비결은, 2019. 05.20.

2 네이버블로그/예르나 크누첸, '스페셜티 커피'라는 말을 처음으로 사용하는 이/2020.12.04.

3 동아일보/667조원 손에 쥔 IT공룡들, 스타트업 쓸어 담기/2020.07.01.

4 더스쿠프/가트너가 분석한 구글, 아마존의 '성공습관'/2020.03.24.

5 조선 biz/스타벅스가 디지털회사로 거듭난 비결은/2020.04.23.

6 오피니언뉴스/블루보틀은 어떻게 사람들을 줄 세웠을까?/2019.05.17.

7 머니S/'집과 회사, 제3의 공간' 스타벅스 무너지나/2020.03.17

8 스타벅스 웨이/조셉 미첼리/현대지성/2019.02.25.

9 그라운드 업/하워드 슐츠/행복한 북클럽/2020.09.29.

10 아마존 뱅크가 온다/다나카 미치아키/21세기북스/2020.02.11.

11 한국경제/온라인공룡-아마존·알리바바 이긴 이케아/2019.12.11.

12 아시아경제/페북이 모셔온 세상에서 제일 맛있는 커피, 필즈커피/2019.06.25.

13 티타임즈/커피! 제3의 물결이 시작되다/2017.08.22.

14 중간계캠퍼스/www.midcampus.com

15 한경닷컴/하나은행은 왜 스타벅스를 경계할까?/2020.01.22

16 코리아비즈니스리뷰/스타벅스의 문화, 스타벅스의 성과가 되다/2019.10.02.

17 OTT플랫폼 대전쟁/고명석/새빛/2020.07.20.

18 돌파하는 기업들/김성호/초록비책공방/2020.11.20.

19 마케터의 기본기/주세훈/다산북스/2019.10.17.

20 조선비즈/세계 표준된 스벅 사이렌 오더/2019.02.03.

21 IT조선/스타벅스가 디지털회사로 거듭난 비결은/2020.04.23.

22 블로터뉴스레터/스타벅스가 데이터 비즈니스의 신이 되기까지/2020.02.06.

23 한경닷컴/맥도날드·스타벅스, 커피전쟁 2라운드/2018.01.08.

24 EBR비즈니스리뷰/스타벅스 '사이렌 오더'가 처음 탄생한 곳은 디지털강국 대한민국/2020.11.06.

25 동아일보/스타벅스에는 있고 韓 기업에는 없는 것/2020.06.10.

26 아시아경제/스타벅스 커피트렌드는 H.O.P.E/2021 02.06

27 블로터뉴스레터/스타벅스가 데이터 비즈니스의 신이 되기까지/2020.02.06.

28 연합뉴스/스타벅스 "올해 커피트렌드도 홈카페 비대면 주문"/2021.02.04.

29 루트에너지/스타벅스를 통해 보는 기업의 사회적 책임/2020.02.19

30 The Starbucks Organization Structure/advertize/SOBIYA

31 Leadship Consulting/Leadership and the COVID-19 pandemic at Starbucks/Confort Allison Bowe Kira June

32 현대경제연구원/국내 커피 약 7조원 규모로 성장/2019.07.12.

33 하이엔드데일리/스타벅스의 티바나와 이브닝서비스는 왜 실패했을까?/ 2018.02.06

34 디지털 트렌스포메이션/김종식, 박민재/지식플랫폼/2019.07.20.

35 매경이코노미/블루보틀 상륙에 요동치는 커피공화국/2019.05.17.

36 매일경제/한정판 굿즈에 푹 빠진 대한민국/2020.09.01

37 한국경제/제3의 공간된 오피스…스타벅스와 경쟁하라/2020.07.03.

38 조선경제/황제 베이조스의 퇴임, “나는 에너지가 넘친다. 다시 Day 1”/2021.02.04

39 매일경제/스타벅스 성공신화를 쓴 하워드 슐츠의 인재사랑/2017.10.02.

40 트레블뷰/“35년 만에 처음” 이탈리아에만 없었던 브랜드 1호점 들어서니 생긴 일/2020.08.13.

41 DBR/현지화의 다양한 개념/2015.06월호

42 르몽드디플로마티크/넷플릭스처럼/2021.01.20.

43 더농부/글로벌 커피브랜드의 무덤? 베트남 토종카페는 어떻게 스타벅스를 이겼나?/2020.03.11.

44 조선일보/‘슈퍼스타 아니라면 당장 내보내라’ 1등 넷플릭스 비결/2020.10.11.

45 UPI뉴스/커피말고 사은품? 스타벅스로 달려 가는 사람/2020.05.26.

46 한국경제/되팔이 주도하는 MZ세대/2020.07.28.

47 국민일보/결국 사달난 스타벅스 플레이 모빌 사태/2021.01.21

48 잡코리아/밀레니얼세대 81.3%, “굿즈 트렌드 긍정적”/2020.07.31.

49 매일경제/굿즈 전성시대-지금은 굿즈 전쟁 중/2020.09.03.

50 사람과 언론/스타벅스 비결?, 시대의 흐름을 정확히 파악한다/2020.04.19.

51 매일경제/한정판 굿즈에 푹 빠진 대한민국, 스타벅스 레디백이 촉발 ‘웃돈 얹어 사는 굿즈’… 카페·주류 등 업계에서 필수 마케팅 수단 정착/2020.09.01.

52 조선일보/증정용 '스타벅스 가방'을 10만원 주고 사는 사람들, 왜? 주객전도된 사은품 열풍/2020.06.06.

53 The PR/스타벅스 굿즈 마케팅, 영리한 전략인가 얄미운 상술인가/2020.07.03.

54 동아비즈니스리뷰/스타벅스 로고만 봐도 커피향이 느껴진다/2013.06.

55 소셜전략연구소 페이스북 칼럼/2014.06.23.

- 해당 글 출처

<참고 자료>

1) http://bit.ly/V4opGT

2) http://bit.ly/V4nPZH: 호주·뉴질랜드의 커피 '플랫 화이트', 이제 한국에서도 즐긴다

3) http://bit.ly/V4nhTu: Coffee is too social a drink for Starbucks

4) http://bit.ly/V4osma: 스타벅스, 호주에서 철수… 호주 커피 문화에 백기

5) http://bit.ly/V4oyu1: 한국 커피 가격은 타 국가에 비하면 비싼 것이 아닌가요?

6) http://bit.ly/V4oBWK: [Outback] sheet 27. 호주에는 스타벅스가 많지 않다.

56 투자 저널/스타벅스를 호주에서 찾기 어려운 이유/2019.02.03.

57 머니그라운드/스타벅스가 야심차게 진출했다가 보기좋게 실패한 나라/2018.09.06.

58 인터비즈/'정신적 고향'에 도전하는 스타벅스, 이탈리아에 안착할 수 있을까?/2018.09.12.

59 주간경향 /[우리가 모르는 베트남]-스타벅스 커피는 왜 인기가 없을까/2020.12.28.

60 텍스트리/번역회사가 알려주는 애플의 글로벌 마케팅 전략

61 텍스트리/[수출바우처-현지화] 5가지 우수 사례로 보는 대형 브랜드의 현지화 전략

62 패션포스트/끊임없이 진화하는 스타벅스의 공간/2020.08.28.

63 카네사다/네슬레, 블루보틀을 인수하다/2017.09.26.

64 머니투데이/네슬레는 왜 스타벅스 커피를 8조원에 샀을까/2018.05.08.

65 매일경제/[글로벌 트렌드] 글로벌 M&A 무대서 가장 핫한 곳은?…IT아닌 '음료'/2018.09.06.

66 한국경제/블루보틀이 뭐길래… 인수한 네슬레가 '악마의 기업'?/2017.10.05.

67 조선비즈/스타벅스 커피 집에서 마신다…8兆 판권 인수한 네슬레 캡슐커피 출시/2019.04.11.

68 헤럴드경제/스타벅스 카드 예치금 1조원 돌파…'커피의 디지털화' 결실/2016.06.25.

69 하버드비즈니스리뷰/넷플릭스를 보면 경쟁의 미래가 보인다/2018.9-10월호

70 INDUSTRY NEWS, Starbucks Makes Organizational Change/2008.02.21.

71 왜 스타벅스는 여전히 잘나가고 있을까?-근본에 충실한 혁신의 달콤한 열매

72 한국경제/'제3의 공간'이 된 오피스, 스타벅스와 경쟁하라/2020.07.03.

73 매일경제/블루보틀 상륙에 요동치는 커피공화국 '게임체인저 왔다' 스벅·이디야·투썸 긴장/2019.05.17.

74 핵심 역량 개발과 제한된 자원을 효율적으로 사용하기 위한 내부 역량 분석(가치사슬 분석)/비즈웹 코리아 책길/2017.06.04.

75 조선일보/[정경원의 디자인 노트] [196] 갈수록 간결해지는 스타벅스 로고, 정경원 세종대 석좌교수/2018.12.03.

76 커피 전문점의 서비스 스케이프가 고객 감정 반응 및 행동 의도에 미치는 영향 관계에 관한 연구-배경 음악의 조절 효과-/정미화, 손은수, 이종호/2016년 논문

77 미디어 SR (www.mediasr.co.kr)

78 스타벅스 공식 홈페이지

79 하워드 슐츠/온워드, 8.0/2011.04.19.

80 aiprescience 닷컴/AI칼럼, 스타벅스는 커피 사업자가 아닌 데이터 테크 기업이다/2020.06.03 번역 참고 (원문- aiprescience)

81 위드인뉴스/코로나19가 앞당긴 디지털 트랜스포메이션/2020.04.24.

82 https://brunch.co.kr/@sportspjm/

83 매거진 한경/Digital Retail Trend, 디지털 리테일 컨설팅 그룹, 스타벅스의 성공 비결, '4C' 전략/2017.05.22.

84 낙하산부대의 잡학사전/2019.05.18.

85 SBS 뉴스/[Pick] '위드 코로나' 시대…내년 트렌드는 '브이 노믹스'/2020.10.13.

86 포브스/이상인의 디지털 트랜스포메이션/2020.07.23.

87 이코노믹리뷰/[기업, 사회를 품다 'ESG경영'①] 뉴노멀 시대의 기업, ESG는 '필수'/2020.11.14.

88 한국경제매거진/'데이터 비즈니스' 교과서로 거듭난 스타벅스/2020.02.25.

89 오피니언 기반 테크 블로그 'TechIt'

90 OVERVIEW/스타벅스의 VIP마케팅/2018.10.13.

91 조선비즈/[스타벅스 경영]③ 애플페이 뛰어넘은 스타벅스 앱 결제 "금융업 진출"/2018.12.27.

92 블록미디어/스타벅스의 백트 캐시 실험, 디지털화폐 시대 다가온다… CBDC 연구도 활발/2020.03.19.

93 더벨/스타벅스, 불황에도 매장 확대, 매출 2조 바라본다/2020.12.29.

94 프라임경제/'와이파이' 나눴던 스타벅스…'제3의 장소' 사라질까/2020.06.15.

95 포브스/글로벌 장수기업의 성공DNA/2019.10.08

96 디지털 트랜스포메이션 전략/김종식 박민재/지식플랫폼/2019.7.20.

97 디지털이니셔티브 그룹/스타벅스의 인공지능(AI) 플랫폼 '딥브루'는 어떻게 매장을 혁신하고 있는가?

98 한국경제/'온라인 공룡' 아마존·알리바바 이긴 이케아·DBS…비결은 디지털 혁신/2019.11.10.

99 미래학자의 통찰의 기술/최윤식/김영사/2019.04.10.

100 그로스아이큐/티파니보바/안드로메디안/2019.07.17.

101 오피니언뉴스/'커머스 공룡들, 왜 OTT에 뛰어 들까?/2020.03.12

스타벅스의 미래

초판 1쇄 발행 2021년 5월 15일
초판 3쇄 인쇄 2023년 4월 25일

지은이 맹명관
펴낸이 전익균, 전형주

이 사 김영진, 김기충
기 획 조양제, 백현서
실 장 허태훈
편 집 김 정
관 리 김희선, 박건서
개 발 신두인
디자인 최윤정
교 육 민선아
마케팅 팀메이츠

펴낸곳 도서출판 새빛북스, (주)아미푸드앤미디어
전 화 (02) 2203-1996, (031) 427-4399 **팩스** (050) 4328-4393
출판문의 및 원고투고 이메일 svedu@daum.net
등록번호 제215-92-61832호 **등록일자** 2010. 7. 12

값 18,000원
ISBN 979-11-91517-04-0 03320